코틀린 객체지향 프로그래밍

코틀린 객체지향 프로그래밍
OOP를 위한 다양한 디자인 패턴

황주필 옮김 아비드 칸·이고르 쿠체렌코 지음

에이콘

에이콘출판의 기틀을 마련하신 故 정완재 선생님 (1935-2004)

내 여행의 일부였던 모든 사람과 독자들에게...

– 아비드 칸

| 옮긴이 소개 |

황주필(jhwang.kotlin@gmail.com)

IT 기업에서 개발자로 시작해 BEA Systems, Oracle, Pivotal, VMware 등에서 소프트웨어 아키텍트, 엔지니어로 일했다. 수많은 기업에서 기업용 소프트웨어 지원과 비즈니스 적용을 도왔다. 컨테이너^{Container}에 관심이 많아 쿠버네티스^{Kubernetes} 생태계에 참여하고 있으며 클라우드 네이티브 애플리케이션^{Cloud Native Application}의 개발과 운영을 도왔으며, 이벤트 기반 아키텍처^{Event Driven Architecture}를 기업에 도입하는 데 도움을 주고 있다. 현재 Confluent에서 솔루션 엔지니어로 일하며 수많은 고객이 EDA 기반의 애플리케이션이나 실시간 데이터 파이프라인을 성공적으로 구축할 수 있도록 돕고 있다. 주요 번역서로는 에이콘출판사에서 펴낸 『쿠버네티스 인 액션』(2020), 『쿠버네티스로 만나는 손안의 마이크로서비스』(2020), 『코틀린 마이크로서비스 개발』(2019) 등이 있다.

| 옮긴이의 말 |

많은 기업과 개발자가 엔터프라이즈 애플리케이션을 만들 때 필수적으로 사용해오던 자바에서 부족했던 언어적인 한계를 해결하고자 코틀린을 적용해 더 손쉽게 엔터프라이즈 애플리케이션 프로젝트를 수행하는 경우가 많아지고 있다. 코틀린은 구글에 의해 안드로이드 앱을 만들기 위한 개발 언어로 공식 지정된 이후 모바일 앱뿐만 아니라 서버 사이드에서도 적용하는 사례가 점차 증가하고 있다. 이 책에서는 개발 언어로서 제공하는 코틀린의 기본 기능뿐만 아니라 다양한 부가 기능을 소개해 처음 접하는 사람뿐만 아니라 이미 알고 있는 개발자라 하더라도 코틀린을 이용해서 객체지향 프로그래밍을 하기 위한 다양한 패턴과 주의할 것들을 소개한다. 처음 이 책을 번역하고 상당히 오랜 기간이 지난 시점에서 책으로 출판이 돼 코틀린 자체에도 많은 변화가 있었으나 코틀린의 기본 개념의 변화는 없었기 때문에 객체지향에 관심이 있는 개발자는 한번 보는 것이 좋겠다.

마지막으로 언제나 배려해주는 아내 설현이와 항상 잘 자라주고 있는 라희에게 사랑을 담아 고마운 마음을 전한다.

| 지은이 소개 |

아비드 칸^{Abid Khan}

10년 이상의 경험을 가진 애플리케이션 개발자이자 테스트 엔지니어다. C/C++ 및 자바를 비롯한 다양한 프로그래밍 언어 분야에서 활동했으며, 현재 안드로이드 개발을 위한 기본 언어로 코틀린을 사용하고 있다. 스웨덴 스톡홀름에 산다. 새로운 기술을 배우고 나서 그에 대한 글을 쓰는 데 시간을 보낸다.

이고르 쿠체렌코^{Igor Kucherenko}

안드로이드 개발의 핵심 언어인 코틀린을 사용하는 소프트웨어 개발 회사인 Techery의 안드로이드 개발자다. 현재 Kotlin Dnipro Community의 연사로 우크라이나에서 지내며 코틀린을 홍보하고 밋업에서 관객들과 지식을 공유한다. 코틀린과 안드로이드 개발에 관한 기사는 Medium 또는 전에 그가 근무했던 Yalantis에서 블로그를 찾을 수 있다.

지식을 나눠준 동료에게 감사하고, 이 책을 쓸 기회를 준 팩트출판사에 감사한다. 책을 쓰는 동안 인내심을 발휘한 아내에게도 감사하고 싶다.

| 기술 감수자 소개 |

하딕 트리베디[Hardik Trivedi]

독학으로 컴퓨터 프로그래밍을 배운 프로그래머다. 2010년부터 안드로이드와 자바로 여러 가지 작업을 했으며 코틀린과 자바스크립트에도 몰두하고 있다. 클라이언트 프로젝트에 참여하지 않을 때는 스택 오버플로에 시간을 할애하고 기술 블로그를 작성하며 개발 커뮤니티에 기여하는 것을 좋아한다. 또한 코틀린에 관한 두 권의 책 『Kotlin Blueprints』(Packt, 2017), 『Hands-On Serverless Applications with Kotlin』(Packt, 2019)을 공동 집필했다. 또한 모바일 앱 개발에 관심이 많은 대학생, 전문가, 기업을 대상으로 멘토링을 하고, 커뮤니티 연사로도 활발히 활동 중이다. 언젠가는 레스토랑을 운영하며 손님들에게 맛있는 요리를 제공하는 모습을 볼 수 있을지도 모른다.

| 차례 |

06장 코틀린을 사용한 객체지향 패턴   319

| 들어가며 |

코틀린은 자바 코드와 상호운용하도록 설계된 정적 타입의 프로그래밍 언어다. kotlinc 컴파일러는 javac와 동일한 바이트코드를 생성하기 때문에 새로운 코드 기반으로 이동하는 데 많은 노력이 필요 없다. 코틀린은 간결하고 안전한 코드를 작성할 수 있으며, 다양한 패러다임의 많은 기능을 포함하는 현대 언어다. 이러한 모든 점에 비춰볼 때 코틀린은 인기가 증가하고 그것을 사용하는 개발자의 수 역시 증가하고 있다.

▶ 이 책의 대상 독자

코틀린이 어떻게 작동하는지를 더 깊이 이해하고 싶은 개발자를 대상으로 한다. 특정 플랫폼이나 프레임워크에 의존하지 않고 자바 가상머신에 초점을 맞추고 있으며, 자바스크립트에 대한 코틀린 및 코틀린의 네이티브 기능은 다루지 않는다. 사용자 인터페이스 및 다중 스레드 환경과 관련된 예제를 포함하고 있기 때문에 클라이언트 개발자에게 좋은 선택이 될 것이다.

▶ 이 책의 구성

1장, 코틀린 시작하기에서는 코틀린 프로그래밍 언어의 간략한 개요를 제공한다. 또한 데이터 유형과 null 안전 및 형 변환의 작동 방식을 알아본다. 연산자[1] 및 흐름 제어도 소개한다. 반복문과 함수도 살펴본다.

---

1. operator 키워드를 사용해 +, -, %, *, ++, --와 같은 연산자를 재정의할 수 있는 연산자 오버라이딩을 제공한다. — 옮긴이

2장, 객체지향 프로그래밍 소개에서는 객체지향 프로그래밍이 무엇인지, 왜 절차적 프로그래밍과 다르고 더 나은지 살펴본다. 코틀린의 클래스와 데이터 클래스를 설명하고 코틀린이 어떻게 그것들을 독특하게 만드는지 알아본다. 또한 생성자, 생성자의 유형 및 속성 그리고 제일 중요한 속성이 무엇을 의미하는지 자세히 알아본다.

3장, 객체지향 프로그래밍의 4가지 요소에서는 객체지향 프로그래밍의 4가지 요소를 자세히 알아본다. 또한 캡슐화가 무엇인지, 상속이 어떻게 작동하는지 알아본다. 다형성을 선택하는 이유와 추상화의 장점도 알아본다. 마지막으로 부모 클래스를 선언하는 방법과 자식 클래스에서 자원을 활용하는 방법을 살펴본다. 파생 클래스를 정의하는 것 외에도 하위 클래스, 명시적 형 변환 및 클래스 계층 구조 안에서의 암시적 형 변환에서 변수와 함수를 오버라이딩하는 방법도 알아본다.

4장, 클래스: 고급 개념에서는 코틀린이 독점적으로 제공하는 프로그래밍의 핵심 개념을 알아본다. 봉인된 클래스, 객체, 컴패니언 객체의 개념과 기존 클래스와 다른 이유를 알아본다. 또한 클래스의 속성과 위임을 알아본다.

5장, 데이터 컬렉션, 반복자, 필터에서는 코틀린에서 제공하는 다양한 데이터 구조를 사용해 데이터 컬렉션을 처리하는 방법을 살펴본다. 또한 배열을 정의하고 사용하는 방법과 목록, 세트, 컬렉션, 맵과 같은 객체 컬렉션을 효율적으로 관리하고자 다양한 템플릿을 활용하는 방법을 알아본다. 다른 데이터 수집 기술을 살펴보는 것 외에도 collection 클래스에 사용되는 인터페이스의 기능을 살펴본다. 반복자가 무엇인지, 반복자가 다른 모음과 함께 사용되는 방법, 사용하는 동안 발생할 수 있는 문제점을 알아본다. 필터의 종류, 필터의 작동 방식, 관련성이 없는 데이터를 제거하는 방법을 살펴본다. 마지막으로 사용자 정의 필터를 작성하는 방법을 자세히 알아본다.

6장, 코틀린을 사용한 객체지향 패턴은 설계 패턴이라고 하는 객체지향 프로그래밍의 고급 개념을 다룬다. 설계 패턴은 소프트웨어 설계에서 알려진 문제에 대한 일반적인 해결책이다. 설계 패턴은 개발 프로세스를 가속화하고 이후 단계에서 발생할 수 있는 설계 에러의 위험을 줄일 수 있다. 다른 문제에는 다른 설계 패턴이 사용된다. 소프트웨어 설계 과제와 설계 패턴을 살펴본다. 각 설계 패턴은 다른 범주로 세분화해 더 자세히 알아본다.

7장, 코루틴: 경량 스레드?에서는 코틀린이 코루틴이라는 새로운 라이브러리를 어떻게 도입했는지 알아본다. 코루틴은 수천 개의 요청이 진행 중이더라도 CPU를 한계까지 밀어내지 않는 경량 스레드로 간주할 수 있다. 코루틴이 무엇인지 설명하고 자바에서 기존 스레드보다 우수한 이유를 알아본다.

8장, 상호운용성에서는 코틀린이 자바 상호운용성을 염두에 두고 설계된 자바의 슈퍼세트라는 사실을 살펴본다. 상호운용성은 코틀린에서 자바 함수를 호출할 수 있고 그 반대의 경우도 가능하며 자바 및 코틀린 파일을 동일한 애플리케이션에서 사용할 수 있음을 의미한다. 상호운용성에 대한 기술과 플랫폼 간 코드 작성 방법을 자세히 알아본다. 가장 중요한 것은 자바에서 나타날 수 있는 널^{null} 입력 가능 호출을 처리하는 방법을 알아본다.

9장, 코틀린의 정규식과 직렬화에서는 regex라고도 알려진 정규식이 많은 양의 텍스트에서 필요한 정보를 찾는 데 도움을 주는 다른 문자의 조합을 살펴본다. 이 기술은 사용자가 문자열(패턴)을 제공하고 정확하게 일치하거나 유사한 목록을 얻는다. 모든 고급 텍스트 편집기는 정규식을 사용해 코드에서 변수를 찾는다. 그리고 코틀린이 정규식에 대한 완벽한 지원과 버그 없는 패턴 작성을 지원하는 방법을 알아보고, 직렬화와 JSON 같은 텍스트 형식을 코틀린에서 어떻게 동작하는지도 알아본다.

10장, 예외 처리에서는 예외 및 예외 처리를 자세히 알아본다. 또한 다양한 키워드가 시도하고 캐치^{catch}하고 던지고^{throw} 마침내 던지는 등 다양한 예외 유형과 사용자가 사용자 정의 예외를 작성하고 처리하는 방법을 알아본다. 또한 테스트 환경을 준비해 몇 가지 테스트를 작성할 수 있는 방법을 살펴본다.

11장, 코틀린을 사용한 객체지향 프로그래밍 테스트에서는 테스트의 중요성, 테스트가 필요한 이유 및 코드를 테스트하지 않고 공개했을 때의 영향에 대한 통찰력을 제공한다. 또한 테스트 기술, 테스트용 전용 코틀린 라이브러리 및 코틀린이 깨끗하고 읽기 쉬운 테스트 사례를 작성하는 방법을 알아본다.

⁝⁝ 이 책의 활용 방법

이 책의 예제를 실행하려면 윈도우, 리눅스 또는 맥OS를 실행하는 컴퓨터가 필요하다. 인텔리제이^{IntelliJ} IDEA(얼티밋^{Ultimate} 버전이 더 좋음) 및 안드로이드 스튜디오가 필요하다. 그리고 프로젝트를 복제하려면 깃허브 및 깃에 대한 기본 지식이 필요하다.

코틀린은 안드로이드 개발의 공식 언어이므로 안드로이드 스튜디오는 이 언어를 기본적으로 지원한다. 인텔리제이 IDEA의 경우 https://plugins.jetbrains.com/plugin/6954-kotlin에서 플러그인을 다운로드해 설치해야 한다.

⁝⁝ 예제 코드 파일 다운로드

http://www.packtpub.com/support를 방문해 이메일을 등록하면 예제 코드를 받을 수 있으며, 이 링크를 통해 원서의 Errata도 확인할 수 있다.

또한 깃허브 https://github.com/PacktPublishing/Hands-On-Object-Oriented-Programming-with-kotlin에서도 예제 코드를 다운로드할 수 있으며 에이콘출판사의 도서 정보 페이지인 https://github.com/AcornPublishing/kotlin-oop에서도 동일한 예제 코드를 다운로드할 수 있다.

⁝⁝ 편집 규약

이 책에서는 몇 가지 유형의 텍스트가 사용된다.

텍스트 안의 코드: 텍스트 내에 코드가 포함된 유형으로, 데이터베이스 테이블 이름, 사용자 입력의 코드 단어 등이 이에 포함된다. 예를 들어 다음과 같다.

"builder 패턴은 모든 인수를 얻고 새 인스턴스를 만드는 중첩된 builder 클래스를 사용한다고 가정한다."

코드 블록은 다음과 같이 표시한다.

```
val range = 1..10
for (value in range){
  println(value)
}
```

커맨드라인 입력이나 출력은 다음과 같이 표시한다.

```
User(preferences=User Preference Node: /User, id=1, firstName=Igor,
lastName=Kucherenko)
```

새로운 용어나 중요한 단어 또는 메뉴나 대화상자와 같이 화면에서 볼 수 있는 단어는 고딕체로 표시한다. 예를 들면 다음과 같다.

"인텔리제이 IDEA 메뉴에서 Tools ﹥ Kotlin ﹥ Show Kotlin Byte code를 클릭하고 Decompile을 누른다."

NOTE

> 경고와 중요한 노트는 이와 같이 나타낸다.

TIP

> 팁과 요령은 이와 같이 나타낸다.

▶ 고객 지원

독자의 의견은 언제나 환영한다.

오탈자: 내용의 정확성을 위해 모든 노력을 기울였음에도 오류가 있을 수 있다. 이 책에서 잘못된 것을 발견하고 전달해준다면 매우 감사할 것이다. http://www.packtpub.com/submit-errata에서 해당 책을 선택하고 Errata Submission Form 링크를 클릭한 다음 발견한 오류 내용을 입력하면 된다. 한국어판의 정오표는 에이콘출판사의 도서정보 페이지 http://www.acornpub.co.kr/book/kotlin-oop에서 볼 수 있다.

저작권 침해: 어떤 형태로든 불법 복제물을 인터넷에서 발견한다면 적절한 조치를 취할 수 있도록 해당 주소나 사이트명을 알려주길 바란다. 의심되는 불법 복제물의 링크는 copyright@packtpub.com으로 보내주길 바란다.

▶ 문의

이 책과 관련해 질문이 있다면 questions@packtpub.com으로 문의하길 바란다. 한국어판에 관한 질문은 에이콘출판사 편집 팀(editor@acornpub.co.kr)이나 옮긴이의 이메일로 문의하길 바란다.

01

코틀린 시작하기

코틀린의 인기는 배우기 쉽고 단순하고 간결한 언어라는 점과 객체지향적이고 함수 프로그래밍을 지원한다는 점 때문에 최근 인기가 급상승했다. 코틀린은 장황하고 안전하지 않으며 구식 구문과 같은 자바의 불필요한 기능을 모두 없애고 다른 언어의 강력한 기능을 포함한 자바의 슈퍼셋이다. 이러한 기능에는 보안, 단순성, 상호 운용성이 포함된다.

1장에서는 코틀린에 대한 지식을 습득하고 기본적인 기능을 소개함으로써 가능한 한 빨리 코틀린을 시작할 수 있게 한다. 이 장이 끝나기 전에 코틀린의 구문, 단순성, 보안 기능은 물론 객체지향 프로그래밍에 대한 코틀린의 근본적인 접근 방법을 알게 될 것이다.

1장에서 다루는 내용은 다음과 같다.

* 코틀린의 역사
* 데이터 유형과 선언의 용이성
* 코틀린의 널^{null} 안전성과 형 변환^{type casting}

- 표현식으로 흐름 제어와 if문
- 반복문과 표시된 반복문^{labeled loop}
- 함수, 표현식의 함수, 명명된 매개변수^{named parameters}

기술적 요구 사항

인텔리제이^{IntelliJ} IDEA는 커뮤니티나 얼티밋 에디션^{Ultimate Edition} 중 하나를 개발 환경으로 사용한다. 다음의 사이트에서 다운로드할 수 있다.

www.jetbrains.com/idea/download

최신 자바 개발 킷^{JDK, Java Development Kit}이 시스템에 설치되고 구성돼 있는지 확인하자. 다음 사이트에서 JDK를 다운로드할 수 있다.

www.oracle.com/technetwork/java/javase/downloads/index.html

이 장의 코드는 다음에서 다운로드할 수 있다.

https://github.com/PacktPublishing/Hands-On-Object-Oriented-Programming-with-Kotlin/tree/master/src/main/kotlin/Chapter01

코틀린 소개

2010년, 젯브레인즈^{JetBrains}는 'Project Kotlin'이라는 프로젝트를 시작했다. 이 프로젝트는 쉽고 간결하며 표현력이 뛰어난 언어를 개발하는 것을 목표로 했다. 이 언어는 이전 버전과의 호환성과 기존 코드 기반과의 상호운용성을 비롯해 품질을 저하시키지 않으면서 생산성을 향상시키는 데 도움이 돼야 했다. 무엇보다 세미콜론을 제외했고 이외에도 코틀린을 사용하는 데는 여러 가지 이유가 있다.

먼저 초보 개발자가 숙련된 개발자만큼 편안함을 느낄 수 있다. 또한 Java-6 바이트 코드로 컴파일되므로 개발자는 기존 코드와 함께 람다식과 같은 고급 기능을 사용할 수 있다. 코틀린은 자바와 100% 상호 호환되므로 코틀린에서 자바 코드를 호출할 수 있을 뿐만 아니라 자바에서 코틀린 코드를 호출할 수도 있다. 또한 간결하고 표현력이 뛰어나며 자바에서 요구되는 상용구boilerplate 코드를 피하는 데 도움이 된다. 코틀린은 안전하며, 대부분의 NPENull Pointer Exceptions를 피할 수 있다. 기본적으로는 변수에 null 값을 할당할 수 없다. 컴파일할 때 변수의 유형이 확인되는 언어는 정적 유형 언어로 간주된다. 코틀린은 정적 유형 언어며 이것의 장점은 모든 까다롭고 사소한 버그가 초기 단계에서 발견될 수 있다는 것이다. 동적 유형 언어의 경우 유형 검사는 런타임 때에 수행된다. 펄Perl, 스몰토크Smalltalk, 루비Ruby는 동적 유형 언어 그룹에 속한다. 코틀린은 개발 IDE를 제공하는 회사로 유명한 젯브레인즈의 제품이므로 훌륭한 도구를 지원한다. 또한 코틀린은 공식적으로 구글 안드로이드Android를 지원한다. 코틀린은 가상머신virtual machine에 의존하지 않는 원시 바이너리로 코틀린 코드를 컴파일하는 Kotlin/Native 기술을 지원하며, 모든 현대 언어가 그렇듯 브라우저에서도 작동해야 하기 때문에 자바스크립트JavaScript를 지원한다. 유명한 회사들(Pinterest, Uber, Gradle, Evernote 등)에서 코틀린을 주요 언어로 사용하기 시작했으며 생산성과 코드 품질을 향상시키는 데 도움이 된다.

코틀린으로 다음과 같이 첫 번째 'hello world' 애플리케이션을 만들 것이다.

1. IntelliJ IDE를 시작하고 File을 선택한다.

2. New 옵션을 클릭한 다음 Menu에서 Project를 선택한다.

3. 새로 열린 창의 왼쪽 패널에서 Kotlin › Kotlin/JVM을 선택하고 Next를 클릭한다.

4. 프로젝트 이름과 위치를 지정하고 최신 SDK가 선택됐는지 확인한다.

5. Finish를 선택한다. IntelliJ IDE에서 파일과 폴더가 있는 새 창이 열릴 것이다. src는 모든 코틀린 파일이 추가되는 소스 폴더다.

6. src를 마우스 오른쪽 버튼으로 선택하고 New를 선택한다. 아래에서 Kotlin File/Class를 선택한다.

7. 이름을 지정하고 Kind 메뉴에서 파일을 선택한 다음 OK를 클릭한다.

8. 새로 열린 창에 다음 코드를 추가한다.

```
fun main(args: Array<String>) {
    println("Hello world")
}
```

⁑ 코틀린의 데이터 유형

다른 현대적 언어들과 마찬가지로 코틀린은 프로그래밍에서 가장 중요한 기능 중 하나인 변수나 데이터 유형^{data type}을 사용한다. 이러한 변수는 숫자, 문자, 단어 등 다양한 유형의 데이터를 처리하고자 만든다. 변수는 모든 종류의 데이터를 저장하기 위한 메모리가 할당된 위치다.

코틀린의 데이터 유형은 다음과 같다.

- Byte
- Short
- Integer
- Long
- Float
- Double
- Character
- Boolean

코틀린에서 변수 선언

코틀린에서 사용할 수 있는 var와 val이라는 2가지 키워드가 있다. var 키워드는 변경 가능한 데이터 유형을 선언하고 val 키워드는 불변이거나 읽기 전용 변수를 선언한다.

var 키워드

var 키워드는 변경 가능한 프로퍼티^{property}나 로컬 변수를 선언한다. 즉, 프로그램 전체에서 다음과 같이 변수를 변경하거나 업데이트할 수 있다.

```
var age = 25
```

코드에서 var는 키워드, age는 변수 이름, 25는 할당된 정수 값이다. 선언을 더 잘 이해하려면 몇 가지 다른 변수 정의를 살펴보자.

- var myChar = 'A': myChar는 단일 문자 변수다.
- var name = "Bob": name은 문자열 변수다.
- var age = 10: age는 정수형 변수다.
- var height = 5.10: height는 배정도^{double} 실수 변수다.

코틀린에서 변수에는 값이 할당돼야 한다. 적절한 초기화가 없으면 변수 선언을 허용하지 않는다.

```
var age          //유효하지 않은 선언; 컴파일러 에러
var age = 25     //유효한 선언
```

변수 값은 변경할 수 있지만 유형 자체는 변경할 수 없다. 정수 변수를 배정도 실수나 문자열로 다시 할당하려고 하면 컴파일러에서 불일치 에러$^{mismatch\ error}$가 발생한다.

```
var age = 10      // 정수형 데이터 유형 - 유효한 선언
age = 10.2        // 잘못된 할당 - 정수 아님 컴파일러 에러
age = "hello"     // 정수가 아닌 유효하지 않은 할당 - 컴파일러 에러
```

다음과 같이 var 키워드로 다른 변수를 선언해야 한다.

```
fun main(args: Array<String>) {
    var student = "Bob" // 문자열 변수
    var age = 25        // 정수 변수
    var height = 5.6    // 배정도 실수 변수
    println("Name is $student age is $age and height is $height")
}
```

val 키워드

val 키워드는 불변 변수를 선언하는 데 사용하는 읽기 전용 변수다. 변경할 수 없다는 것은 변수에 값이 할당되면 애플리케이션의 수명이 끝날 때까지 동일하게 유지됨을 의미한다.

```
val age = 25
```

코드에서 val은 키워드, age는 변수 이름, 25는 할당된 정수 값이다.

val은 var와 동일하며 변수 유형은 변수에 지정된 값에 따라 달라진다.

NOTE

읽기 전용 기능은 실제로 코틀린에서 제공하는 안전 기능 중 하나다.

34

변수가 선언되면 어떤 상황에서도 변수를 변경할 수 없다. 이 기능은 복잡한 애플리케이션이나 과학 계산 프로그램을 작성할 때 더욱 중요해진다.

```
val pi = 3.14159
```

pi의 값이 일정하다는 것을 알기 때문에 **var** 대신 **val**을 사용해 값이 일정하게 유지되고 실수로 변경할 수 없게 하는 것이 좋다. **val**로 선언하고 다음과 같이 pi에 다른 값을 다시 할당해보자.

```
pi = 123.345     //결과: 컴파일러에서 "val to reassign" 에러가 발생한다.
```

val 키워드로 다른 변수를 선언해야 한다.

```
fun main(args: Array<String>) {
  val name = "Herry"  // 문자열 변수
  val PI = 3.1415     // 배정도 실수 변수
  val programmingLanguage = "Kotlin"
  programmingLanguage = "Java" // 에러: val은 재할당할 수 없음
  println("Name is $name and my favorite programming language is
$programmingLanguage")
}
```

유형 추론

유형 추론^{type inference}은 코틀린 컴파일러가 변수 유형을 찾는 동작 원리다. 코틀린은 할당된 값을 이해해 데이터 유형을 결정할 수 있다. 값으로 유형을 지능적으로 유추한 다음 데이터 유형의 변수를 각각 만든다. 이 기법을 유형 추론이라고 한다. 앞의 모든 코드에서 데이터 유형이 **val**이나 **var**로 선언되는지 여부는 유형 추론의 예다.

```
val age = 25
val name = "Bob"
```

코드에서 age는 정수, name은 문자열 변수다. 이러한 변수의 유형은 컴파일러에 의해 추론된다.

유형 어노테이션

코틀린에서는 var variableName : nameOfDataType과 같이 유형 어노테이션[type annotation]을 사용해 특정 유형의 변수를 선언할 수도 있다.

```
var myInteger : Int
var myString : String
val myDouble : Double
```

변수가 선언되면 변수에 값을 할당할 수 있다.

```
myInteger = 10
myString = "Hello"
myDouble = 12.123
```

명시적 데이터 유형으로 변수를 선언하고 동시에 값을 지정할 수도 있다.

```
val myInt : Int = 10
var myString : String = "Hello"
```

변수 선언과 초기화는 다음과 같다.

```
fun main(args: Array<String>) {
  var myName: String      //변수는 명시적으로 초기화할 수 있다.
  myName = "Jon"          //초기화
  //한 줄에 선언과 초기화
  var myInt: Int = 10
  var myLong: Long = 11
  var myShort: Short = 11
  var myByte: Byte = -128
  var d1 = 5.10           //배정도 및 단정도 실수로 선언
  var d2: Double = 5.10
  var f1 = 5.10
  var f2: Float = 5.10f
}
```

코틀린 데이터 유형은 다음과 같은 그룹으로 나뉜다.

- 숫자 데이터 유형
- 실수 데이터 유형
- 불리언 데이터 유형
- 문자 데이터 유형

다음 절에서 각각을 살펴보자.

숫자 데이터 유형

숫자 데이터 유형에서 정수는 허용하고 실수는 지원하지 않는다. 코틀린은 Int, Long, Byte, Short라는 4가지 유형을 갖는 숫자 변수를 제공한다. 이러한 데이터 유형은 유형 어노테이션을 사용하거나 사용하지 않고 선언할 수 있다. 또한 다음 구문처럼 쉽게 선언할 수 있다.

```
var myInt : Int =10          //정수 변수
var myInt = 10
var myLong : Long = 11       //Long 변수
var myShort : Short = 11     //Short 변수
var myByte : Byte = -100     //byte 변수
```

MAX_VALUE와 MIN_VALUE는 각 변수의 최소/최댓값을 찾는 데 사용할 수 있다.
다음 예를 참조하자.

```
fun main(args: Array<String>) {
    println("max integer " + Integer.MAX_VALUE)
    println("min integer " + Integer.MIN_VALUE)
}
```

다음 출력은 정수가 보유할 수 있는 최댓값과 최솟값을 보여준다.

```
C:\Java\bin\java.exe ...
max integer 2147483647
min integer -2147483648

Process finished with exit code 0
```

```
4: Run    5: Debug    6: TODO    9: Version Control    Terminal    0: Messages                    Event Log
```

실수 데이터 유형

이 그룹에서 코틀린은 2가지 데이터 유형을 제공한다.

- Float(단정도 실수)

- Double(배정도 실수)

38

이 데이터 유형은 소수 자릿수를 포함하는 값을 저장할 수 있다. Float, Double은 실수 값을 저장하는 데 사용되는 부동소수점 데이터 유형이다. 배정도 실수Double 데이터 유형은 8바이트를 처리할 수 있는 반면 단정도 실수Float는 4바이트 정보를 포함할 수 있다. 코틀린에서는 다음과 같이 배정도 실수 데이터 유형을 사용해 과학 표기법을 처리할 수 있다.

1. 다음과 같이 두 개의 배정도 실수 유형의 변수를 만든다.

   - 데이터 유형을 명시적으로 선언해 d1을 만든다.
   - 암시적 선언을 사용해 d2를 만든다.

```
fun main(args: Array<String>) {
    var d1 : Double = 7.20E15    //과학적 연산
    var d2 = 7.20e-15
```

2. 값을 두 변수에 할당하고 출력한다.

```
    println("Value of d1 = " + d1 + " and Value of d2 = " + d2)
}
```

d1 = 7.02E15의 값과 d2 = 7.02E-15의 값은 d1의 값이 대문자인 것을 제외하고는 동일하다.

불리언 데이터 유형

불리언boolean은 true나 false의 값 중 하나를 포함하는 데이터 유형이다. 불리언 변수는 특성상 데이터 저장을 위해 단 하나의 비트만 필요하다. 이 비트는 켜짐이나 꺼짐, 참이나 거짓, 0이나 1일 수 있다. 몇 가지 불리언 변수를 선언해보자.

```
var result : Boolean = true
var isEmpty : Boolean = false
```

다른 변수와 마찬가지로 불리언 변수를 유형 추론 없이 선언할 수 있다.

```
var value = false
var result = true
```

기본적으로 이 데이터 유형은 두 값을 비교하는 데 사용되며, 비교 결과를 확인하고 자 검사점으로 불리언을 설정해 결과를 얻고 true나 false로 응답을 얻는 데 사용한다. 어떻게 동작하는지 살펴보자.

```
fun main(args: Array<String>) {

  var result : Boolean // 불리언 변수
  var num1 = 20
  var num2 = 10

  result = num1 >= num2
  println("$num1 is greater than $num2 = $result")

  result = num1 < num2
  println("$num1 is greater than $num2 = $result")
}
```

이 코드에서는 num1과 num2라는 두 개의 정수 변수와 result라는 불리언 변수가 있다. num1이 num2보다 크거나 같으면 true가 result에 할당된다. 그렇지 않으면 false가 할당된다.

문자 데이터 유형

문자 데이터 유형은 코틀린에서 사용할 수 있는 데이터 유형 중 하나다. 이 유형은 2바이트의 정보를 포함할 수 있으며 키보드에 보이는 거의 모든 문자를 저장할 수도 있다. 구문은 다른 선언과 동일하다. Char라는 단어는 문자 변수를 선언하는 데 사용되며 오른쪽의 값은 작은따옴표로 묶어야 한다.

```
var mychar : Char = 'A'
```

몇 가지 예를 살펴보자. 문자 값이 Char 데이터 유형에 지정되면 다음과 같이 표시할 수 있다.

```
var charA : Char = 'A'
var charZ : Char = 'Z'
var char1 = '1'
var char0 = '0'
```

각 문자는 고유한 유니코드를 가지며 문자 데이터 유형은 유니코드 값으로 저장될 수 있다. 유니코드 문자를 사용해 A, Z, 1, 0을 표시한다. 유니코드를 저장하는 구문은 코드 시작 부분에 \u가 필요하다는 점을 제외하고는 거의 동일하다. 다음과 같이 표시한다.

```
var ucharA : Char = '\u0041'
var ucharZ : Char = '\u005A'
var uchar1 = '\u0031'
var uchar0 = '\u0030'
```

다음 코드는 문자 데이터 유형이 다른 문자를 처리하는 방법을 보여준다.

```
fun main(args: Array<String>) {
  var charA : Char = 'A'
  var charZ : Char = 'Z'
  var char1 = '1'
  var char0 = '0'
  println("$charA $charZ $char1 $char0")

  // 유니코드 문자
  var ucharA : Char = '\u0041'
  var ucharZ : Char = '\u005A'
  var uchar1 = '\u0031'
  var uchar0 = '\u0030'
  println("$ucharA $ucharZ $uchar1 $uchar0")
}
```

is 키워드를 사용한 유형 검사

유형 추론은 코틀린에서 가장 강력한 기능 중 하나지만 변수 유형이 알려지지 않은 경우 위험하다. 예를 들어 Any 유형의 변수를 사용할 수 있는 함수를 작성해야 하는 경우 단정도 실수, 문자열, 정수일 수 있다.

```
fun func(x: Any) {
  // x의 유형은 무엇인가?
}
```

이런 까다로운 상황을 처리하고자 코틀린은 변수 유형을 확인하는 is 키워드를 제공한다. 구문은 다음과 같다.

```
x is Int
x is Char
```

x가 정수나 문자인 경우 true를 반환한다. 그렇지 않으면 false를 반환한다. 다음 구문을 보자.

```
fun func(x: Any) {
  if(x is Float){
    println("x is Float")
  } else if(x is String){
    println("x is String")
  }
}
```

!is는 변수가 필수 유형인지 여부를 확인하는 데 사용할 수 있다.

```
fun func(x: Any) {
  if(x !is Float){
    println("f is not Float")
  }
}
```

문자열 변수

문자열은 문자, 단어, 문장, 단락의 집합이다. 문자열은 코틀린에서 널리 사용되는 데이터 유형으로, 하나의 특정 유형 값을 포함하는 정수, 실수, 불리언 같은 다른 변수와 달리 다양한 값의 컬렉션을 포함할 수 있으며 거의 모든 것을 저장할 수 있다.

다른 코틀린 데이터 유형과 마찬가지로 문자열 변수는 유형 추론을 사용하거나 또는 사용하지 않고 선언할 수 있으며, 큰따옴표 안에 있는 모든 것은 문자열로 간주한다.

```
var variable_name : String = "value in double quotes"
```

```
var message : String = "Hello"
var question : String = "What is your name?"
```

문자열 변수인 message는 Hello로 초기화되고 다른 문자열 변수인 question은 What is your name?으로 할당된다. 문자열 변수는 var 또는 val 키워드를 사용해 변수 유형을 명시하지 않고 선언할 수 있다(예, val name = "Bob").

```
fun main(args: Array<String>) {
    var message : String = "Hello"
    var question : String = "What is your name?"
    println(question)
    val name = "Bob"
    var address = "Stockholm, Sweden"
    println("My name is $name and i live in $address")
}
```

널 안전성, 형 변환, 페어, 트리플

이 절에서는 코틀린의 가장 중요한 주제인 널^{null} 안전성을 알아본다. 널 안전성이 어떻게 동작하는지, 왜 중요한지, 코틀린의 코드 품질을 개선하는 데 어떻게 도움이 되는지 배울 것이다. 이 절의 뒷부분에서는 형 변환$^{Type\ Casting}$과 그 의미를 살펴보고 유용한 데이터 구조인 페어^{Pair}와 트리플^{Triple}을 살펴보면서 이 장을 마무리할 것이다.

널 안전성

널 가능성^{Nullability}은 대부분의 애플리케이션의 문제 원인 중 하나다. 코틀린은 안전에 있어서는 매우 엄격하다. 모든 애플리케이션 사용자(특히 모바일 사용자)는 간단하며 멋지고 매끄러운 사용자 경험을 원한다. 문제가 되는 애플리케이션을 사용하며 좌절하는 사용자의 90%는 애플리케이션을 바로 삭제한다.

자바로 된 다음 코드 예를 보자. 여기의 변수 이름에 자바에서는 올바른 구문인 null 값이 할당된다.

```
String name = null;          //자바에서는 허용
int length = name.length();   //애플리케이션에 문제가 발생
```

그러나 name.length가 실행될 때 자바는 NullPointerException을 발생시킨다. 코틀린에서는 변수에 기본적으로 널이 허용되지 않으며 널 값을 할당할 수 없다는 점에 유의해야 한다. 다음과 같이 변수에 null 값을 할당해보자.

```
var notNull : String = null
```

변수에 null 값을 할당하려고 하면 컴파일러에서 즉시 에러가 발생한다.

```
Error: "Null cannot be a value of a non-null type String".
```

변수를 선언할 때 다음과 같이 변수에 값을 할당해야 한다.

```
var notNull : String = "Hello"
```

이제 length 함수를 사용하는 것이 안전하다. length는 문자열의 길이를 반환하는 코틀린에서 제공하는 함수다.

```
var length = notNull.length
```

코틀린은 자바와 호환 가능하며 하나의 애플리케이션에서 코틀린과 자바 코드를

모두 같이 작성할 수 있다(8장 참조). 자바는 널 안전성 언어가 아니기 때문에 코틀린 디자이너는 널 가능한 변수를 정의해 Null 값을 할당할 수 있게 했다.

```
var mayBeNull : String? = null
```

변수에 물음표를 추가하면 변수에 null 값을 할당할 수 있다.

```
fun main(args: Array<String>) {
   var notNull : String = "Hello"
   notNull = null        //허용하지 않음

   var len = notNull.length
   println("Value is $notNull and length is ${notNull.length} ")
   var mayBeNull : String?
   mayBeNull = null      //허용됨
}
```

안전한 호출 연산자

이제 널 가능한 데이터 유형을 선언할 수 있게 됐지만 널 가능한 문자열을 얻으려고 하면 어떻게 해야 할까? 다음 예를 보자.

```
var mayBeNull : String? = null
var length = mayBeNull.length
```

코틀린은 안전하지 않으면 다음 에러를 발생시킨다.

```
Only safe (?.) or non-null asserted (!!.) calls are allowed on a nullable receiver
of type String?
```

간단히 말하면 프로그래머는 선언된 변수(이 경우 문자열)가 null 값을 가질 수 있음을 함수를 호출하기 전에 확인해야 한다. 여러 가지 방법으로 유효성을 검사할 수 있지만 if문을 사용하면 가능하다.

```
var mayBeNull : String? = null
if(mayBeNull != null && mayBeNull.length > 0){
   var length = mayBeNull.length
}
```

if 조건 안에서 코틀린이 에러를 발생시키지 않는지 확인한다. 변수에 값이 있으면 if문이 실행되고 그렇지 않으면 건너뛴다.

```
fun main(args: Array<String>) {
  var name : String?
  name = null // 허용됨
  var length = 0
  if(name != null && name.length > 0) {
     length = name.length
  }
}
```

이 코드에서는 널 가능한 문자열 변수 name을 선언하고 null을 할당했다. 나중에 name 문자열 변수가 null이 아니고 name 변수의 길이가 0이 아닌지 확인한다. 이 경우 name에 null이 지정되므로 if문은 코드 블록을 건너뛴다.

안전한 호출 연산자 ?.

널 가능 변수를 확인하는 또 다른 방법은 안전한 호출 연산자Safe call operator ?.을 사용하는 것이다. 물음표와 함께 .이 따라온다.

```
var length = mayBeNull?.length
```

이 경우 string 변수가 널이 아닌 경우 안전한 호출 연산자는 변수의 길이를 반환하고 그렇지 않으면 널 값이 length 변수에 할당된다. 즉, myBeNull 변수가 null이면 ?. 연산자는 무시된다.

```
fun main(args: Array<String>) {
    var mayBeNull : String?
    mayBeNull = null //허용됨
    var length = mayBeNull?.length //안전한 호출
    println("value of length is " + length)
}
```

안전한 호출 연산자가 mayBeNull 변수를 확인하고 null 값을 반환했기 때문에 이 코드의 출력은 "value of length is null"이다.

엘비스 연산자 ?:

안전한 호출 연산자는 변수에 값이 있으면 호출된 함수를 실행한다. 그렇지 않은 경우에는 null을 반환한다. 이는 다음과 같다.

```
var mayBeNull : String? = null
var length = mayBeNull?.length
```

length 변수에 널 값이 있으면 변수 길이가 널인지 여부를 다시 확인해야 한다. 이 경우 불필요한 검증 단계를 거쳐야 한다. 이 문제는 엘비스^{Elvis} 연산자 ?:을 사용해 해결할 수 있다. 엘비스 연산자는 두 개의 값 중 하나를 반환한다.

```
var length = mayBeNull?.length ?: 0
```

length가 널이 아닌 경우 변수의 크기를 반환한다. 그렇지 않으면 0을 반환한다. 다음 코드를 살펴보자.

```
fun main(args: Array<String>) {
    var message: String? = null
    var len = message?.length ?: 0
    println("value of length is $len")
    message = "Hello"
    len = message?.length ?: 0
    println("value of length is $len")
}
```

message라는 널 가능 문자열 변수를 만들고 널 값을 할당한다. 엘비스 연산자를 사용해 length 함수를 호출하고 len 변수에 값을 할당한다. 값은 0이어야 한다. 이제 message에 값을 할당하고 길이를 확인한다.

널 아님 단정 연산자 !!

확신 연산자[sure operator]라고도 하는 널 아님 단정[not null assertion] 연산자는 변수가 항상 값을 포함하고 널이 아님을 확신할 때 사용된다. 어떻게 작동하는지 예를 들어 살펴보자. 널 가능 문자열 변수를 만들고 널 값을 할당한다. 이제 널 아님 단정 연산자로 문자열의 길이를 구하자.

```
fun main(args: Array<String>) {
    var sureNotNull : String? = null
    var length = sureNotNull!!.length   //애플리케이션 문제 발생
    println("value of length is " + length)
```

```
    }
```

물론 애플리케이션이 중단된다. 이 경우 프로그래머는 변수의 널 가능성에 대한 책임이 있다. 다른 예를 들어 더 자세히 살펴보자.

문자열 클래스는 `lastOrNull` 함수를 제공한다. 이 함수는 문자열의 마지막 문자를 반환하거나 문자열이 비어 있으면 `null`을 반환한다. `lastOrNull` 함수에서 값을 할당하려면 널 가능 문자를 선언해야 한다.

```
val ch : Char? = "abc".lastOrNull()
```

널 가능 대신 일반 변수를 선언하려고 하면 코틀린은 컴파일할 때 에러를 발생시킨다. 다음 예를 보자.

```
val ch : Char = "abc".lastOrNull()
// 형식 불일치: 유추된 유형은 Char?나 Char가 지정됐다.
```

객체(이 경우 "abc" 문자열)가 널이 아니며 널 안전 연산자(?.)를 사용해 널 가능 변수를 생성하지 않으려면 널 아님 단정 연산자(!!)를 사용할 수 있다.

```
val ch : Char = "abc".lastOrNull()!!
```

다음 예를 참조해 널 안전 연산자(?.)와 함께 사용하거나 또는 사용하지 않고 변수를 선언할 수 있는 방법을 확인해보자.

```
fun mayBeNull(s : String ) : Char? {
    val ch: Char? = s.lastOrNull()
```

```
    return ch
}

fun notNull(s : String ) : Char{
    val ch = s.lastOrNull()!!
    return ch
}

fun main(args: Array<String>) {
    var ch = notNull("abc")
    // var ch = notNull("") 프로그램 문제 발생
    println(ch)
}
```

mayBeNull 함수는 문자열을 매개변수로 사용하고 lastOrNull 함수를 사용해 문자열의 마지막 문자를 반환하고 빈 문자열을 매개변수로 받을 수 있으므로 이 함수는 널 가능 문자(Char?)를 반환한다는 점에 유의하자. 반면 notNull 함수는 일반 문자(Char)를 반환하고 널 아님 단정 연산자(!!)를 사용해 문자열의 마지막 문자를 가져온 후 이 함수가 빈 문자열을 받지 못하게 컴파일러에 알려준다.

형 변환

한 유형에서 다른 유형으로 값을 변환하는 것을 형 변환Type casting이라고 한다. 예를 들면 단정도 실수Float에서 정수Integer로 또는 배정도 실수에서 문자열String로 변환하는 것이다. 자바나 C++에서 형 변환은 원시 데이터 유형을 갖고 있기 때문에 매우 간단한 작업이다. 다음 자바 코드의 예를 살펴보자.

```
double d = 10.50;
int i = (int) d;
```

코틀린에서는 모든 것이 객체이므로 한 유형에서 다른 유형으로 형 변환을 수행하는 데 몇 가지 추가적인 단계가 필요하다. 그러나 코틀린은 이러한 변환을 수행하는 데 도움이 되는 다양한 라이브러리를 제공한다. 다음 예를 통해 알아보자. 바이트^{Byte} 변수를 만들고 값 10을 할당한다. 그리고 정수 변수 intValue를 만들고 byteValue를 할당하려고 해보자.

```
var byteValue : Byte = 10
var intValue : Int
intValue = byteValue
```

앞의 코드는 각각 지정된 데이터 유형이 서로 다르므로 컴파일러에서 유형 불일치 에러^{type mismatch error}를 발생시킨다. 다음 예는 전혀 도움이 되지 않는다.

```
intValue = (Int) byteValue
```

앞의 코드는 코틀린이 자동 형 변환을 지원하지 않는다는 것을 보여주기 때문에 명시적으로 호출해야 한다는 것이다. 코틀린의 라이브러리에는 유용한 함수가 많이 들어 있으며 각 데이터 유형은 형 변환을 위해 이러한 함수를 사용할 수 있다.

바이트에서 단정도 실수로의 변환

바이트 변수를 만들고 값을 할당한 다음 toFloat() 함수를 사용해 다음과 같이 바이트 변수를 단정도 실수 변수로 변환한다.

```
fun main (args: Array<String>) {
  var byteValue : Byte = 10
  var floatValue : Float
  floatValue = byteValue.toFloat()
```

```
    println("From Byte $byteValue to Float $floatValue")
}
```

배정도 실수에서 정수로 변환

마찬가지로 배정도 실수 변수를 정수 변수로 변환할 수 있다. 다음과 같이 toInt() 함수를 사용해 배정도 실수를 정수로 변환한다.

```
fun main (args: Array<String>) {
    var doubleValue : Double = 12.345
    var intValue = doubleValue.toInt()
    println("From Double $doubleValue to Int $intValue")
}
```

한 유형에서 다른 유형으로 변환할 때는 데이터 손실을 고려해야 한다. 다음은 출력 결과다.

```
From Double 12.345 to Int 12
```

배정도 실수는 실수 데이터 유형에 속한다. 소수점을 포함하는 값을 저장할 수 있다. 반대로 정수는 소수점이 없는 숫자 데이터 유형에 속한다. 배정도 실수 데이터 유형이 정수로 변환되면 intValue 변수는 소수 값인 .345를 무시한다.

문자열에서 정수로 변환

문자열에서 정수로 또는 배정도 실수로 변환할 수도 있다. 이를 수행하려면 문자열 변수를 만들고 toInt() 함수를 사용해 변환한다. 다음 코드를 보자.

```
fun main (args: Array<String>) {
    var stringValue: String = "125"
    var intValue = stringValue.toInt()
    println("From string to int $intValue")
}
```

문자열 변수에 유효한 정수 값이 포함돼 있으면 문제가 없지만 문자열 변수에 정수가 아닌 값이 들어 있으면 코틀린에서 NumberCast 예외를 발생시킨다. 이전 코드 예에서 stringVariable을 변경하고 예외를 확인하자.

```
var stringValue : String = "A125"
```

이런 상황을 피하고자 코틀린은 toIntOrNull 함수를 제공한다. 문자열 변수에 영숫자와 같은 유효하지 않은 값이 있는 경우 이 함수는 널을 반환하고 값이 숫자인 경우 문자열을 정수로 변환한다. toIntOrNull() 함수가 널 값을 반환할 수 있으므로 정수 변수는 Int?로 선언돼야 널 가능이 된다. 다음 코드를 참조하자. toIntOrNull 함수를 사용해 문자열 변수를 만들고 문자열로 변환한다.

```
fun main (args: Array<String>) {
    var stringValue : String = "125A"
    var intValue : Int? = stringValue.toIntOrNull()

    if(intValue is Int) {
        println("From string to int $intValue")
    }
    else {
        println("Not a valid String")
    }
}
```

문자열 변수에 유효한 값이 들어 있으면 문자열 에서 정수로 변환이 성공하고 그렇지 않으면 false가 된다.

스마트 형 변환

Any는 코틀린의 모든 클래스의 부모 클래스 또는 상위 클래스다. 클래스가 어떤 클래스에서도 상속되지 않으면 Any를 상위 클래스로 갖는다. 정수, 단정도 실수, 배정도 실수 등의 모든 데이터 유형은 Any 클래스에서 상속받는다(이는 3장에서 더 자세히 설명한다). 다음 선언은 코틀린에서 유효하다.

```
var any : Any? = null
any = 1234        //정수
any = "Hello"     //문자열
any = 123.456     //실수
```

스마트 형 변환smart cast의 중요성을 이해하려면 널 가능 Any? 유형의 매개변수 하나가 있는 함수를 만들어보자.

```
fun mySmartCast(any :Any?) {
  if(any is Int) {
    var i = any + 5
    println("Value is Int $i")
  }
  else if (any is String) {
    var s = "Hello " + any
    println("Value is String $s")
  }
  else if (any == null) {
    println("Object is null")
  }
}
```

```
fun main (args: Array<String>) {
    mySmartCast(8)
    mySmartCast("Kotlin")
}
```

정수 값을 갖는 첫 번째 함수 호출에서 mySmartCast(8) 스마트 형 변환은 널 유형
을 처리할 뿐만 아니라 클래스 유형에 포함된 클래스 객체의 유형을 인식한다. 객체
검사, 널 안전, 객체의 언래핑^{unwrapping}[1]은 is 연산자를 사용해 처리된다. 첫 번째
if문에서 is 연산자는 null 값을 확인하고 형 변환을 수행한다.

NOTE

Any는 코틀린의 클래스 계층 구조에서 최상위 클래스다.

코틀린은 자동으로 Any를 정수로 변환해 연산을 수행하므로 형 변환을 위해 toInt()
함수를 호출할 필요가 없다. 다음은 when 표현식이 포함된 스마트 형 변환 예다.

```
fun mySmartCast(any :Any?){

    when(any) {
        is String -> println("String: $any")
        is Int -> println("Integer: $any")
        is Double -> println("Double: $any")
        else -> println("Alian...")
    }
}
```

---

1. 널 가능에서 널 불가능으로 변환하는 것을 말한다. – 옮긴이

안전하지 않은 형 변환

as 연산자는 형 변환의 또 다른 방법이지만 안전한 형 변환으로 간주되지 않는다. 안전하지 않은 형 변환^{unsafe cast}의 다음 코드를 확인하자.

```kotlin
fun myUnsafeCast(any : Any?) {
  val s : String = any as String
  println(s)
}

fun main (args: Array<String>) {
  myUnsafetCast("Hello")
}
```

이 코드는 문자열 변수가 이 함수에 전달됐기 때문에 성공적으로 실행되지만 다음 함수 호출 시에는 TypeCastException이 발생한다.

```kotlin
myUnsafetCast(2)
myUnsafetCast(null)
```

크래시^{Crash}가 발생하기 전에 코드를 보호하는 것이 매우 중요하므로 안전하지 않은 형 변환은 피하는 것이 좋다. 그러나 필요한 경우 다음을 수행하자.

- 값을 저장하고자 ?를 사용해 널 가능 변수를 선언한다.
- as 연산자로 ?를 사용해 안전한 호출을 추가한다.

형 변환이 성공하면 원래 값을 반환하고 그렇지 않은 경우 null이 된다. 다음 코드에서 as 연산자를 사용하는 올바른 방법을 살펴보자.

```kotlin
fun myUnsafeCast(any : Any?){
  val s : String? = any as? String
```

```
    println(s)
  }

fun main (args: Array<String>) {
    myUnsafetCast(2)
}
```

이번에는 프로그램이 문제없이 정상적으로 실행되지만 화면에 null이 표시될 것이다.

페어와 트리플

페어^{Pair}와 트리플^{Triple}은 서로 밀접하게 연결된 서로 다른 값(예, 제품 이름과 가격, 그래프의 x와 y좌표, 전화번호부의 이름, 주소, 전화번호 등)을 저장할 수 있다. 클래스를 선언하고 하나의 객체에 결합해 이러한 값을 저장할 수 있지만 언제든지 사전 선언된 코틀린 클래스를 사용해 유사한 작업을 할 수 있다면 유용할 것이다. 이 절에서는 페어와 트리플의 사용법과 이러한 데이터 유형이 서로 다른 값을 한곳에서 구성하는 방법을 살펴볼 것이다.

선언 방법

페어와 트리플을 선언하는 것부터 시작해보자. 다른 변수와 마찬가지로 val과 var 키워드를 사용해 페어와 트리플을 선언할 수 있다.

```
val mobile = Pair("Google", 500)
val screenMirror = Pair("Chrome cast", 20.5)
val addressBook = Triple("Khan", 123456789, "Stockholm")
```

먼저 페어나 트리플로 된 어떤 값을 직접 할당해 변수를 만든다. 앞에서 알 수 있듯이 각각의 페어와 트리플에는 서로 다른 데이터 유형이 있을 수 있다. mobile 페어에는 문자열과 정수가 포함되고 screenMirror에는 문자열과 배정도 실수가 포함되며 addressBook 트리플에는 두 개의 문자열과 하나의 정수가 포함된다. 코틀린 유형 추론이 자동으로 변수 유형을 찾아내기 때문에 명시적으로 데이터 유형을 선언할 필요가 없다는 것을 알 수 있다.

값을 가져오는 방법

페어와 트리플에서 값을 가져오는 방법은 많지만 간단한 방법부터 해보자. 페어의 값은 변수에 할당해 얻을 수 있다.

```
val (name , price) = mobile
```

name 변수에는 Google이 할당되고 price에는 구글 모바일^{Google mobile}의 가격인 500이 할당된다. 이러한 변수들을 다음과 같이 출력함으로써 확인할 수 있다.

```
println("Mobile = $name , Prince = $price Euro")
```

트리플도 비슷한 방식으로 값을 얻을 수 있다.

```
val (name, phone, address) = addressBook
println("Name = $name , Phone = $phone , Address = $address")
```

페어와 트리플 클래스에서 값을 가져오는 또 다른 방법이 있다. 페어와 트리플의 각 멤버에는 이름이 지정된다. 페어의 첫 번째 항목에 먼저 프로퍼티 이름을 사용하고 두 번째 요소에도 프로퍼티 이름을 사용해 액세스할 수 있으며, 트리플의 세 번째 항목은 세 번째 프로퍼티 이름으로 액세스할 수 있다. 예를 들어 서로 다른 유형의 페어와 트리플을 만든다. 그리고 다음과 같이 값을 지정하고 값을 가져오자.

```
val mobile = Pair("Google", 500)
val (name , price) = mobile
println("Mobile = ${mobile.first} , Prince = ${mobile.second}")

val addressBook = Triple("Khan", 123456789, "Stockholm")
val (name, phone, address) = addressBook
println("Name = ${addressBook.first} , Phone = ${addressBook.second} ,
Address = ${addressBook.third}")
```

코틀린은 첫 번째 항목에 대해 component1(), 두 번째 항목에 대해 component2() 등 각 항목에 대한 기본 함수를 제공한다.

```
val (p_name, p_phone, p_address) = addressbook
println("Name = ${addressbook.component1()} , Phone =
${addressbook.component2()} , Address = ${addressbook.component3()}")
```

이러한 값을 가져올 때 해당 항목이 필요하지 않은 경우 밑줄 기호를 사용해 무시할 수 있다. 다음 코드를 보자.

```
val coordinates = Triple(5 , 9 , 11)
val (x, y , _) = coordinates
```

coordinates 변수에는 세 개의 값이 있지만 밑줄 기호를 사용하면 z 좌표가 무시된다.

⁝⁝• 흐름 제어

프로그래밍은 서로 다른 작업의 실행이며 흐름 제어는 이러한 작업의 실행을 제어하는 작업이다. 이것을 사용해 프로그래머는 프로그램이 어떻게 동작해야 하는지 또는 주어진 시간에 어떤 부분이 실행돼야 하는지를 결정할 수 있다. 다른 프로그래밍 언어와 마찬가지로 코틀린은 흐름 제어를 구현할 수 있는 몇 가지 구조를 제공한다.

이제 다음 절에서 각각의 흐름 제어를 살펴보겠다.

if문

if문은 관련 데이터를 전달하고 해당 정보를 추가로 작동, 구동, 조치하도록 설계된 필터 방법이라고 할 수 있다.

일반적으로 대부분의 프로그래밍 언어와 마찬가지로 특정 상황이 참이나 거짓일 때만 실행하게 하는 조건이나 특정 매개변수, 변수에 의존하는 코드 영역이 있다. 의사결정이 필요한 경우 if문이 사용된다. 즉, if문에 정의된 조건에는 true와 false의 2가지 결과만 있을 수 있음을 의미하는 불리언 로직과 함께 작동한다.

```
if (a > b) {
   max = a
}
```

if문이 있고 조건이 true이면 기본 코드 영역이 실행된다. 그렇지 않은 경우 다음 코드에서 볼 수 있듯이 코드 영역이 무시된다.

```
fun main(args: Array<String>) {
   val langName = "Kotlin"
   if ( langName == " Kotlin" ) {
      println ("Hello"+ langName)
   }
}
```

결과로 Hello Kotlin이 표시된다. langName 변수의 값이 Kotlin이 아닌 경우 if문 아래의 코드 영역이 실행되지 않는다.

if else문

if else문은 오랫동안 사용돼 왔으며 거의 모든 언어에서 정보 필터링을 위해 이러한 형태의 조건문을 사용했다. 조건이 충족되면 기본 코드 영역이 실행되고 조건이 실패하면 else문이 실행된다.

어떻게 실행하는지 코드를 살펴보자.

```
fun main(args: Array<String>) {

    val langName = "Java"
    if ( langName == "Kotlin" ) {
        println ( "I love "+ langName )
    }
    else {
        println ("The name of the language is "+ langName )
    }
}
```

langName 변수에 "Kotlin" 문자열이 지정되면 if문의 첫 번째 코드 영역이 실행된다. 그렇지 않으면 else문이 실행된다.

조건부 연산자가 있는 if문

실제 환경에서 if문은 복잡한 상황을 각각의 조건으로 검사하고 나눠 프로그램의 흐름을 유연하게 정의하는 데 사용한다. 코드 복잡성을 줄이고 프로그램의 흐름을 좀 더 잘 구현하고자 선행 조건을 단일 if 조건부 연산자로 결합하거나 그룹화해 관련 코드 영역을 필터링하거나 실행할 수 있다.

그 조건은 논리곱(&&), 논리합(||), 논리부정(!) 연산자를 사용해 if문에서 결합되거나 그룹화할 수 있다.

논리합 연산자(and, &&)가 있는 if문

논리합 연산자(and, &&)는 모든 조건이 모두 충족되는 경우에만 true를 반환하는 절대적인 연산자다. 두 조건 중 하나라도 조건을 만족시키지 못하면 if문은 실패하고 조건이 전체적으로 충족될 때까지 해당 코드 영역이 무시된다.

논리합 연산자가 있는 if문은 기호 형식[2]으로 작성할 수 있다.

```
var studentMarks = 92
if (studentMarks >= 90 && value < 96) {
    println ("A")
}
```

논리합 연산자는 단어 형식[3]으로도 작성할 수 있다.

```
if ((studentMarks >= 90) and (value < 96)) {
    println ("A")
}
```

논리합 연산자(or, ||)가 있는 if문

논리합 연산자(or, ||)는 그룹의 두 조건 중 하나라도 참일 때 참을 반환하는 매우 관대한 연산자다. if문은 두 조건이 모두 충족되지 않으면 실패하고 그룹화된 조건

---

2. &&를 뜻한다. – 옮긴이
3. and를 뜻한다. – 옮긴이

중 하나가 충족될 때까지 해당 코드 영역을 건너뛴다. **if**와 논리합 연산자는 기호 형식[4]으로 작성할 수 있다.

```
if ((b > a) || (b > c)) {
    println("b is a winner")
}
```

논리합 연산자는 단어 형식[5]으로도 작성할 수 있다.

```
if (b > a or b > c) {
    println("b is a winner")
}
```

논리부정 연산자(not, !)가 있는 if문

느낌표로 표시된 논리부정 연산자(not, !)는 반환값이 **false**인 경우 **NOT** 연산자가 있는 조건이 **true**가 되게 할 때 사용된다. 논리부정 연산자를 사용하면 조건이 **true**가 아닌지 쉽게 확인할 수 있다. 다음 경우 결과가 표시돼야 한다.

```
if(a!=b) {
    println("a and b are different")
}
```

if 표현식

코틀린은 프로그래머의 삶을 훨씬 편하게 만들어주는 **if** 표현식을 새롭게 도입했

---

4. ||를 뜻한다. – 옮긴이
5. or를 뜻한다. – 옮긴이

다. 각 if문 안에서 값을 할당하는 대신 코틀린은 변수에 코드 영역의 결과 값을 반환한다. if문을 작성하기 전에 변수 이름에 다음과 같이 할당 연산자를 추가한다.

```
grade = if (studentMarks >= 90) {
    "A"
}
```

if 표현식을 사용하는 다음 코드를 보자. 여기서 grade는 studentMarks에 따라 할당된다.

```
fun main(args: Array<String>) {
    val studentMarks = 95
    var grade = if (studentMarks >= 90) {
        "A"
    } else if (studentMarks >= 80) {
        "B"
    } else if (studentMarks >= 70) {
        "C"
    } else if (studentMarks >= 60) {
        "D"
    } else {
        "F"
    }
    println ( "Student achieved " + grade )
}
```

grade = "A"나 grade = "D"처럼 각각의 else...if 영역에 쓰지 않아도 된다. else 문 없이 if 표현식으로 사용할 때는 주의해야 할 것이 있다.

```
val grade = if (studentMarks >= 90) {
    "A"
```

```
    }
```

코틀린에서 다음과 같은 컴파일 타임 에러가 발생한다.

```
'if' must have both main and 'else' branches if used as an expression
```

when 표현식

코틀린은 if문을 대체할 수 있는 방법으로 when 표현식을 제공한다. 일종의 필터링 방법이라고 생각하면 된다. 이는 분기 조건이 충족될 때까지 모든 분기와 해당 인수를 순차적으로 비교하는 것이 자바나 C의 switch문과 기본적으로 비슷하다.

when 표현식은 다음과 같이 동작한다.

- when은 임의의 표현식과 상수를 사용할 수 있다.

- 표현식에서 변수를 가져와 분기 내의 값과 일치시킨다.

- 변수의 조건이 일치하면 분기의 관련 코드 영역이 실행된다. 다른 분기 조건이 충족되지 않으면 else 분기가 실행된다.

when문을 작성한다.

- when문 다음의 괄호 안에 조건이 되는 표현식이 온다.

```
    when (expression)
```

- 분기는 조건에 코드 영역이 따라오는 것이다. 이는 {condition -> code block} 으로 정의되고 중괄호 안에 있는 표현식 다음에 나타낸다.

- else 분기는 필수적이며 중괄호 안에 자체 코드 영역이 들어있다.

- when에 else 분기가 없다면 컴파일러가 모든 분기의 유효성을 검사할 수 있도록 모든 가능한 종류를 분기에서 다뤄야 한다.

when을 표현식으로 사용해 월요일은 1, 화요일은 2 등으로 해당 날짜에 해당 번호를 표시하는 프로그램을 작성하자.

```kotlin
fun main(args: Array<String>) {
    val day = 2
    when(day) {
        1-> println("Monday")
        2-> println("Tuesday")
        3-> println("Wednesday")
        4-> println("Thursday")
        5-> println("Friday")
        6-> println("Saturday")
        7-> println("Sunday")
        else -> println("Invalid input")
    }
}
```

다양한 조건을 확인하고 테스트하려면 day 변수에 다른 값을 지정한다. 프로그램은 입력값에 따라 해당 요일을 표시하거나 범위를 벗어나면 에러 메시지를 표시한다. 이 when 표현식을 사용해 학생의 학년을 나타내는 프로그램을 작성할 수 있다.

여러 조건의 결합

when 표현식을 사용하면 한 줄에 하나 이상의 조건을 결합할 수 있다. 표현식과 일치시키고자 하나 이상의 조건을 쉼표로 구분된 목록으로 나타낸다.

```kotlin
fun main(args: Array<String>) {
    val grade = "b"
```

```
when (grade) {
  "A","a" -> println("Excellent")
  "B","b" -> println("Very Good")
  "C","c" -> println("Nice work")
  "D","d" -> println("OK")
  "E","e" -> println("Hmmm")
  "F","f" -> println("Better luck next time")
  else -> println("Invalid input")
  }
}
```

이 예에서 사용자는 caps lock이 켜져 있는지 꺼져 있는지 걱정하지 않고 학생의 학년을 입력할 수 있다. 입력이 "a"나 "A"면 Excellent가 출력될 것이다.

when 표현식에서 범위 사용

또한 범위 형식[6]으로 조건을 사용할 수 있다. 범위를 사용할 때 코틀린은 in 연산자를 제공한다. in 연산자를 사용해 주어진 범위 내에 포함된 값을 비교한다. 이는 두 개 이상의 조건이 같은 결과를 갖는 경우에 특히 유용하다.

```
fun main(args: Array<String>) {
  val grade = "A"
  when (grade) {
    in "A".."E" -> println("You are promoted to the next level")
    "F" -> println("You need hard work.")
    else -> println("Invalid input")
  }
}
```

---

6. 코틀린에서는 in 연산자 (시작)..(끝)을 사용해 숫자 또는 문자의 범위를 나타낼 수 있다. - 옮긴이

이 코드에서 학생 성적이 A에서 E의 범위 내에 있으면 You are promoted to the next level 메시지가 표시된다. 등급이 F라면 You need hard work가 표시된다. 그렇지 않으면 Invalid input이 표시된다.

표현식으로 when 사용

if문과 마찬가지로 when 표현식으로 사용할 수도 있다. 이렇게 하려면 변수를 만들고 다음과 같이 식으로 지정하면 된다.

```kotlin
fun main(args: Array<String>) {
    val grade = "A"
    val remarks = when (grade) {
        "A","a" -> "Excellent"
        "B","b" -> "Very Good"
        "C","c" -> "Nice work"
        "D","d" -> "OK"
        "E","e" -> "Hmmm"
        "F","f" -> "Better luck next time"
        else -> "Invalid input"
    }
    println(remarks)
}
```

반복문 소개

반복문은 한 번 정의한 대로 여러 번 실행될 수 있는 순환 코드, 루틴, 명령문이며 일련의 명령을 계속하거나 항목마다 또는 조건이 충족될 때까지 한 번씩 반복적으로 수행할 수 있다. 화면에 1에서 3까지의 숫자를 인쇄하도록 요청을 받았다면 3개의 println문을 사용해 코드를 작성하면 된다. 수백, 수천 개의 숫자를 인쇄하는 코드에서는 하나의 명령을 반복적으로 수행하게 하는 더 좋은 방법이 필요하다.

반복문은 이러한 상황에 사용할 수 있는 훌륭한 해결책이며 세 부분으로 돼 있다.

- **시작:** 반복의 시작 정의
- **본문:** 각 반복에서 코드 영역을 실행하도록 정의
- **컨트롤러:** 반복이 멈출 때를 정의

고틀린에는 2가시 유형의 반복문이 있다.

- 조건 제어 반복:
  - while문
  - do while문
- 횟수 제어 반복
  - for문

while문

while문은 주어진 조건에 따라 반복적으로 실행되는 명령문이나 코드다. while문은 코드 영역이 실행되기 전에 조건을 확인한다. if문과 마찬가지로 조건이 참인지를 판단하고자 조건을 확인하고 조건이 참이면 코드 영역 내의 코드가 실행되고 조건이 거짓일 때까지 이 작업이 반복된다.

while문은 조건이 참인 동안 한 작업을 계속 수행하려는 경우에 유용하다. 다음 절에서 while문을 작성하는 방법을 살펴본다.

while문 다음 괄호 안에는 정의된 조건(condition)이 있다.

while문 정의

while문은 if문과 유사하다. 이 2가지 모두 코드 영역을 실행하기 전에 조건을 확인한다. 다음 코드를 보자. if문은 간단한 출력문을 실행한다.

```
if(i <= 3) {
    println("Print $i")
}

while(i <= 3) {
    println("Print $i")
}
```

if문을 while문으로 바꾸어 사용할 수 있다. 이때 i 값을 늘리는 것을 잊지 말자. 그렇지 않으면 while 반복은 영원히 실행된다.

```
fun main(args: Array<String>) {
    println("While loop")
    var i = 1
    while (i <= 3) {
        println("While $i")
        i++
    }
}
```

이 반복문은 세 번 실행되고 실행할 때마다 i 값을 하나씩 증가시킨다. 네 번째 실행에서 i의 값은 4가 되고 제어문은 거짓이 된다.

do while문

do while문은 적어도 한 번은 코드 영역을 실행한 다음 코드 영역의 끝에 주어진 조건에 따라 코드 영역을 반복적으로 실행할지 말지 정해진다. 이는 while 반복의 작은 변형이다. do while문에서는, 조건을 확인하기 전에 코드 영역이 실행되므로 적어도 한 번 코드 영역을 실행한다.

```
fun main(args: Array<String>) {
  println("Do While loop")
  var j = 1
  do {
    println(j)
    j++
  } while( j < 5 )
}
```

이 코드에서 변수 j는 값 1로 초기화되고 do 영역은 j의 값을 출력하고 하나씩 증가 시키며 조건을 확인한다. j의 값이 5 미만이 될 때까지 실행이 계속된다.

for문

for문은 반복적으로 명령을 실행할 수 있도록 지정하는 데 사용된다. 유연성과 편리함 때문에 유명한 반복문이다. for문은 목록, 배열, 컬렉션, 범위를 조건으로 동작한다. 그 조건은 정수의 범위이거나 객체의 모음일 수 있다. for문은 시작과 종료 값을 가진 제어 변수가 필요하며 주어진 범위에서 반복하고 자동으로 종료한다. 요컨대 다른 반복문에서 처리할 수 없는 대부분의 명령을 처리한다.

for문 정의

for문을 작성하려면 다음과 같은 것이 필요하다.

- 시작점과 끝점의 범위를 선언한다. 범위는 두 개의 점(..)으로 정의된다. 예를 들어 var range = 1..3이다.

- for문을 사용하면 연산자를 사용해 변수를 만들고 범위를 지정할 수 있다.

- 작업을 실행할 코드 영역을 정의하자.

```kotlin
fun main(args: Array<String>) {
    var range = 1..3
    for (i in range) {
        println("value of $i")
    }
}
```

첫 번째 반복에서 for문은 i 변수를 반복문 range의 첫 번째 값으로 초기화되고 각 반복에서 range의 다음 값이 i에 할당된다.

반복할 때마다 for문은 범위 내의 다음 값을 할당한다. 이 멤버는 일반 멤버 변수로 사용할 수 있다. 다음 코드에서는 범위의 각 값이 화면에 출력된다.

```kotlin
fun main(args: Array<String>) {
    val list = listOf(1,2,3,4)
    for (l in list){
        println("value of $l")
    }

    val message = "kotlin is awesome"
    for (m in message){
        println(m)
    }
}
```

범위와 반복자가 있는 for문은 5장에서 설명한다.

중첩된 for문

for문 내에 있는 또 다른 for문을 중첩 for문이라고 한다. 바깥쪽 for문의 범위에서 i까지 값을 할당하고 안쪽의 for문은 j에 범위 값을 할당할 것이고 두 값 모두 안쪽의 for문에서 출력될 것이다.

```
for (i in 1..3) {
  for (j in 1..3) {
    println("$i , $j")
  }
}
```

바깥쪽 for문이 한 번 반복될 때마다 안쪽 for문은 세 번 실행된다.

break문

코틀린은 반복을 끝낼 때 사용하는 break문을 제공한다. 다음 코드처럼 break문은 if 조건이 충족될 때 반복을 즉시 종료한다. 이는 while, do, for문에서 현재 반복을 끝낼 때 사용되며 반복문 내부에 조건을 정의해 반복을 종료한다.

```
fun main(args: Array<String>) {
  for (i in 1..10) {
    println("For $i")
    if(i >= 5) {
      break;
    }
  }
}
```

break문이 있는 반복문의 실행이 종료된다. break문이 안쪽 반복에 있으면 외부 반복은 해당 작업을 그대로 정상적으로 수행한다. 이는 내부 반복만 종료되고 외부 반복은 조건을 충족할 때까지 정의된 반복을 계속 수행하기 때문이다. 중첩된 반복문의 i와 j의 값을 출력하지만 두 값이 같을 때 내부 반복을 종료하는 코드를 보자.

```
for (i in 1..3) {
  for (j in 1..3) {
    println("$i , $j")
    if(i==j) {
      break;
    }
  }
}
```

레이블을 가진 for문과 break문

앞의 코드에서 봤듯이 break문은 항상 break가 있는 가장 가까운 반복이나 상위 반복을 끝낸다. 그러나 중첩된 내부 반복에서 특정 조건이 충족될 때마다 모든 반복을 중지하려면 어떻게 해야 할까? 이러한 문제를 해결하고자 코틀린은 레이블을 가진 for문이라는 개념을 제공한다. 즉, for문에 별명을 지정하고 반복을 종료할 때 break@nameOfTheLoop문을 사용해 해당 반복을 끝낸다. 여기에 설명한대로 for문에 이름을 지정하고 break문에서 그 루프를 호출한다. break@outLoop를 사용해 변수 i와 j가 모두 2인 경우 break문이 어떤 for문을 종료할지 알 수 있다.

```
fun main(args: Array<String>) {
  println("Labled For Loop")
  outLoop@ for (i in 1..3) {
    for (j in 1..3) {
      if(i==2 && j==2) {
        break@outLoop
      }
      println("$i , $j")
```

```
      }
    }
  }
```

따라서 바깥쪽 for문이 한 번 실행될 때 안쪽 for문은 세 번 실행된다. 두 번째 외부 반복에서 i와 j가 모두 2일 때 break문은 외부 반복을 종료하도록 호출한다. 따라서 외부 반복이 종료되면 내부 반복이 자동 종료된다.

⁝⁝ 함수란?

프로그램이 커짐에 따라 복잡성도 커진다. 이러한 코드의 비대해짐을 처리할 수 없는 경우 애플리케이션의 복잡성으로 인해 수렁에 빠지기 쉽다. 코드를 관리하는 가장 좋은 방법은 코드를 작고 독립적인 부분으로 나누는 것이다. 이러한 복잡한 부분을 함께 묶어 해결할 수 있다. 코틀린은 코드를 작은 덩어리로 나눌 수 있으며 코드에 의미 있는 이름을 할당할 수 있다. 이것은 하나의 특별한 작업만 수행하게 한다. 다른 프로그래밍 언어에서는 이런 기술을 메서드^{method}, 서브루틴^{subroutine}, 프로시저^{procedure}라고 한다. 코틀린에서는 이 기술을 함수^{function}라고 한다.

코드를 함수로 나누는 데는 몇 가지 이유가 있다.

- **분할과 정복:** 프로그래머는 복잡한 작업을 작은 기능으로 나눠 해결할 수 있다.

- **재사용:** 유사한 코드를 서로 다른 곳에 붙여 넣는 것은 좋은 방법이 아니다. 향후 프로그램의 로직이 변경되면 다른 곳에 붙여 넣은 코드를 변경해야 한다. 함수는 프로그램에서 코드를 재사용하는 데 도움이 되며 함수 코드를 변경하면 모든 영역에 영향을 미친다.

- **디버깅:** 코드가 예상대로 작동하지 않고 크고 복잡한 문제가 있을 때 스파게티 코드 안에서 숨겨진 버그를 찾는 것은 어렵다. 잘 정의된 함수가 없으면 문제를

해결하는 것이 어렵고 좌절감을 주고 시간이 많이 걸리는 작업이다. 모든 것이 함수로 분리되면 개발자는 함수의 결과를 확인하고자 각 함수를 하나씩 테스트할 수 있다.

- **추상화:** 함수를 사용하려면 이름과 매개변수만 알면 충분하다. 프로그래머는 함수가 어떻게 구현됐는지 다른 프로그래머가 어떤 로직을 사용했는지 알 필요가 없다.

함수 선언

코틀린은 재미있는 프로그래밍 언어다. 그래서 함수 이름은 fun이라는 단어로 시작된다. fun문 다음에 함수 이름과 괄호가 온다. 코드 영역은 괄호 뒤에 { 코드 영역 }과 같이 중괄호 안에 정의된다. 코드 영역 작성이 끝나면 함수의 이름을 사용해 어디서나 이 함수를 호출할 수 있다. hello 함수를 작성하면 인사말 메시지가 화면에 출력된다. 다음 코드를 보자.

```kotlin
fun hello(){
   println("Hello from Kotlin")
}

fun main(args: Array<String>) {
   hello()
}
```

간단한 Hello from Kotlin 메시지가 화면에 표시된다.

매개변수와 반환 형식이 없는 함수

이는 가장 간단한 형태의 함수다. 다음 코드를 보자.

```
fun sayHello(){
    println("Hello from Kotlin")
}
```

함수가 값을 반환하지 않을 때는 함수 이름 바로 뒤에 Unit 키워드를 선언할 수
있다.

NOTE

Unit은 자바의 void 유형에 해당한다.

Unit 키워드는 선택 사항이다. 언급된 키워드가 없으면 코틀린은 기본적으로 unit
으로 간주한다.

```
fun sayHello() : Unit{
    println("Hello from Kotlin")
}
```

매개변수가 있는 함수

함수는 하나 이상의 매개변수를 인수로 받을 수 있다.

```
fun hello(message : String) : Unit {
    println("Hello from $message")
}

fun main(args: Array<String>) {
    hello("Kotlin")
}
```

hello 함수는 문자열 변수를 매개변수로 사용한다. hello 함수가 main에서 호출될 때 문자열 값이 해당 함수로 전달된다.

함수가 둘 이상의 매개변수를 사용하는 경우 모든 매개변수는 쉼표(,)로 구분된다. 다음은 두 개의 매개변수를 사용하는 함수를 작성하는 또 다른 예다.

```kotlin
fun add(a : Int, b : Int) {
    println("Result of $a + $b is ${a+b}")
}

fun main (args: Array<String>){
    add(4,5)
}
```

함수 선언에서 변수는 val이나 var 키워드로 선언할 수 없으며 데이터 유형을 명시적으로 지정해야 한다.

매개변수와 반환 유형이 있는 함수

함수는 매개변수를 받고 결과 값을 반환할 수 있다. 매개변수로 값을 받고 result 변수로 반환하는 다음 코드를 보자.

```kotlin
fun myFun(message : String) : String {
    return "Hello from $message"
}

fun main (args: Array<String>){
    val result = myFun("Author")
    println(result)
}
```

이 함수는 문자열을 매개변수로 받고 문자열 값을 반환한다. 다른 프로그래밍 언어와 마찬가지로 코틀린도 return 키워드를 사용해 함수에서 값을 반환한다. 반환값은 함수 서명에 정의된 반환 유형과 같아야 한다.

```
fun add(i: Int, j: Int): Int
```

함수의 반환 유형이 정수인 경우 return도 정수여야 한다. 그렇지 않으면 컴파일러에서 에러가 발생한다. 다음은 addValues라는 함수의 예다. 이는 두 개의 정수 매개변수를 받아 그 값을 더한 다음 그 결과로 정수를 반환한다.

```
fun addValues(i: Int, j: Int): Int{
    val k = i + j
    return k
}

fun main (args: Array<String>) {
    val result = addValues(5,6)
    println(result)
}
```

표현식 함수

코틀린에서는 함수를 표현식처럼 쓸 수 있다. 예를 들어 앞 절의 add 함수를 표현식으로 바꿔보자.

```
fun addValues(i: Int, j: Int): Int {
    return i + j
}
```

이 함수는 두 개의 매개변수를 받아 그 값을 더한 다음 결과를 정수 값으로 반환한다. 함수의 코드가 한 줄만 있다면 표현식으로 쓸 수 있다.

새 함수를 표현식으로 만든다.

```
fun addValuesEx(a : Int, b : Int) : Int = a + b
```

함수 반환 유형은 명시적 선언으로 다음과 같이 제거할 수 있다.

```
fun addValuesEx(a : Int, b : Int) = a + b
```

이제 equals 연산자를 추가하고 중괄호를 제거한 다음 함수 본문의 **return** 키워드와 함께 반환 형식의 명시적 유형 선언을 제거한다. 컴파일러는 반환 유형을 자동으로 알아낸다. 다음으로 **main**에서 **addValues**와 **addValuesEx**를 호출한다. 그리고 각 함수의 출력을 확인한다.

```
fun addValues(i: Int, j: Int): Int{
   return i + j
}

fun addValuesEx(a : Int, b : Int) = a + b

fun main (args: Array<String>) {
   var result = addValues(5,6)
   println(result)

   result = addValuesEx(5,6)
   println(result)
}
```

또 다른 코드를 보자. 두 개의 정수 변수를 받아 가장 큰 값을 반환하는 함수를 만든다. 두 값이 같으면 변수 값을 반환한다.

```
fun getMaxEx(x: Int, y: Int) =
  if(x >= y){
    x
  } else {
    y
  }

fun main (args: Array<String>) {
  var val1 = 8
  var val2 = 6
  max = getMaxEx(val1,val2)
  println("$val1 , $val2 : Max value is $max")
}
```

함수를 표현식으로 작성하면 불필요한 코드를 제거하는 데 도움이 되지만 때로는 이러한 편의성이 문제가 될 수 있다. 다음 함수에서 **if..else**문에 문자열 값을 추가하도록 조금 변경하고 실행해보자.

```
fun getMaxExx(x: Int, y: Int) =
  if(x >= y){
    x
    "Scary"
  } else {
    y
    "Yes it is"
  }

fun main (args: Array<String>) {
  var val1 = 8
  var val2 = 6
```

```
    var maxEx = getMaxExx(val1,val2)
    println("$val1 , $val2 : Max value is $maxEx")
}
```

이 함수는 Scary를 반환한다. 함수가 표현식으로 작성되고 함수 유형에 반환 유형을 정의하지 않으면 유형 추론이 된다. 즉, 코틀린은 항상 코드의 마지막 줄을 반환하고 컴파일러는 런타임의 반환 유형을 확인한다. 그 줄이 정수 또는 문자열이면 그에 따라 결정된다. 다음 코드에서 예상되는 반환 유형은 정수지만 문자열이 반환된다. 이런 까다로운 상황은 함수 반환 유형을 선언하면 해결할 수 있다.

```
fun getMaxEx(x: Int, y: Int) : Int =
    if(x >= y){
        x
        "Scary"
    } else {
        y
        "Yes it is"
    }
```

반환값이 선언된 유형과 다른 경우 컴파일러에서 다음 에러가 발생한다.

```
Type mismatch: inferred type is String but Int was expected
```

기본값이 있는 함수

코틀린은 함수 선언 시 매개변수에 값을 할당할 수 있다. 함수가 호출될 때 값을 전달하지 않으면 컴파일러는 자동으로 기본값을 지정한다. hello 함수를 호출할 때 값이 없으면 Hello Kotlin을 출력한다.

```kotlin
fun hello(message : String = "Kotlin") : Unit{
    println("Hello $message")
}

fun main (args: Array<String>) {
    hello("World")
}
```

인수의 기본값은 여러모로 매우 유용한 기능이다. 달러를 다른 통화로 변환하고 변환에 대해 서비스 요금을 적용하는 환전 함수를 만든다고 해보자.

```kotlin
fun currencyExchange(dollar: Double, currencyRate: Double, charges: Double):
Double {
    var total = dollar * currencyRate
    var fees = total * charges / 100
    total = total - fees
    return total
}
```

100달러를 스웨덴 크로나로 변환한다고 해보자. 1달러는 10크로나와 같으며 우리 회사는 총금액의 5%를 서비스 요금으로 부과한다.

```kotlin
fun main (args: Array<String>) {
    var total = currencyExchange(100.0,10.0, 5.0)
    println(total)
}
```

이 함수는 정상적으로 작동한다. 달러를 목표 통화로 곱하고 요금을 계산하고 공제 후 총금액을 반환한다. 통화 시장에서 환율은 매우 빠르게 변한다. 따라서 환전 전의 환율을 확인하는 것이 좋다. 그러나 전환 수수료(이 예에서는 5%다)는 오랫동안 동일하게 유지될 가능성이 크다. 그렇다면 다음과 같이 기본값을 요금 변수에 지정할 수 있다.

```
fun currencyExchange(dollar: Double, currencyRate: Double, charges: Double =
5.0): Double {
    var total = dollar * currencyRate
    var fees = total * charges / 100
    total = total - fees
    return total
}
```

기본값을 설정하면 세 번째 매개변수 없이 함수를 호출할 수 있다.

```
fun main (args: Array<String>) {
    var total = currencyExchange(100.0,10.0)
    println(total)
    var total = currencyExchange(100.0,10.0, 3.0)
    println(total)
}
```

명명된 매개변수[7]를 가진 함수

코틀린은 함수 호출에서 인수의 이름을 지정할 수 있다. 이 접근 방식은 함수 호출을 더 읽기 쉽게 만들어주며, 특히 모든 변수가 동일한 데이터 유형을 가질 때 잘못된 값을 변수에 전달하는 것을 줄여준다. 이 기능의 중요성을 이해하려면 이전 환전 코드를 살펴보자.

```
fun currencyExchange(dollar: Double, currencyRate: Double, charges: Double =
5.0): Double {
    var total = dollar * currencyRate
    var fees = total * charges / 100
```

---

7. 코틀린 문서에서는 명명된 인수(named arguements)라고 하기도 한다. – 옮긴이

```
    total = total - fees
    return total
}
```

currencyExchange 함수는 배정도 실수 유형의 dollar, currencyRate, charges의
3가지 매개변수를 사용한다.

```
fun main (args: Array<String>) {
    var total = currencyExchange(100.0, 6.0, 10.0)
    println(total)
}
```

currencyExchange 함수는 환전을 수행하고 결과를 반환한다. 함수가 여러 개의
변수들을 매개변수로 가지면 값이 잘못된 순서로 전달될 가능성이 높다. 이 코드에
서는 currencyRate와 charges 비용이 바뀌었다.

```
var total = currencyExchange(100.0, 6.0, 10.0)
println(total)
```

출력은 950크로나 대신 540이 된다.

함수에 전달된 인수가 올바른 형식이지만 잘못된 순서로 전달됐지만 프로그램은
에러 없이 실행된다. 이 문제를 해결하고자 코틀린은 **명명된 매개변수**[named parameters]
라는 기능을 제공한다. 명명된 매개변수를 사용하면 매개변수의 이름을 명시적으로
정의해 함수에 값을 전달할 수 있다. 매개변수의 이름을 사용하면 각 매개변수에
올바른 값을 전달하고 코드를 깨끗하고 읽기 쉽게 만들 수 있다.

```
total = currencyExchange(dollar = 100.0, currencyRate = 10.0, charges = 6.0)
```

```
    println(total)
```

각 매개변수의 이름을 지정하면 매개변수의 순서에 관계없이 함수에 전달될 수 있다.

```
fun main (args: Array<String>) {
    var total = currencyExchange(dollar = 100.0, currencyRate = 10.0, charges =
6.0)
    println(total)
    total = currencyExchange(currencyRate = 10.0, charges = 6.0, dollar = 100.0)
    println(total)
}
```

함수와 vararg

코틀린은 프로그래머가 쉼표로 구분된 매개변수를 함수에 전달할 수 있게 한다. 이러한 매개변수는 자동으로 배열로 변환된다. 이를 vararg라고 부른다. 함수 선언에서 데이터 유형과 함께 vararg를 선언한다.

```
fun varargString(vararg list : String){
    for (item in list){
        println(item)
    }
}

fun main (args: Array<String>) {
    varargString("ett","tva","tre")
    varargString("Sat","Sun","Mon")
}
```

또 다른 예를 보면 정수 vararg를 매개변수로 사용하는 함수에서 매개변수들을 계속 더해서 총합을 출력한다.

```
fun addVararg(vararg list: Int){
    var total = 0
    for (item in list){
        total += item
    }
    println("Total $total")
}

fun main (args: Array<String>) {
    addVararg(1,2,3,4,5,6,7,8,9,10)
}
```

vararg는 프로그래머의 삶을 편하게 해준다. 특히 하나의 함수에 필요한 매개변수의 수를 모르는 경우에는 더욱 그렇다.

```
fun add(a: Int, b: Int , c: Int , d: Int, e: Int)
fun add(vararg list : Int)
```

첫 번째 add 함수는 함수 서명에 선언된 숫자만큼의 변수 수로 제한되지만 vararg가 있는 add 함수는 쉼표로 구분된 값을 모두 전달할 수 있다.

다른 인자와 함께 쓰는 vararg

두 개의 정수 변수와 함께 정수 vararg를 가진 함수를 만들 필요가 있을 수 있다. 다음 코드를 보자.

```
fun trickyVararg(vararg list: Int, a : Int, b: Int){
  var total = 0
  for (item in list){
    total += item
  }

  println("Total $total")
  println("a = $a , b = $b")
}

fun main (args: Array<String>) {
  trickyVararg(1,2,3,4,5)
}
```

처음 세 값 (1,2,3)은 vararg list에 대한 값이다. 매개변수 a는 값 4로 지정되고 매개변수 b에는 값 5가 지정된다. 그러나 컴파일러는 다음 에러를 발생시킨다.

```
Kotlin: No value passed for parameter 'a'
Kotlin: No value passed for parameter 'b'
```

vararg list는 함수 서명에서 먼저 선언되고 컴파일러는 모든 인수를 vararg list에 대한 입력으로 생각한다. 이 문제는 vararg를 마지막 함수 인수로 선언해 해결할 수 있다.

```
fun trickyVararg(a : Int, b: Int, vararg list: Int){
  var total = 0
  for (item in list){
    total += item
  }
  println("Total $total")
  println("a = $a , b = $b")
}
```

```kotlin
fun main (args: Array<String>) {
    trickyVararg(4,5,1,2,3)
}
```

이제 컴파일러는 처음 두 값을 a와 b 변수에 할당하고 나머지는 vararg list에 할당한다. 함수 시그니처의 끝에서 vararg를 선언하는 것은 좋은 습관이지만 반드시 그런 것은 아니다. vararg를 처음에 선언할 수 있지만 그 경우 나머지 변수는 명명된 매개변수로 변수 이름을 지정해야 한다.

```kotlin
fun trickyVararg02(vararg list: Int, a : Int, b: Int){
    var total = 0
    for (item in list){
    total += item
    }
    println("Total $total")
    println("a = $a , b = $b")
}

fun main (args: Array<String>) {
    trickyVararg02(1,2,3,a=4, b=5)
}
```

함수 호출에서 매개변수의 이름을 선언하면 컴파일러는 누락된 값에 대한 에러를 발생시키지 않는다.

패키지 수준의 함수

자바를 경험한 프로그래머라면 정적 메서드^{static method}에 익숙할 것이다. 정적 메서드는 클래스 안에서 선언되며 클래스 이름을 참조해 직접 액세스할 수 있다.

코틀린에는 정적 메서드 대신 패키지 수준 함수[8]를 제공한다. 패키지 수준 함수를 만들려면 다음과 같이 하면 된다.

1. 패키지를 만든다.

2. 패키지에 파일을 만든다.

3. 파일에 함수를 만든다.

4. **프로젝트 탐색기**에서 패키지를 추가할 폴더를 선택하고, 새로 만들기를 마우스 오른쪽 버튼으로 클릭하고 **패키지**를 선택한다.

5. 새로 열린 창에서 패키지 이름(예, Util)을 추가한다.

6. **Util** 패키지(폴더)가 만들어지면 패키지를 마우스 오른쪽 버튼으로 클릭하고 코틀린 파일을 추가한다. 이 파일을 MyUtil이라고 한다. 이제 코틀린 파일에 패키지 레벨 함수를 추가할 준비가 됐다.

이제 MyUtil.kt 파일을 연다. 그러면 다음과 같이 표시될 것이다.

```
package Util
```

이런 디렉터리나 폴더를 코틀린 파일이 있는 패키지package라고 한다. 패키지 이름은 함수에 액세스하기 위한 참조로 사용된다. 다음과 같이 인사말 메시지를 출력하는 함수를 만들어보자.

```
package Util
fun hello() = println("Hello from Package Util")
```

---

8. @jvmStatic을 이용해서 JVM이 지원하는 정적 메서드(Static Method) 선언이 가능하지만 패키지 수준(package-level) 함수를 사용하기를 권장한다. - 옮긴이

패키지 수준 함수 hello()가 만들어지면 다음과 같이 패키지 이름을 참조해 호출할 수 있다.

```
PackageName.FunctionName()
```

MyUtil 패키지를 만들고 MyTestUtil.kt 파일을 추가한다.

1. 이제 MyTestUtil.kt 파일을 열고 main 함수를 추가하고 파일에서 패키지 수준 함수 hello를 호출한다. 패키지 수준 함수는 항상 패키지 이름을 참조해 호출된다.

```
fun main(args: Array<String>) {
  Util.hello()
}
```

2. 프로그램을 실행하고 패키지 Util의 Hello 출력을 확인한다. 다음과 같이 Util 패키지 아래에 다른 기능을 추가한다.

```
fun hello() = println("Hello from Package Util")

val PI = 3.1415926535     //패키지 수준의 변수

//주어진 숫자의 제곱을 계산한다.
fun myPow(base : Double, exp: Double) : Double {
  var result = 1.0
  var counter = exp
  while (counter > 0) {
    result*= base
    counter--
  }
  return result
```

```
    }

    //원의 넓이를 계산한다.
    fun areaOfCircle(radius : Double) : Double{
        return PI * 2 * radius
    }

    //주어진 범위 안에서 무작위로 숫자를 선택한다.
    fun myRandom(range: IntRange) : Int{
        return range.shuffled().last()
    }
```

3. main 함수에서 이 함수를 호출하고 다음과 같이 결과를 확인한다.

```
fun main(args: Array<String>) {

    Util.hello()

    println("Power Function")
    println(Util.myPow(5.0,3.0))

    println("Random number generator")
    var range = 1..50
    for (i in 1..5) {
        println(Util.myRandom(range))
    }

    println("value of PI is ${Util.PI}" )
    println("Area of circle " + Util.areaOfCircle(4.0))
}
```

함수를 액세스하는 방법

패키지 수준 함수에 액세스하는 몇 가지 방법이 있다. 첫 번째 방법은 각 함수에 패키지 이름을 붙이는 것이다. 이 방법은 이전 예에서 이미 사용했다.

```
Util.hello()
```

두 번째 방법은 import 키워드를 사용해 각 함수를 명시적으로 가져오는 것이다.

```kotlin
import Util.hello
fun main(args: Array<String>) {
  hello()
  println("Power Function")
  println(Util.myPow(5.0,3.0))
}
```

import Util.hello를 추가함으로써 코틀린은 패키지 이름을 사용하지 않고 바로 hello 함수를 사용할 수 있다. 세 번째 방법은 와일드카드를 사용하는 것이다.

```kotlin
import Util.*
fun main(args: Array<String>) {
  hello()
  println("Power Function")
  println(myPow(5.0,3.0))
  println("Random number generator")
  var range = 5..50
  for (i in 1..5) {
    println(myRandom(range))
  }
  println("value of PI is ${PI}" )
  println("Area of circle " + areaOfCircle(4.0))
```

```
        }
```

이것이 가장 편리한 방법이다. 이 방법을 사용하면 패키지 이름을 사용해 함수에 액세스할 수 있다.

⠿ 요약

1장에서는 다양한 유형의 변수와 선언 방법을 살펴봤다. 유형 추론과 프로그래머가 명시적 유형 선언을 생략함으로써 생산성을 향상시키는 방법도 살펴봤다. 또한 널 안전성과 안전하고 간결한 코드를 작성하는 방법을 설명했다. if문, else 표현식, 반복문, 표시된 반복^{labeled for loops}, continue, break문을 자세히 설명했다. 함수와 함수 표현식, 명명된 매개변수, 패키지 수준 함수와 같은 중요한 기능을 살펴보면서 결론을 맺었다.

⠿ 질문

1. 왜 코틀린의 인기는 증가하고 있을까?

2. 변수 선언에서 유형 추론이란 무엇인가?

3. null 안전성이 무엇이며 이것이 중요한 이유는 무엇인가?

4. 명명된 매개변수가 무엇이며 이것이 함수 호출에서 중요한 이유는 무엇인가?

5. 패키지 수준 함수란 무엇인가?

6. 표시된 반복은 무엇인가?

⁂ 참고 도서 목록

스테판 사무엘[Stephen Samuel]과 스테판 보쿠티우[Stefan Bocutiu]의 『Programming Kotlin』(Packt, 2017):
https://www.packtpub.com/application-development/programming-kotlin

02

객체지향 프로그래밍 소개

객체지향 프로그래밍은 가장 유명하고 실용적인 소프트웨어 개발 기술 중 하나다. 전통적인 절차적 프로그래밍은 지루하고 에러가 발생하기 쉽다. 특히 크고 복잡한 애플리케이션을 개발할 때는 더욱 그렇다. 2장에서는 객체지향 프로그래밍과 이점을 간략하게 소개한다. 또한 객체지향 접근법이 이해하기 쉬운 이유, 그것이 인간 본성과 어떻게 유사한지 이해해본다. 클래스, 객체, 생성자 선언도 살펴본다. 2장의 마지막 부분에서는 프로퍼티properties, 행위behaviors, 함수 오버로딩overloading, 데이터 클래스의 개념, 데이터 클래스가 애플리케이션 개발을 향상시키는 데 어떻게 도움이 되는지 알아본다.

2장에서 다루는 내용은 다음과 같다.

- 객체지향 프로그래밍
- 클래스 선언 구문
- 클래스와 객체의 차이점
- 프로퍼티와 그것이 코틀린에서 특별한 이유
- 생성자와 그 유형

- 함수 선언과 함수 오버로딩

기술적 요구 사항

2장에서는 인텔리제이 IDEA 이외에 특별한 다른 설치가 필요하지 않다. 이 장의 코드는 다음 깃허브 저장소에서 다운로드할 수 있다.

https://github.com/PacktPublishing/Hands-On-Object-OrientedProgramming-with-Kotlin/tree/master/src/main/kotlin/Chapter02

객체지향 프로그래밍이란?

일상생활에서 여러 가지 물건을 다룬다. 이 물건들 중 일부는 우리에게 말하며, 일부는 도로에서 움직이고, 일부는 하늘에서 날아다닌다. 자연스럽게 이러한 물건의 특징과 행동을 관찰한다. 예를 들어 두 개의 문, 네 개의 바퀴, 한 개의 운전대, 브레이크, 기어, 엔진이 있고 도로에서 움직이고 브레이크가 걸리면 멈추는 특성을 가진 객체를 생각해보자. 운전대가 움직이면 왼쪽이나 오른쪽으로 돌아간다. 이러한 속성과 행위를 기반으로 이 객체를 분류할 수 있다. 이 객체는 Car라는 클래스에 속한다. 프로그래밍에서 서로 상호작용하는 객체에 초점을 맞춤으로써 애플리케이션을 설계하고 구현하는 기술을 **객체지향 프로그래밍**object-oriented programming이라고 한다. 객체지향 패러다임에서 클래스와 객체는 꽤 자주 사용되는 용어이며 프로그래머는 이들의 차이점을 이해하는 것이 매우 중요하다.

클래스와 객체

클래스class는 설계도며 어떤 것의 설명으로, 엔티티의 존재를 설명하는 잘 정의된 방법이다. 속성과 행위의 2가지를 가진 템플릿으로 생각할 수 있다. 속성은 클래스의 상태며 행위는 클래스가 수행할 수 있는 것을 의미한다. 몇 가지 예를 살펴보자.

car 클래스는 다음과 같은 속성과 행위를 가질 수 있다.

- 속성에는 색, 차문, 번호판, 운전대가 있다.

- 행위는 그것이 길에서 달린다는 사실과 운전대가 움직일 때 좌우로 돌아간다는 것 등이 있다.

person 클래스는 다음과 같은 속성과 행위를 가질 수 있다.

- 속성에는 이름, 나이, 키, 몸무게가 있다.

- 행위는 말로 의사소통하고 피곤할 때 잠을 자며 움직일 수 있다는 것 등이 있다.

자동차, 사람, 과일, 테이블 등 일상생활에서 이 물건들과 상호작용한다. 이 모든 엔티티는 유형이다. 즉, 물리적으로 만질 수 있는 것들이다. 그러나 기술의 세계에는 일상생활의 일부지만 물리적으로 만질 수 없는 많은 것이 있다. 예를 들어 은행계좌가 될 수 있다. 각 은행계좌에는 고유 ID, 계좌 유형, 현재 잔액이라는 속성이 있다. 은행계좌에서 할 수 있는 행위에는 고객이 돈을 입금하거나 인출할 수 있게 하는 것이 있다.

이것들은 모두 클래스의 다른 예다. 클래스가 정의나 설계도라고 한다면 객체는 무엇일까? 객체는 클래스의 인스턴스다. 객체는 클래스가 설명하는 속성과 행위를 포함하는 엔티티다. 예를 들어 자동차 클래스는 색상, 모델, 라이선스 번호판을 정의하지만 car 객체는 이러한 프로퍼티 값을 제공한다. 하나의 클래스에서 여러 객체를 만들 수 있다. 예를 들어 은행은 모든 고객이 유사한 속성을 공유한다는 사실을 알고 여러 고객의 많은 계정을 열 수 있다. 마찬가지로 자동차 제조업체는 동일한 설계도를 사용해 다수의 자동차를 생산할 수 있다. 실제 세계에는 같은 종류의 많은 객체가 있다. 서로 다른 성격이나 특성을 갖고 있지만 비슷하게 동작한다. 자동차는 빨간색이나 초록색일 수도 있고 두 개의 문, 네 개의 바퀴가 있을 수도 있지만 브레이크가 걸리면 속도가 줄어들며 운전대를 움직이면 항상 왼쪽이나 오른쪽으로 돌아간다. 비슷하게 사람의 키와 나이는 다양하지만 사람은 한 곳에서 다른 곳으로 이동하거나 서로 의사소통을 하는 행위를 할 수 있다.

속성과 행위

모든 클래스는 속성과 행위를 가진다. 속성은 다른 클래스와 구별하는 데 도움이 되는 클래스의 특징이다. 행위는 객체가 수행하는 동작이다. 예를 들어 사람의 속성에는 나이, 이름, 키가 포함되며 행위에는 말하고 달리며 걷고 먹을 수 있다는 사실이 포함된다. 코틀린에서는 속성을 프로퍼티[properties]라고 하고 행위를 함수[functions]라고 한다. 프로퍼티는 다양한 데이터 유형으로 표시되며 행위는 함수를 사용해 설명된다. 코틀린에서 Person 클래스를 대입하면 다음과 같은 클래스 다이어그램이 된다.

클래스의 프로퍼티는 다양한 데이터 유형으로 나타낼 수 있다. 예를 들어 name은 String으로 표시하고 age는 Integer로 표시하며 height는 Double로 표시할 수 있다. 비슷하게 Person 클래스는 구현이 다른 함수를 가질 수 있다.

앞으로 더 진행하기 전에 이러한 개념을 한 번 더 정리해보자.

- 클래스는 객체의 속성과 함수를 정의하는 설계도다.
- 객체는 자동차나 사람과 같은 명사로서 프로퍼티에 값을 할당한다.
- 프로퍼티는 다른 객체와 구별하는 데 도움이 되는 객체의 특성이다.

- 함수는 객체에 의해 수행되는 행위다.

⠿ 객체지향 프로그래밍의 이점

어셈블리나 포트란 같은 오래된 프로그래밍 언어는 객체지향 언어가 아니다. 대신 절차적 프로그래밍 언어로서 프로그램을 하나의 긴 절차로 작성하는 언어다. 데이터와 로직은 한곳에 결합되며 프로그램에서는 컴퓨터에 단계별로 지시하는 루틴이나 서브루틴들을 가진다. 이 방법은 명령이 차례로 실행되기 때문에 하향식 접근 방식이라고도 한다. 절차적 프로그래밍에는 다음과 같은 여러 단점이 있다.

- 정보 은닉 메커니즘이 없어 데이터는 전체 시스템에 노출된다.
- 데이터와 함수는 별도의 메모리 위치에 저장된다.
- 현실 세계의 객체를 나타내기가 어렵다.
- 코드를 재사용할 수 없다. 각 모듈이나 명령 세트는 자체적으로 긴밀하게 결합된 루틴을 요구한다.
- 코드를 확장할 수 없다. 기존 모듈을 사용해 새 데이터 유형을 만드는 것은 어렵다.
- 하나의 함수만 변경돼도 나머지 애플리케이션에 영향을 미칠 수 있다.

그러나 절차적 프로그래밍에는 다음과 같은 장점이 있다.

- 함수와 절차를 구현하는 것이 비교적 간단하고 쉽다.
- 프로그램 흐름을 쉽게 추적할 수 있다.
- 애플리케이션의 논리가 복잡하지 않다.

객체지향 프로그래밍에서 절차 코드는 객체라고 하는 자체 포함된 모듈로 나뉜다.

이 프로그래밍 구조에서는 구조에 초점을 두지 않고 객체를 모델링하는 데 중점을 둔다. 각 객체는 애플리케이션의 다른 부분을 나타내며 각 객체는 한곳에 고유한 프로퍼티와 함수를 가진다. 객체는 완전한 엔티티며 다른 객체에 의존하지 않는다. 이 장에서 객체지향 프로그래밍과 구현 방법을 더 자세히 살펴보겠지만 먼저 몇 가지 장점을 더 살펴볼 것이다.

- 데이터가 완전히 은닉돼 있으며 애플리케이션의 다른 부분으로부터 보호된다. 이를 **캡슐화**capsulation라고 한다.

- 요청에 따라 데이터를 공개할 수 있다.

- 코드를 재사용하고 확장할 수 있으므로 새 데이터 유형을 만들 수 있다. 이를 **상속**inheritance이라고 한다.

- 객체는 상황에 따라 다르게 동작할 수 있다. 이것을 **다형성**polymorphism이라고 한다.

- 데이터와 함수는 하나의 메모리 위치에 저장된다.

- 객체지향 프로그래밍을 사용하면 사람, 은행계좌, 자동차, 직원과 같이 이미 익숙한 여러 객체를 나타낼 수 있다.

- 디자인 패턴은 객체지향 프로그래밍 기술을 기반으로 한다.

객체지향 프로그래밍에는 다음과 같은 단점이 있다.

- 복잡한 로직을 갖고 있기 때문에 잘 구조화된 아키텍처로 설계하려면 더 많은 작업이 필요하다.

- 프로그래밍의 복잡성으로 인해 버그를 찾기 어렵다.

- 더 많은 메모리 공간이 필요하다.

- 절차적 프로그래밍보다 느리다.

객체지향 프로그래밍은 여러 가지 프로그래밍 패러다임 중에서 최고의 접근법이다. 이 책에서는 객체지향 프로그래밍 기술 및 디자인 패턴과 관련된 클래스, 다형성, 상속, 기타 개념을 살펴본다.

⋮⋮ 코틀린의 클래스

코틀린에서 클래스는 class 키워드로 정의할 수 있다. 클래스를 선언하는 방법과 클래스를 추가하는 방법을 살펴보자. 코틀린에서 클래스는 다음과 같이 선언할 수 있다.

```
class Person
```

다른 프로그래밍 언어와 비교해 코틀린에서 클래스를 만드는 것은 매우 쉽다. 우리가 해야 할 일은 IDE를 열고 name, age, height라는 3가지 속성을 가진 person 클래스를 만드는 것이다. name은 문자열 유형의 변수, age는 정수 유형의 변수, height는 배정도 실수 유형의 변수다.

```
class Person {
    var name: String
    var age : Int
    var height : Double
}
```

괄호 안에 3개의 프로퍼티가 있는 Person 클래스를 선언했다. 이 코드를 작성한 후에 컴파일러가 바로 Property not initialized 에러를 낸다. 이 프로퍼티를 초기화하지 않았기 때문이다. 이 프로퍼티를 초기화하는 방법을 살펴보자.

```
class Person {
    var name: String = "Abid"

    var age : Int = 40

    var height : Double = 6.0
}
```

변수를 초기화할 때 코틀린은 매우 엄격하다. 객체를 사용할 준비가 되기 전에 클래스의 모든 프로퍼티를 초기화해야 한다. 프로퍼티가 초기화됐다면 클래스의 인스턴스를 만들 차례다. 클래스 객체를 만드는 것은 문자열이나 정수 변수의 인스턴스를 만드는 것과 비슷하다. 객체 선언 구문은 다음과 같다.

```
val person = Person()
```

변수에 val이나 var 키워드를 사용하고 그 변수에 Person 객체를 지정한다. 작은 괄호는 코틀린에서 새 객체를 인스턴스화하도록 요청한다. 일단 객체가 생성되면, 모든 프로퍼티는 . 연산자로 액세스할 수 있다.

Person 클래스의 모든 프로퍼티가 초깃값으로 초기화되는 완전한 코드를 살펴보자. main 함수는 Person 클래스 객체를 생성하고 화면에 모든 프로퍼티를 출력한다.

```
class Person {
    var name: String = "Abid"

    var age : Int = 40

    var height : Double = 6.0
}

fun main(args: Array<String>) {
    val person = Person()
    println("Name ${person.name}, Age ${person.age} Height ${person.height}")
}
```

클래스의 인스턴스가 생성되면 코틀린은 프로퍼티와 생성자를 만든다.

⠿ 프로퍼티: 일급 객체[1]

각 클래스는 다른 속성을 가진다. 예를 들어 Person 클래스에는 name, age, height 속성이 있다. Person 클래스가 자바나 다른 프로그래밍 언어로 선언되면 이러한 속성을 클래스 필드라 한다. 이러한 필드가 해당 게터[getter]나 세터[setter] 메서드에 의해 액세스되면 프로퍼티라고 한다. 이 개념을 자세히 이해하고자 다음과 같이 자바로 Person 클래스를 만들어보자.

```java
public class Person {
    String name;
    int age;
    double height;

    Person(String n, int a, double h){
        name = n;
        age = a;
        height = h;
    }

    public double getHeight() {
        return height;
    }

    public void setHeight(double height) {
        this.height = height;
    }

    public int getAge() {
```

---

1. 영국의 크리스토퍼 스트레이치라는 컴퓨터 과학자가 1960년에 처음 소개한 개념으로, 변수와 데이터 구조 안에 담을 수 있어야 하며 매개변수로 전달이 가능하고, 반환값으로 사용될 수 있어야 한다는 것이다. – 옮긴이

```
        return age;
    }

    public void setAge(int age) {
        this.age = age;
    }

    public String getName() {
        return name;
    }

    public void setName(String name) {
        this.name = name;
    }
}
```

이 코드에서는 모든 속성에 get, set 메서드를 갖고 있다. name 속성은 getName과 setName 메서드가 읽기와 쓰기 목적으로 할당될 때 속성으로 변환되는 필드다. 클래스는 여러 개의 서로 다른 필드를 포함할 수 있으며 각 필드는 클래스를 프로퍼티로 변환하는 하나 또는 두 개의 메서드가 있어야 한다. 이 방법은 불필요한 상용 코드를 추가할 뿐만 아니라 코드를 유지 관리하기가 더 어렵게 만든다. 코틀린에서 클래스는 이런 필드를 포함하지 않는다. 기본적으로 각 속성^{attribute}은 클래스의 프로퍼티^{property}다.[2] 게터나 세터 메서드로 필드와 상호작용하는 대신 클래스 프로퍼티에 직접 액세스할 수 있다. 코틀린 내부에서 모든 접근 함수를 제공한다. 다음 코드를 살펴보자.

```
class Person (val name: String, var age: Int, var height : Double)
fun main(args: Array<String>) {
    val person = Person("Abid", 40, 5.10)
```

---

2. 원서에서는 attribute와 property로 표현을 했는데, 객체지향에서 attribute는 멤버 변수를 의미하고 property는 속성에 대한 이름:값 형태로 액세스하는 것을 의미한다. - 옮긴이

```
        val value = person.name
        person.height = 6.0
        println("name ${person.name}, age ${person.age}, height {person.height}")
    }
```

인텔리제이 IDE에서 Tools ▸ Kotlin ▸ Show Bytecode에서 Decompile 버튼을 누르면 코틀린에서 생성된 자바 코드의 각 프로퍼티를 확인해볼 수 있다. name 프로퍼티의 getName, age 프로퍼티의 getAge와 setAge, height 프로퍼티의 getHeight와 setHeight라는 자동 생성된 함수를 볼 수 있다.

NOTE

> 코틀린은 프로퍼티가 val 키워드로 선언된 경우에는 게터 함수만 생성한다. 즉, 이 프로퍼티는 불변이다. 그러나 프로퍼티가 var 키워드로 선언된 경우 가변이기 때문에 코틀린은 게터와 세터 함수를 생성한다.

클래스의 각 멤버 변수는 기본적으로 프로퍼티며 클래스의 프로퍼티는 일급 객체다. 자바와 코틀린 코드를 나란히 비교해보면 코틀린의 장점을 알 수 있다. 자바에서 30줄 이상의 코드가 코틀린에서는 한 줄로 바뀐다.

⠿ 생성자를 사용해 클래스 만들기

객체가 생성되려면 모든 클래스 멤버는 초깃값을 가져야 한다. 프로퍼티를 직접 초기화하거나 초깃값을 생성자에서 제공할 수 있다. 생성자는 클래스의 프로퍼티를 초기화하는 데 사용되는 특별한 유형의 함수다.

생성자는 객체가 만들어질 때나 더 구체적으로 공간이 메모리에 할당될 때 호출된다. 이 특수 함수에는 2가지 중요한 특징이 있다.

- 생성자는 constructor 키워드를 사용해 선언할 수 있다.

- 생성자는 Units를 포함해 어떤 반환 유형도 없다.

이 절에서는 코틀린이 제공하는 다양한 종류의 생성자를 살펴본다. 기본 생성자부터 시작해보자.

기본 생성자

다음 클래스 선언은 클래스의 모든 프로퍼티가 클래스 본문에서 직접 초기화되는 기본 생성자의 예다.

```
class Person {
    var name: String = "Abid"
    var age : Int = 40
    var height : Double = 6.0
}
val person = Person()
```

클래스에 대한 생성자를 만들지 않으면 코틀린은 자동으로 기본 생성자를 만든다. 기본 생성자는 인수가 없는 생성자며 Person 클래스의 모든 프로퍼티는 고정된 초깃값을 가진다. 기본 생성자는 객체 생성을 위한 좋은 방법이 아니다. 객체는 생명주기 동안 다른 값을 가질 수 있지만 생성할 때는 항상 동일한 초깃값을 가진다.

다음 코드에서 Person 클래스는 각 속성의 고정된 초깃값을 가진다.

```
class Person {
    var name: String = "Abid"
    var age : Int = 40
    var height : Double = 6.0
}

fun main(args: Array<String>) {
```

```
    val p1 = Person()
    println("Name ${p1.name}, Age ${p1.age} Height ${p1.height}")

    val p2 = Person()
    println("Name ${p2.name}, Age ${p2.age} Height ${p2.height}")

    p2.name = "Khan"
    p2.age = 31

    println("Name ${p2.name}, Age ${p2.age} Height ${p2.height}")
}
```

이 메서드로 작성된 모든 객체는 다음과 같은 값을 가진다.

이 결과에서 볼 수 있듯이 **Person** 클래스의 두 인스턴스인 **p1**과 **p2**가 모두 비슷한 값을 가진다. 다른 객체에 다른 값을 할당하려면 주 생성자를 사용할 수 있다.

주 생성자

객체를 생성할 때 가장 좋은 방법은 초깃값을 갖는 생성자를 사용하는 것이다. 이 생성자를 클래스의 주 생성자^{Primary constructor}라고 한다. 다음 클래스 선언은 3가지 프로퍼티가 있는 주 생성자의 예다. 이 한 줄은 클래스를 선언할 뿐만 아니라 클래스의 주 생성자도 선언한다.

```
class Person (val name: String, var age: Int, var height: Double)
```

다음과 같이 constructor 키워드를 사용해 주 생성자를 작성할 수 있다.

```
class Person constructor(val name: String, var age: Int, var height: Double)
```

이는 필수 사항은 아니다. **constructor** 키워드 없이 생성자를 선언할 수 있다.

NOTE

> 각 클래스 변수는 var나 val 키워드로 선언해야 한다. val이나 var가 없는 변수는 클래스의 프로퍼티가 아닌 일반 변수로 여겨진다.

완전한 코드를 살펴보자.

```
class Person constructor(val name: String, var age: Int, var height: Double)

fun main(args: Array<String>) {
    val p1 = Person("Abid", 40, 6.0)
    println("Name ${p1.name}, Age ${p1.age} Height ${p1.height}")
    val p2 = Person("Igor", 35, 6.0)
    println("Name ${p2.name}, Age ${p2.age} Height ${p2.height}")
}
```

주 생성자를 사용해 각 객체에 다른 초깃값을 설정하고 각 객체마다 고유 ID를 가진다.

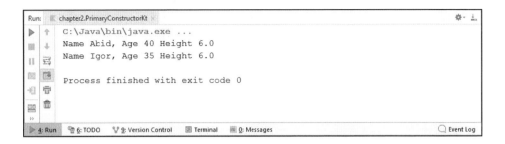

보다시피 주 생성자를 사용한 클래스 선언이 기본 생성자보다 더 편리하다. 한 줄로 클래스를 선언할 뿐만 아니라 클래스 프로퍼티도 선언한다. 클래스의 인스턴스를 만들 때 각 클래스 프로퍼티에 초깃값을 제공할 수 있다.

```
val p1 = Person("Abid", 40, 6.0)
val p2 = Person("Igor", 35, 6.0)
```

클래스 프로퍼티는 클래스 안에서 선언할 수 있으며 생성자 매개변수를 사용해 초기화할 수 있다. 이 접근법은 앞의 2가지 접근법을 합친 것이다. 클래스 안에서 name, age, height 프로퍼티를 선언하고 pName, pAge, pHeight 생성자 매개변수를 사용해 초기화할 수 있다.

```
class Person (pName: String, pAge: Int, pHeight: Double) {
    val name: String = pName
    var age: Int = pAge
    var height : Double = pHeight
}

fun main(args: Array<String>) {
    val abid = Person("Abid", 40, 6.0)
    println("Name ${abid.name}, Age ${abid.age} Height ${abid.height}")
}
```

여기서는 Person 클래스의 객체를 만들고 필요한 값을 생성자 매개변수에 전달한다. 이 매개변수의 값은 클래스 프로퍼티의 값이 된다. 주 생성자를 사용하는 것은 프로퍼티를 초기화하는 좋은 방법이지만 코틀린은 이를 수행하는 훨씬 더 좋은 방법을 제공한다.

init 블록을 가진 주 생성자

클래스 안에 직접 코드를 작성하는 것은 깔끔한 방법이 아니다. 대신 코틀린은 클래스 프로퍼티를 초기화하는 데 매우 유용한 init 블록을 제공한다. init 블록의 구문을 살펴보자.

init 키워드를 사용해 블록을 만들고 클래스 매개변수를 사용해 블록 내의 모든 프로퍼티를 초기화한다.

```
class Person(pName: String, pAge: Int, pHeight : Double ) {
   var name : String
   var age : Int
   var height : Double

   init {
      name = pName
      age = pAge
      height = pHeight
   }
}
```

주 생성자와 init 함수는 함께 사용한다. init 함수는 주 생성자를 사용해 클래스를 만들 때만 실행된다.

112

```
class Person(pName: String, pAge: Int, pHeight : Double ) {
  var name : String
  var age : Int
  var height : Double

  init {
    name = pName
    age = pAge
    height = pHeight
  }
}

fun main(args: Array<String>) {
  val abid = Person("Abid", 40, 6.0)
  println("Name ${abid.name}, Age ${abid.age} Height ${abid.height}")
}
```

init 함수는 프로퍼티 초기화뿐만 아니라 초기화하기 전 프로퍼티의 유효성을 검사하는 데 도움이 될 수 있다. 예를 들어 Person 클래스에서 제공된 age와 height는 음수가 아니며 사람의 name을 이미 갖고 있지 않은지 확인할 수 있다. 코틀린의 require 함수는 이러한 유효성을 확인하는 데 도움이 될 수 있다. 다음과 같이 require 함수에서 최소한의 요구 사항을 지정할 수 있다.

```
require(age > 0 ) {"Age is not correct"}
```

require 함수는 나이가 0보다 크거나 같은지 또는 음수인지 여부를 확인한다.

```
class Person(pName: String, pAge: Int, pHeight : Double ) {
  var name : String
  var age : Int
  var height : Double
```

```
   init {
      name = pName
      age = pAge
      height = pHeight

      require(name.trim().isNotEmpty()) {"Name should not empty"}
      require(age > 0 ) {"Age is not correct"}
      require(height > 0) {"Height is not correct"}
   }
}

fun main(args: Array<String>) {
   val abid = Person("Abid", 0, 0.0)
   println("Name ${abid.name}, Age ${abid.age} Height ${abid.height}")
}
```

코틀린은 require 함수의 메시지와 함께 IllegalArgumentException을 발생시
킨다.

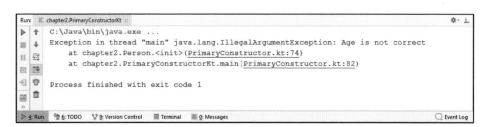

일부 잘못된 인수를 Person 클래스에 전달하고 init 함수를 확인해보자. 유효성
검사를 위해 다음 함수들을 사용할 수도 있다.

- require
- requireNotNull
- check
- checkNotNull

부 생성자로 넘어가기 전에 중요한 주제인 this 키워드를 이해해야 한다.

this 키워드

this 키워드는 현재 객체를 참조하고자 사용한다. 현재 Person 예에서 this 키워드는 Person 객체를 참조한다. Person 클래스 예에 각 프로퍼티와 함께 this 키워드를 추가한다.

```
class Person(pName: String, pAge: Int, pHeight : Double ) {
   var name : String
   var age : Int
   var height : Double
   init {
      this.name = pName
      this.age = pAge
      this.height = pHeight
   }
}
```

this 키워드는 현재 객체의 name, age, height 프로퍼티를 참조한다. this 키워드는 선택적이며 이를 사용하는 주요 이유는 클래스 프로퍼티와 로컬[local] 매개변수 사이의 모호성을 없애기 위해서다.

name 프로퍼티 하나를 가진 Person 클래스를 간단히 만들고 name 프로퍼티와 동일한 이름의 생성자 매개변수 name을 사용한다.

```
class Person(name: String) {
   var name : String
   init{
      name = name
   }
```

```
    }
```

이는 코틀린 컴파일러에 혼동을 줄 수 있으며 2가지 에러가 발생한다.

- Property name must be initialized: 클래스 프로퍼티와 관련된 에러다.
- val cannot be reassigned: 이 에러는 init 블록 내에 있다.

코틀린 컴파일러는 클래스 프로퍼티와 생성자 매개변수를 구분할 수 없으므로 this 키워드는 현재 객체를 참조해야 하는 상황에서 중요한 역할을 한다. this.name을 추가하면 name이 클래스 프로퍼티임을 컴파일러에 알린다. 모호성을 피하고 코드의 가독성을 향상시키려면 init 메서드 안에서 this 키워드를 사용한다.

```
class Person(name: String, age: Int, height : Double ) {
  var name : String
  var age : Int
  var height : Double

  init {
    this.name = name
    this.age = age
    this.height = height
  }
}

fun main(args: Array<String>) {
  val abid = Person("Abid", 40, 6.0)
  println("Name ${abid.name}, Age ${abid.age} Height ${abid.height}")
}
```

this 키워드는 클래스가 둘 이상의 생성자를 포함하고 생성자에서 다른 생성자를 호출해야 할 때도 사용된다.

116

프로그램 출력은 바뀌지 않지만 this 키워드는 코드의 가독성을 높여준다.

부 생성자

코틀린에서는 다른 프로그래밍 언어와 마찬가지로 클래스에 두 개 이상의 생성자가 있을 수 있다. 부 생성자^{secondary constructor}는 constructor 키워드가 접두어로 사용되며 클래스 내부에 생성된다.

다음 코드를 살펴보자. Person 클래스는 init 블록을 가진 주 생성자와 constructor 키워드를 가진 부 생성자를 가진다.

```kotlin
class Person(name: String, age: Int) {
    var name : String
    var age : Int
    var height : Double
    init {
        this.name = name
        this.age = age
        this.height = 0.0
    }
    constructor(name: String, age: Int, height: Double) : this(name, age) {
        this.height = height
    }
}
```

부 생성자를 만드는 것은 여러 가지 방법이 있는데, 클래스를 초기화해야 할 때 필요하다. 이 코드에서 Person 클래스는 두 개의 생성자를 갖고 있다. 주 생성자는 두 개의 매개변수를 갖고, 부 생성자는 세 개의 매개변수를 가진다. Person 클래스의 name, age, height를 사용할 수 있는 경우 Person 클래스를 부 생성자로 초기화할 수 있지만 height가 없는 경우 주 생성자는 height에 기본값을 할당하고 인스턴스를 만들 수 있다.

```kotlin
class Person(name: String, age: Int) {
    var name : String
    var age : Int
    var height : Double
    init {
        this.name = name
        this.age = age
        this.height = 0.0
    }
    constructor(name: String, age: Int, height: Double) : this(name, age) {
        this.height = height
    }
}

fun main(args: Array<String>) {
    val abid = Person("Abid", 40)
    println("Name ${abid.name}, Age ${abid.age}")
    val igor = Person("Igor", 35, 6.0)
    println("Name ${igor.name}, Age ${igor.age} Height ${igor.height}")
}
```

내부적으로 어떻게 동작하는지 살펴보자.

```
Run:    SecondaryConstrucotr.SecondaryConstructorKt
        C:\Java\bin\java.exe ...
        Name Abid Khan, Age 40
        Name Igor, Age 35 Height 6.0

        Process finished with exit code 0

  4: Run    6: TODO    9: Version Control    Terminal    0: Messages                    Event Log
```

이 코드에서 Person 클래스에는 두 개의 매개변수가 있는 주 생성자와 세 개의 매개변수가 있는 부 생성자가 있다.

```
val abid = Person("Abid", 40)
```

주 생성자를 사용해 객체를 만드는 것은 간단하다. 코틀린은 init 블록 안에서 모든 프로퍼티를 초기화하고 height의 기본값으로 0.0을 할당한다.

```
val igor = Person("Igor", 35, 6.0)
```

그러나 부 생성자를 사용해 객체를 만들면 코틀린은 this 키워드로 주 생성자를 호출해 클래스 프로퍼티를 초기화한다.

```
constructor(name: String, age: Int, height: Double) : this(name, age) {
    this.height = height
}
```

주 생성자를 호출하고 부 생성자는 나머지 프로퍼티를 초기화한다.

NOTE

> 클래스에 두 개 이상의 생성자가 있으면 각 생성자마다 다른 매개변수가 있어야 한다.

한 클래스에서 여러 생성자를 갖는 중요성과 기능을 이해하려면 생성자 오버로드를 살펴보자.

생성자 오버로딩

클래스가 여러 생성자를 포함하고 각 생성자마다 다른 매개변수가 있는 경우 이를 생성자 오버로딩overloading이라고 한다. 코틀린에서 각 부 생성자 앞에는 constructor 키워드가 접두어로 붙어 있으며 각 생성자는 this 키워드를 사용해 직접 또는 간접적으로 주 생성자를 호출해야 한다.

이러한 종류의 생성자 동작을 이해하려면 다른 예를 살펴보자.

name, category, price, quantity를 포함하는 Product 클래스를 만든다. name과 category만 제공해도 Product 클래스의 객체를 만들 수 있다. 전체적으로 객체를 만드는 방법에는 3가지가 있다.

* 변수 두 개가 있는 주 생성자 사용
* 변수 세 개가 있는 부 생성자 사용
* 제공하는 모든 정보와 함께 최종 생성자 사용

주 생성자는 name, category 매개변수를 가진다. 나머지 프로퍼티는 다음과 같이 기본값으로 초기화된다.

```
class Product(name: String, category: String)
  init {
    this.name = name
    this.category = category
    this.price = 0.0
    this.quantity = 0
  }
```

부 생성자는 name, category, price를 가진다. this 키워드는 두 개의 매개변수(주 생성자)로 생성자를 호출해 프로퍼티를 초기화한다.

```
constructor(name: String, category: String, price: Double) : this(name,
category){
   this.price = price
}
```

최종 생성자에는 모든 프로퍼티가 포함된다. this 키워드는 세 개의 매개변수로 생성자를 호출하며 결국 주 생성자를 호출한다.

```
constructor(name: String, category: String, price: Double, quantity: Int) :
this(name, category, price){
   this.quantity = quantity
}
```

다음은 Product 클래스의 클래스 다이어그램이다.

⊟ **Product**
+ name: String
+ category: String
+ price: Double
+ quantity: Int
+ constructor(name: String, category: String)
+ constructor(name: String, category: String, price: Double)
+ constructor(name: String, category: String, price: Double, quantity: Int)

이 클래스 다이어그램에는 앞의 다이어그램과 같이 네 개의 프로퍼티와 세 개의 생성자를 갖고 있다. 다음의 생성자 오버로딩 예를 살펴보자.

```kotlin
class Product(name: String, category: String) {
    val name: String
    val category: String
    var price : Double
    var quantity : Int

    init {
        this.name = name
        this.category = category
        this.price = 0.0
        this.quantity = 0
    }

    constructor(name: String, category: String, price: Double) : this(name,
category){
        this.price = price
    }

    constructor(name: String, category: String, price: Double, quantity: Int) :
this(name, category, price){
        this.quantity = quantity
    }
}

fun main(args: Array<String>) {

    val audioPlayer = Product("MP3 Player","Electronics")
    println("Product name = ${audioPlayer.name}, Category =
${audioPlayer.category}, Price = ${audioPlayer.price}$ and Available Quantity
= ${audioPlayer.quantity}")

    val flashRam = Product("Flash Ram","Electronics", 35.0)
    println("Product name = ${flashRam.name}, Category = ${flashRam.category},
```

```
Price = ${flashRam.price}$ and Available Quantity = ${audioPlayer.quantity}")

    val toy = Product("Teddy Bear","Toy", 10.0, 54)
    println("Product name = ${toy.name}, Category = ${toy.category}, Price =
${toy.price}$ and Available Quantity = ${toy.quantity}")
}
```

다음의 출력에서 볼 수 있듯이 audioPlayer 객체는 Product name과 category의
2가지 필수 값으로 초기화된다.

나머지 클래스 프로퍼티는 기본값으로 초기화된다. 마찬가지로 flashRam, toy 객체
는 부 생성자로 초기화된다.

기본 매개변수를 가진 생성자

코틀린은 생성자 매개변수에 기본값을 할당할 수 있다. 매개변수에 값을 전달하지
않고 객체를 만든 경우 컴파일러에서 자동으로 기본값을 할당한다.

```
class Person(val name: String, var age: Int = 0, var height : Double = 0.0)

fun main(args: Array<String>) {
    val jon = Person("Jon")
    println("name ${jon.name}, age ${jon.age}, height ${jon.height}")
    val abid = Person("Abid", 40)
    println("name ${abid.name}, age ${abid.age}, height ${abid.height}")
```

```
    val igor = Person("Igor", 35, 6.0)
    println("name ${igor.name}, age ${igor.age}, height ${igor.height}")
}
```

다음의 출력을 살펴보자. 기본 매개변수는 코틀린에서 제공하는 매우 강력한 옵션으로 깨끗하고 간결한 코드를 작성할 수 있다.

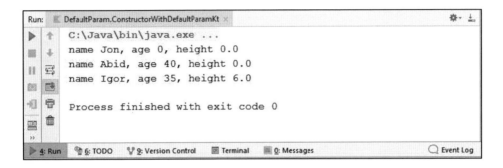

기본 매개변수의 장점은 주, 부 생성자와 비교하면 기본 매개변수 한 줄로 수백줄의 코드[3]를 작성해야 하는 다른 방법보다 훨씬 많은 것을 얻을 수 있다.

명명된 매개변수를 가진 생성자

코틀린은 클래스 인스턴스가 생성될 때 매개변수의 이름을 지정할 수 있다. 이 접근법은 객체 생성을 좀 더 쉽게 읽을 수 있게 해주며, 특히 모든 매개변수가 동일한 데이터 유형을 가질 때 매개변수에 잘못된 값을 전달할 가능성을 줄여준다.

이 개념을 이해하려면 Person 클래스를 만들고 Double 유형의 weight라는 프로퍼티를 추가하자.

---

3. init 블록을 통해 프로퍼티의 초깃값을 지정하는 코드들 - 옮긴이

```
class Person(val name: String, var age: Int = 0, var height : Double = 0.0, var
weight : Double = 0.0)

fun main(args: Array<String>) {
   val ali = Person(name = "Ali", age = 34, height = 6.1, weight = 78.5)
   println("name ${ali.name}, age ${ali.age}, height ${ali.height}, weight
${ali.weight}")
}
```

초깃값을 할당해 Person 클래스 객체를 만든다. 각 프로퍼티의 이름을 사용해 값을
할당할 수 있다.

주 생성자에 매개변수가 많으면 값이 잘못된 순서로 전달될 수 있다. 다음 예를
자세히 살펴보면 사람의 **weight**와 **height**가 서로 바뀌어도 프로그램이 문제없이
실행된다.

```
val ali = Person("Ali", 34, 78.5, 6.1)
```

명명된 매개변수를 사용하면 값의 순서에 관계없이 전달할 수 있다.

```
class Person(val name: String, var age: Int = 0, var height : Double = 0.0,var
weight : Double = 0.0)
```

```
fun main(args: Array<String>) {
  val ali = Person(name = "Ali", age = 34, height = 6.1, weight = 78.5)
  println("name ${ali.name}, age ${ali.age}, height ${ali.height}, weight
${ali.weight}")

  val bob = Person(weight = 73.5, age = 37, name = "Bob", height = 5.8)
  println("name ${bob.name}, age ${bob.age}, height ${bob.height}, weight
${bob.weight}")
}
```

보다시피 bob과 ali 객체는 서로 다른 순서로 값을 할당해 초기화된다.

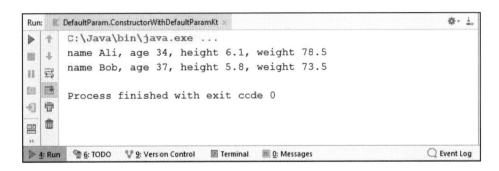

데이터 클래스란?

애플리케이션을 개발하는 동안 클래스는 복잡한 작업을 수행하는 것뿐만 아니라
데이터 보유자로도 사용된다. 이 클래스에는 읽기와 쓰기용 프로퍼티가 들어 있다.
Person 클래스는 데이터 보유자로 사용되는 클래스의 간단한 예다. 클래스의 유일
한 일이 데이터를 처리하는 것이라면 프로그래머는 클래스가 추가 기능을 수행할
수 있게 하려고 할 것이다.

- 데이터는 잘 표현된 형식이어야 한다.
- 객체 프로퍼티를 비교할 수 있어야 한다.

126

- 기존 객체를 복제할 수 있어야 한다.

이러한 모든 기능은 프로그래머가 작성할 수 있다. 또는 고급 IDE는 이런 코드를 자동으로 생성할 수 있다. 어느 쪽이든 프로젝트는 상용구 코드^{boilerplate code}로 채워질 것이다. 게터와 세터를 자동으로 생성하는 것처럼 코틀린에서는 데이터 클래스를 사용해 이러한 함수를 생성한다. 클래스 서명 시작 부분에 **data** 키워드를 추가하기만 하면 된다.

```
data class Person(var name : String, var age: Int, var height: Double)
```

일반 클래스를 데이터 클래스로 변환함으로써 코틀린은 다음과 같은 함수들을 제공한다.

- toString()
- equals()
- copy()
- hashCode()

이런 모든 함수는 애플리케이션 개발에 중요한 역할을 한다. 다음 절에서 이런 함수들의 중요성을 자세히 알아본다.

toString() 함수

클래스의 유일한 기능이 어떤 데이터를 갖고 있는 것이라면 데이터는 표현형이어야 한다. 데이터 클래스는 클래스 프로퍼티를 잘 형식화해서 표시하는 **toString()** 함수를 제공한다. 다음 예를 살펴보자.

1. Person 데이터 클래스를 생성한다.

```
data class Person(var name : String, var age: Int, var height: Double)
```

2. 문자열 보간[4] 또는 연결을 사용해 모든 프로퍼티를 표시한다.

```
println("Name ${person.name}, Age ${person.age} Height ${person.height}")
```

3. person 객체를 참조하는 toString() 함수(여기서는 person.toString())를 호출한다.

4. toString() 함수는 객체를 문자열 표현으로 변환한다.

다음 코드를 확인해보자.

```
ClassName (property=value)
fun main(args: Array<String>) {
   val person = Person("Abid", 40, 6.0)
   println("Name ${person.name}, Age ${person.age} Height ${person.height}")
   println(person.toString())
}
```

출력을 살펴보면 toString() 함수는 각 프로퍼티의 값을 문자열 형식으로 결합해 표현한다.

```
C:\Java\bin\java.exe ...
Name Abid, Age 40 Height 6.0
Person(name=Abid, age=40, height=6.0)

Process finished with exit code 0
```

4: Run   5: Debug   6: TODO   9: Version Control   Terminal   0: Messages   Event Log

---

4. 문자열 안에 $를 이용해 변수를 사용한다. – 옮긴이

toString() 함수의 장점은 새 프로퍼티를 추가하거나 기존의 프로퍼티를 제거하면 코틀린이 toString 함수를 자동으로 업데이트한다는 것이다.

```
data class Person(var name :String, var age :Int, var country :String)
println(person.toString())
```

toString() 함수는 println(person.toString())처럼 객체를 사용해 명시적으로 호출하거나 println(person)과 같이 객체를 print 함수로 전달해 자동으로 호출할 수 있다.

equals() 함수 ==

데이터 클래스는 equals()라는 유용한 함수를 제공하며 두 클래스의 각 프로퍼티를 비교한다. 두 클래스의 모든 프로퍼티가 동일하면 true를 반환한다. 그렇지 않으면 false를 반환한다. 예를 들어 살펴보자.

1. 일반 클래스인 Person을 선언하고 비슷한 값을 갖는 두 개의 객체를 만든다.

```
Compare them with equal == operator:
```

두 객체를 equal == 연산자로 비교한다.

```
class Person(var name : String, var age : Int, var height : Double)
fun main(args: Array<String>) {
    val abid = Person("Abid", 40, 6.0)
    val khan = Person("Abid", 40, 6.0)
    if(abid == khan) {
        println("Both Persons are same")
    } else {
```

```
        println("Different persons")
    }
}
```

2. 이 코드를 실행하고 출력을 확인한다. 두 객체의 값은 동일하지만 그 결과로
   Different persons가 출력된다. abid와 khan이라는 두 개의 객체가 메모리에
   생성되고 코틀린은 참조 비교를 통해 두 객체를 검증한다. equal 연산자는 두
   객체를 비교해 두 객체가 서로 다른 메모리 위치를 가리키므로 결과로 false를
   반환한다.

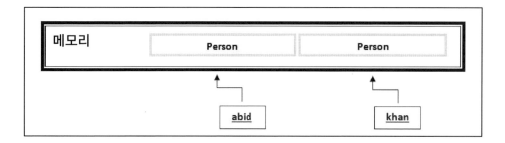

3. 클래스 선언에 data 키워드를 추가하고 이 코드를 다시 실행한다. 이번에는
   코틀린이 데이터 클래스에서 프로퍼티 비교를 수행하기 때문에 그 결과로 Both
   persons are same이 출력된다.

NOTE

equals() 함수와 == 연산자는 서로 같다. == 연산자는 내부적으로 equals 함수를 호출한다.

이를 완전히 이해하려면 객체의 프로퍼티를 갱신하고 다음 코드를 실행해 몇 가지
실험을 수행하자.

```
if(abid.equals(khan)) {
    println("Both Persons are same")
```

```
  } else {
    println("Different persons")
  }
```

copy() 함수

copy() 함수는 기존 객체를 복사해 독립 인스턴스를 만드는 데 도움이 된다. 이 함수는 일반 클래스에는 존재하지 않으므로 기존 유형의 새 객체가 필요할 때 약간 불편하다. 일반 클래스를 만들고 기존 인스턴스의 복사본을 만들어보자.

1. Person 객체를 만들고 이 객체를 다른 Person 객체에 할당한다.

```
class Person(var name : String, var age: Int, var height: Double)
val abid = Person("Abid", 40, 6.0)
val khan = abid
```

   이상적으로 abid와 khan은 둘 다 별개의 엔티티여야 하지만 두 객체는 서로 다른 이름일 뿐 동일한 메모리 위치를 가리킨다.

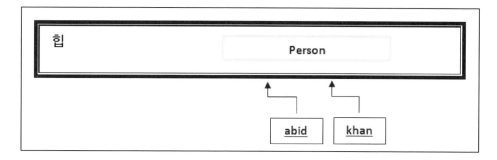

2. 두 변수가 동일한 메모리 위치를 가리키는지 확인하려면 다음 작업을 수행한다.

- 첫 번째 객체의 이름 표시
- 두 번째 객체의 이름 갱신
- 첫 번째 객체의 이름 표시

이것을 다음 코드로 구현해보자.

```
class Person(var name : String, var age: Int, var height: Double)
fun main(args: Array<String>) {

  val abid = Person("Abid", 40, 6.0)
  val khan = abid

  println(abid.name)     //Abid name 출력

  khan.name = "Khan"     //Khan name 갱신
  println(abid.name)     //Abid name 출력
  if(abid == khan) {
    println("Pointing to the same memory location")
  }
}
```

khan 객체의 name이 갱신되면 두 인스턴스가 동일하기 때문에 abid 객체의 name도 갱신되고 그 반대의 경우도 마찬가지다.

3. 새 인스턴스를 확보하고자 데이터 클래스는 객체를 복제하는 **copy()** 함수를 제공한다. 데이터 클래스인 Person을 만들고 **copy()** 함수를 사용해 새 객체를 만든다.

```
data class Person(var name : String, var age: Int, var height: Double)
val abid = Person("Abid", 40, 6.0)
val khan = abid.copy()
```

abid는 Person 유형의 객체이고 khan도 Person 유형의 다른 객체다. 둘 다 자체 메모리 위치를 갖고 있으며 한 객체의 프로퍼티가 갱신되더라도 다른 객체에 영향을 주지 않는다.

```
println(abid)            //Abid 출력
khan.name = "Khan"       //Khan name 갱신
println(abid)            //Abid 출력
```

copy() 함수는 객체 복제 이상의 역할을 한다. 객체의 복사본을 만들 때 어떤 특성이든 변경할 수 있다. 예를 들어 사용자의 이름을 제외하고 다른 모든 것을 동일하게 유지하려면 name 프로퍼티를 복사 함수의 매개변수로 전달하면 된다.

```
val jon = abid.copy("Jon")
println(jon)
```

4. 명명된 매개변수를 사용해 새 객체에 값을 할당한다.

```
val tom = abid.copy(name = "Tom", height = 5.11)
println(tom)
```

완전한 코드는 다음과 같다.

```
data class Person(var name : String, var age: Int, var height: Double)
fun main(args: Array<String>) {

    // copy 함수를 사용해 새 인스턴스를 만든다.
    val abid = Person("Abid", 40, 6.0)
    val khan = abid.copy()

    println(abid) //Abid 출력
```

```
    khan.name = "Khan" //Khan name 갱신
    println(abid) //Abid 출력

    println("Are objects pointing to the same memory locations = ${abid ===
khan}")

    //복사된 객체에 새 값을 추가
    val bob = abid.copy("Bob")
    println(bob)

    val jon = abid.copy(name = "Jon", height = 5.9)
    println(jon)
}
```

이 코드의 출력을 검증하면 copy 함수가 메모리에 Person의 새 객체를 만드는 데 도움이 된다는 것을 알 수 있다.

hashCode() 함수

수학에서 집합set은 중복을 허용하지 않는 고유한 값의 모음이다. hashCode는 각 입력의 고유 번호를 생성하는 함수다.

hashCode 함수의 중요성을 살펴보자.

1. Person 클래스의 세 객체를 만든다. 두 객체는 같은 값을 가지며 다른 하나는 다른 값을 가진다.

```
class Person(var name : String, var age: Int, var height: Double)
val p1 = Person("Abid", 40, 6.0)
val p2 = Person("Abid", 40, 6.0)
val p3 = Person("Khan", 40, 6.0)
```

2. Person 클래스의 해시 세트를 만들고 그 안에 세 개의 객체를 모두 추가한다.

```
val set = hashSetOf(p1,p2,p3)
```

3. 이 컬렉션[collection]의 크기를 확인하자. set는 중복을 제거하고 고유한 요소만 유지한다. 이 경우 set의 크기는 2여야 한다.[5]

코드 전체를 보고 출력을 확인한다.

```
class Person(var name : String, var age: Int, var height: Double)
fun main(args: Array<String>) {

    val p1 = Person("Abid", 40, 6.0)
    val p2 = Person("Abid", 40, 6.0)
    val p3 = Person("Khan", 40, 6.0)

    val set = hashSetOf(p1,p2,p3)
    println("Set contains ${set.size} elements")

    val result = set.contains(Person("Abid",40,6.0))
    println("Search result = $result")
}
```

코드를 실행하면 출력 창에 생각했던 결과가 표시되지 않는다.

---

5. p1 객체와 p2 객체는 동일한 hashCode를 가진다. – 옮긴이

```
     C:\Java\bin\java.exe ...
     Set contains 3 elements
     Search result = false

     Process finished with exit code 0

 4: Run    5: Debug    6: TODO    9: Version Control    Terminal    0: Messages                    Event Log
```

처음 두 인스턴스는 완전히 동일하지만 Set contains 3 elements를 출력한다. 이 상황은 set.contains가 같은 프로퍼티를 가진 사람을 찾을 수 없다는 것을 알면 더 흥미로워진다. 이는 Person 클래스가 hashCode 함수를 구현하지 않았기 때문이다. hashCode 함수의 주 역할은 각 객체의 고유 번호를 생성하는 것이다. 두 객체 프로퍼티 값이 동일하다면 이러한 객체의 해시 코드가 동일해야 한다. 좋은 소식은 데이터 클래스가 이미 이를 구현해놨기 때문에 이 함수를 구현할 필요가 없다는 것이다. 일반 클래스를 데이터 클래스로 바꾸고 이 코드를 다시 실행하자.

```
data class Person(var name : String, var age: Int, var height: Double)
```

이번에는 출력 결과가 다르다. set에는 2개의 요소가 있고 set.contain 함수는 지정된 값의 객체를 성공적으로 찾는다.

```
     C:\Java\bin\java.exe ...
     Set contains 2 elements
     Search result = true

     Process finished with exit code 0

 4: Run    5: Debug    6: TODO    9: Version Control    Terminal    0: Messages                    Event Log
```

객체 분해

데이터 클래스를 사용하면 객체를 프로퍼티로 나눌 수 있다. 간단히 변수 목록을 만들고 객체를 할당하면 된다.

```
    val abid = Person("Abid", 40, 6.0)
    val (name, age, height) = abid
```

이렇게 하면 각 프로퍼티는 고유한 변수에 할당된다.

```
data class Person(var name : String, var age: Int, var height: Double)
fun main(args: Array<String>) {
    val abid = Person("Abid", 40, 6.0)
    val (name, age, height) = abid
    println("name=$name age=$age height=$height")
}
```

구성 요소 함수를 사용해 클래스 프로퍼티에 접근하는 또 다른 방법이 있다. 데이터 클래스는 각 프로퍼티에 해당하는 구성 요소를 만든다. 클래스에 두 개의 프로퍼티가 포함돼 있으면 component1, component2 함수가 있는 것이다.

```
data class Person(var name : String, var age: Int, var height: Double)
fun main(args: Array<String>) {
    val abid = Person("Abid", 40, 6.0)
    println("name=${abid.component1()} " + "age=${abid.component2()} " +
"height=${abid.component3()}")
}
```

⁝⁝ 클래스와 함수

이 절에서는 클래스에 함수를 구현하는지 방법을 간략히 살펴본다. 이 절에서는 Person 클래스를 계속 사용할 것이다. Person 클래스에는 말하고 먹고 걸을 수 있는 3가지 동작이 있다.

알다시피 클래스 동작은 함수로 표현된다. 클래스 본문 안에서 함수를 선언할 수 있다.

1. 주 생성자를 사용해 클래스를 만들고 fun 키워드를 사용해 speak() 함수를 추가한다. 함수가 클래스 본문에 선언되면 클래스 동작이 된다.

```kotlin
class Person (val name: String, var age : Int , var height : Double) {
    fun speak() {
        println("My name is $name , i am $age years old and I am $height feet
tall")
    }
}

fun main(args: Array<String>) {
    val abid = Person("Abid", 40, 6.0)
    abid.speak()
}
```

2. Person 클래스의 객체를 만들고, 연산자를 사용해 speak 함수를 호출한다. 프로그램을 실행하고 다음과 같이 출력되는지 확인한다.

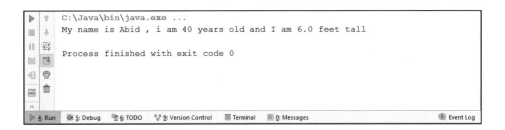

```
C:\Java\bin\java.exe ...
My name is Abid , i am 40 years old and I am 6.0 feet tall

Process finished with exit code 0
```

3. Person 클래스에 몇 가지 동작(함수)을 추가하고 유사한 방식으로 호출한다.

```kotlin
class Person (val name: String, var age : Int , var height : Double) {
    fun speak(){
```

138

```
        println("My name is $name , i am $age years old and I am $height feet
    tall")
      }

      fun sleep(){
        println("Zzzzzzz....")
      }

      fun eat(){
        println("I am eating a delicious vegetarian dish")
      }
    }

    fun main(args: Array<String>) {
      val abid = Person("Abid", 40, 6.0)
      abid.speak()
      abid.eat()
      abid.sleep()
    }
```

함수는 매개변수를 인수로 해서 일부 값을 반환할 수도 있다. greet() 함수는 문자
열 변수를 매개변수로 사용해 화면에 메시지를 표시하는 반면 info() 함수는 클래
스 프로퍼티가 있는 문자열 변수를 반환한다.

```
class Person (val name: String, var age : Int , var height : Double){

  fun info() : String {
    return "My name is $name , i am $age years old and I am $height feet tall"
  }

  fun greet(message : String){
    println("Hi I am $name.... $message")
  }
}
```

```
fun main(args: Array<String>) {
   val abid = Person("Abid", 40, 6.0)
   abid.greet("Nice to meet you!!!")

   val text = abid.info()
   println(text)
}
```

클래스에는 다른 함수들이 포함돼 있다. 각 함수에는 고유한 이름이 있지만 코틀린은 동일한 이름의 함수를 두 개 이상 쓸 수 있다. 이 기술을 함수 오버로딩이라고 한다.

함수 오버로딩

함수 오버로딩은 클래스에 같은 이름을 가진 두 개 이상의 함수를 갖는 기능이다. 각 함수는 매개변수로 고유하게 식별된다. 다음 코드의 Person 클래스에는 매개변수가 없는 fun greet()와 문자열 매개변수가 하나 있는 fun greet(message : String)이라는 두 개의 함수가 있다. 코틀린은 제공된 매개변수를 기준으로 함수 호출을 결정할 수 있다.

```
class Person (val name: String, var age : Int , var height : Double){

   fun speak(){
      println("My name is $name , i am $age years old and I am $height feet tall")
   }

   fun greet(message : String){
      println("Hi I am $name.... $message")
   }

   fun greet(){
```

```
        println("Hi I am $name.... Nice to meet you!!!")
    }
}

fun main(args: Array<String>) {
    val abid = Person("Abid", 40, 6.0)
    abid.greet()
    abid.greet("How are you doing, it is a pleasure to have you here:")
}
```

보다시피 코틀린 컴파일러는 자동으로 호출할 greet 함수를 파악한다.

```
/Library/Java/JavaVirtualMachines/jdk1.8.0_181.jdk/Contents/Home/bin/java ...
Hi I am Abid.... Nice to meet you!!!
Hi I am Abid.... How are you doing, it is a pleasure to have you here:

Process finished with exit code 0
```
Unexpected tokens (use ';' to separate expressions on the same line)   24:11 LF ÷ UTF-8 ÷ Git: dev ÷

함수 오버로딩은 특히 다른 매개변수 유형을 사용하는 동일한 유형의 동작이 있는 경우 매우 강력한 기능이다. 함수 오버로딩의 중요성을 이해하고자 Calculator라는 클래스를 선언한다. 이 클래스는 더하기, 곱하기, 빼기와 같은 다른 산술 연산을 수행할 수 있다. 다음 클래스에는 동일한 이름을 가진 네 개의 함수가 포함돼 있다. 첫 번째 add 함수는 Integer 유형의 매개변수 두 개를 사용하는 반면 두 번째 add 함수는 Double 유형의 매개변수 두 개를 사용한다.

```
class Calculator{

    fun add(v1: Int, v2 : Int) = v1 + v2
    fun add(v1: Double, v2 : Double) = v1 + v2
    fun add(v1: Float, v2 : Float) = v1 + v2
    fun add(v1: Int, v2 : Int, v3 : Int) = v1 + v2 + v3
```

```kotlin
    fun max(v1 : Int, v2 : Int) = if (v1 >= v2) {
        v1
    } else {
        v2
    }

    fun max(v1 : Double, v2 : Double) = if (v1 >= v2) {
        v1
    } else {
        v2
    }
}

fun main(args: Array<String>) {
    val calc = Calculator()
    println(calc.add(2,2))
    println(calc.add(3.0,3.0))
    println(calc.add(4.0f,4.0f))
    println("MAX "+ calc.max(3,4))
}
```

함수가 호출될 때마다 코틀린 컴파일러는 함수 이름과 매개변수 수를 매개변수 유형과 함께 비교해 필요한 함수를 호출한다.

```
/Library/Java/JavaVirtualMachines/jdk1.8.0_181.jdk/Contents/Home/bin/java ...
4
6.0
8.0
MAX 4

Process finished with exit code 0
```

코드에서 add(2,2)는 정수 매개변수로 add 함수를 호출하고, add(3.0,3.0)은 배정도 실수 매개변수로 add 함수를 호출한다. 코틀린 컴파일러가 바로 검증하고 프로그래머는 아무것도 할 필요가 없다.

오버로딩된 함수는 반환 형식이 아닌 이름과 매개변수 목록으로 구별된다. 함수의 반환 유형을 변경해 함수를 오버로딩할 수는 없다. 다음의 코드는 반환 유형이 다르더라도 함수 오버로딩의 유효한 예가 아니다. 이것이 안 되는 이유는 add(2,2) 함수가 호출될 때 코틀린 컴파일러가 어떤 함수를 호출할지 충분한 정보가 없기 때문이다.

```
fun add(v1 : Int, v2 : Int) : Int {
   return v1 + v2
}

fun add(v1 : Int, v2 : Int) : Double {
   return v1.toDouble() + v2.toDouble()
}
```

⁞ 요약

2장에서는 객체지향 프로그래밍을 살펴보고 절차적 프로그래밍보다 더 나은 이유를 살펴봤다. 클래스를 알아보고 클래스를 선언하는 방법을 알아보면서 2장을 시작했다. 또한 클래스의 프로퍼티와 행위, 그리고 프로퍼티가 일급 객체인 이유를 알아봤다. 그런 다음 데이터 클래스, 생성자, 매개변수화된 생성자로 코드를 간단하게 작성하는 방법을 자세히 알아봤다. 마지막 절에서는 함수와 함수 오버로딩을 살펴봤다. 3장에서는 좀 더 고급 주제와 구현을 살펴본다.

⁞ 질문

1. 클래스와 객체의 차이점은 무엇인가?

2. 클래스의 속성과 행위는 무엇인가?

3. 생성자는 무엇이며 얼마나 많은 유형의 생성자가 사용 가능한가?

4. 함수 오버로딩이란 무엇인가?

5. 데이터 클래스란 무엇이며 그 장점은 무엇인가?

⠿ 참고 도서 목록

가스통 힐라^{Gastón C. Hillar}의 『Learning Object-Oriented Programming』(Packt, 2015):
https://www.packtpub.com/application-development/learning-object-oriented-programming

03

객체지향 프로그래밍의 4가지 요소

2장에서는 객체지향 프로그래밍의 기본 개념을 살펴봤다. 3장에서는 캡슐화 capsulation, 상속inheritance, 추상화abstraction, 다형성polymorphism이라는 객체지향 프로그래밍의 4가지 요소를 살펴본다. 상속이 무엇인지 이해하고 코틀린이 제공하는 다양한 종류의 상속을 살펴본다. 또한 상속이 클린clean[1]하고 재사용 가능한 코드를 만드는데 어떻게 도움을 줄 수 있는지 살펴본다. 그 후 캡슐화를 알아본 후 다형성 기법을 자세히 살펴본다. 마지막으로 추상화의 몇 가지 장점과 인터페이스 및 추상 클래스가 버그 없는 애플리케이션을 만드는 데 어떤 도움을 줄 수 있는지 살펴본다.

3장에서 다루는 내용은 다음과 같다.

- 상속
- 오버로딩 함수
- 캡슐화
- 다형성

---

1. 클린 코드(clean code)는 애자일 기법으로 코드를 간결하고 무결하게 만드는 것이다. – 옮긴이

- 추상화
- 인터페이스

⁝ 기술적 요구 사항

이 장에서는 인텔리제이 IDEA 이외에 다른 것이 필요 없다.

이 장의 코드는 깃허브 링크에서 다운로드 할 수 있다.

https://github.com/PacktPublishing/Hands-On-Object-Oriented-Programming-with-Kotlin/tree/master/src/main/kotlin/Chapter03

⁝ 캡슐화

절차적 프로그래밍은 프로그램을 작은 함수로 나누는 기술이다. 각 모듈에는 여러 종류의 데이터를 저장하는 변수와 해당 데이터를 조작하는 함수가 들어있다. 이 접근법은 매우 간단하지만 결국 한곳에 모든 기능을 갖고 있기 때문에 애플리케이션이 커짐에 따라 훨씬 복잡해진다. 한 기능이 변경되면 다른 기능도 변경해야 한다. 함수들 사이의 강한 상호 의존성은 스파게티 코드를 얻게 된다는 것을 의미한다. 이 방법은 애플리케이션의 모든 부분에 중복 코드를 추가할 뿐만 아니라 코드를 유지하는 것을 더 어렵게 만든다.

다음 코드를 살펴보자. 여기서 display 함수에는 세 개의 매개변수가 있다. 변수 이름을 보면 함수가 개인 관련 정보를 화면에 출력한다는 것을 알 수 있다. 매개변수와 함수는 분리돼 있고 직접적인 관계가 없다. 이러한 변수는 한 파일에서 선언할 수 있으며 다른 파일에서는 함수를 선언할 수 있다.

```
char name[20] = "Bob";
int age = 10;
double height = 6.5;

void display( char name[], int age, double height)
{
    printf("Name is %d\n" , name);
    printf("Age is %s \n" , age);
    printf("Height value is %f \n", height);
}
```

객체지향 패러다임은 이러한 관련 변수와 함수를 하나의 캡슐에 결합하는 데 도움이 된다. 앞에서 살펴본 것처럼 변수는 프로퍼티라고 하며 함수를 행위라고 한다. 프로퍼티와 행위들이 한곳에서 결합될 때 이것을 **캡슐화**^{encapsulation}라고 한다.

Person 클래스를 만들고 이를 절차적 프로그래밍 방식과 비교해보자.

```
class Person {
    var name: String = "Abid"
    var age : Int = 40
    var height : Double = 6.0

    fun display () {
        println("Name $name, Age $age Height $height")
    }
}

fun main(args: Array<String>) {
    val person = Person()
    person.display()
}
```

절차적 프로그래밍 기법의 display 함수는 내용을 표시하고자 3개의 매개변수가 필요하다. 그러나 Person 클래스의 display 함수는 0개의 매개변수를 사용하는데, Person 클래스 한곳에 긴밀하게 결합된 매개변수와 함수를 포함하기 때문에 훨씬 더 명확한 접근법이다.

캡슐화는 데이터와 함수를 하나의 단위로 묶는 것을 포함하는 객체지향 프로그래밍 기법으로, 이를 클래스^{class}라고 한다. 앞 절의 모든 예는 캡슐화의 구현이며, 여기서는 객체의 현재 상태를 저장하는 몇 가지 프로퍼티와 몇 가지 행위를 수행하는 함수를 정의했다. 캡슐화는 하나의 클래스에 여러 프로퍼티와 함수를 넣는 것뿐만 아니라 외부로부터 보호하는 데도 유용하다.

정보 은닉

정보 은닉^{Information-hiding}은 캡슐화와 관련해 매우 자주 사용되는 용어다. 정보 은닉의 배경은 클래스나 객체가 시스템의 다른 부분에 필요하지 않으면 외부 세계에 어떤 정보도 노출시키지 말아야 한다는 것이다. 예를 들어 다음을 살펴보자.

```kotlin
class Person(pName: String, pAge: Int, pHeight : Double ) {

  var name : String = pName
  var age : Int = pAge
  var height : Double = pHeight

  init {
    require(name.trim().isNotEmpty()) {"Name should not empty"}
    require(age > 0 ) {"Age is not correct"}
    require(height > 0) {"Height is not correct"}
  }
}

fun main(args: Array<String>) {
  val person = Person("bob",40,6.1)
```

```
    println("Name ${person.name}, Age ${person.age} Height ${person.height}"
    }
```

이것은 2장에서 잘 동작하던 Person 클래스며 init 함수는 객체가 생성되기 전에 모든 값을 검증한다. 이름이 공백이거나 나이 또는 키가 음수나 0인 경우처럼 값 중 하나라도 요구 사항을 충족하지 못하는 경우 코틀린은 IllegalArgumentException을 발생시킨다. Person 객체를 만들 때 유효한 값을 제공해야 한다. 그러나 코틀린이 검증 없이 그 프로퍼티에 접근해 객체의 현재 상태를 변경할 수 있는 경우 다음과 같은 일이 발생할 수 있다.

```
    person.age = -41
    person.height = 0.0
```

person 프로퍼티는 객체를 만들 때 차단된 값으로 재할당된다. 정보 은닉의 개념은 클래스 프로퍼티를 숨기고 외부에서 접근하지 못하게 하는 것이다. 코틀린에서 프로퍼티는 일급 객체며 직접 접근할 수 있다는 뜻이다. 그러나 이러한 프로퍼티가 항상 접근 가능해야 한다는 뜻은 아니다. 프로퍼티를 읽을 수 있는 게터 함수와 쓰기 위한 세터 함수를 제공해야 한다. 프로퍼티를 쓰기 전에 세터 함수에 검증 단계를 추가해 원치 않는 데이터가 있는 객체를 방지할 수 있다.

접근 제한자

캡슐화의 최고 법칙은 외부 세계에서 접근할 수 있는 프로퍼티를 제한하고 대신 클래스 프로퍼티에 간접적으로 접근할 수 있는 몇 가지 함수를 구현하는 것이다. 코틀린은 클래스 멤버를 숨기는 4가지 접근 제한자^{Visibility Modifier} public, private, protected, internal을 제공한다. 이 책에서는 public, private, protected를 살펴본다. 먼저 public과 private 제한자를 살펴보자.

public은 다른 제한자가 정의되지 않은 경우 각 프로퍼티 및 함수와 함께 나타나는 기본 제한자다. 접근 제한자는 항상 프로퍼티나 함수의 선언 앞에 나타난다.

```
public var name : String
```

private 제한자

선호되는 private 제한자는 가장 제한적이다. private 접근 권한으로 프로퍼티가 선언되면 클래스 외부에서 프로퍼티에 접근할 수 없다.

```
private var name : String
```

Person 클래스의 코드를 살펴보고 private 제한자를 적용한다.

```
class Person(pName: String, pAge: Int, pHeight : Double ) {

    private var name : String = pName
    private var age : Int = pAge
    private var height : Double = pHeight

    init {
        require(name.trim().isNotEmpty()) {"Name should not empty"}
        require(age > 0 ) {"Age is not correct"}
        require(height > 0) {"Height is not correct"}
    }
}

fun main(args: Array<String>) {
    val person = Person("bob",40,6.1)
    println("Name ${person.name}, Age ${person.age} Height ${person.height}"
}
```

Person 클래스의 각 프로퍼티에 private 제한자를 추가하자마자 코틀린 컴파일러는 main 함수에서 다음과 같은 에러를 발생시킨다.

```
Cannot access 'property name': it is private in 'Class name'
```

private 프로퍼티에 접근하는 유일한 방법은 자체 함수를 추가하는 것이다. age 프로퍼티를 읽는 getAge 함수와 그것을 쓰는 setAge 함수를 작성한다. 앞 절에서 직접 접근할 수 있는 것의 단점 중 하나는 원치 않는 값으로부터 프로퍼티를 보호할 수 없는 것이라고 이야기했다.

```
person.age = -41
person.height = 20.0
```

나이 또는 키 특성에 private 접근 제한자를 할당함으로써 그들에게 직접 접근할 수 없다. getAge와 setAge 함수를 추가해 age 프로퍼티를 읽고 쓰자.

```
class Person(pName: String, pAge: Int, pHeight : Double ) {

    private var name : String = pName
    private var age : Int = pAge
    private var height : Double = pHeight

    init {
        require(name.trim().isNotEmpty()) {"Name should not empty"}
        require(age > 0 ) {"Age is not correct"}
        require(height > 0) {"Height is not correct"}
    }

    fun getAge() : Int{
        return age;
    }
}
```

```
    fun setAge(age : Int) {
      require(age > 0 ) {"Age is not correct"}
      this.age = age
    }

    fun display(){
      println("Name ${name}, Age ${age} Height ${height}")
    }
  }

  fun main(args: Array<String>) {
    val person = Person("bob",40,6.1)
    person.display()
    person.setAge(42)
    person.display()
  }
```

이제 프로퍼티를 업데이트할 때 사전에 검증할 수 있다. setAge 함수는 나이 프로퍼
티를 age 변수에 할당하기 전에 나이를 확인한다.

NOTE

> 클래스 프로퍼티가 private으로 선언되면 코틀린에서 생성된 자바 코드에는 게터 또는 세터 함수
> 가 포함하지 않을 것이다.

마찬가지로 모든 프로퍼티는 private으로 선언돼 있고 main 함수에서 person.age
나 person.name에 접근할 수 없기 때문에 클래스의 프로퍼티를 화면에 출력하기
위한 display 함수가 필요하다.

protected 제한자

코틀린은 private 제한자에 비해 덜 제한적이지만 클래스 계층 구조에서는 매우
중요한 또 다른 제한자를 제공하는데, 이를 protected 제한자라고 한다. protected

로 선언된 클래스 프로퍼티와 함수는 자식 클래스에서만 접근할 수 있다. 다음 코드를 살펴보자.

Protected 제한자가 있는 i와 public 제한자가 있는 j의 2가지 프로퍼티로 클래스 A를 만든다. 하위 클래스인 B 클래스를 만들고 클래스 A를 상속한다. 클래스 B에 display 함수를 만들고 클래스 A의 모든 프로퍼티를 출력한다.

```
class A {
    protected val i = 1
    public val j = 2
}

open class B : A() {
    fun display(){
        println("Protected i $i" )
        println("Public j $j")
    }
}

fun main(args: Array<String>) {
    val b = B()
    b.display()
}
```

모든 public, protected 프로퍼티는 문제없이 표시할 수 있다. 클래스 C를 만들고, 클래스 C 안에 클래스 A의 인스턴스를 만들고, 클래스 A의 모든 프로퍼티에 접근해 보자.

```
class C {
    val obj = A()
    fun display(){
        // println("Protected i ${obj.i}" )
```

```
    println("Public j ${obj.j}")
  }
}
```

public 제한자가 있는 j 프로퍼티만 사용할 수 있으며 protected 제한자에 접근하려고 하면 클래스 계층 구조가 아닌 하위 클래스에서만 접근할 수 있기 때문에 코틀린은 다음과 같은 에러를 발생시킨다.

```
Kotlin: Cannot access 'i': it is protected in 'A'
```

구현 숨기기

캡슐화와 관련된 또 다른 중요한 개념은 **구현 숨기기**[Implementation-hiding]다. 구현 숨기기의 배경은 함수의 내부 동작을 외부로부터 숨기는 것이다. 이 개념을 이해할 수 있는 예를 살펴보자.

일상생활에서 많은 사람과 만나고 교류한다. 누군가의 기분이나 그들의 새 애완동물의 이름을 물었을 때 그 사람은 내가 괜찮다고 말하는 것과 같은 질문에 대한 답을 제공하고자 어떤 행동을 보인다. 예를 들어 고마워 또는 내 고양이의 이름은 Catty 등이다. 이 정보가 그 사람의 뇌에 어떻게 저장돼 있는지 그들이 이 정보를 어떻게 처리했는지에 대한 정보는 외부로부터 숨겨져 있다.

다른 예가 자동차일 것이다. 모든 차는 브레이크 페달을 밟을 때 속도를 줄인다. 브레이크 시스템의 작동 방식(기계식 드럼 브레이크, 유압식 브레이크, 디스크 브레이크)은 어떻게 되는 것일까? 이 모든 세부 사항은 외부로부터 숨겨져 있다. 브레이크 시스템은 단순한 메커니즘에서 복잡한 메커니즘으로 진화했다는 것을 알고 있지만 더 자세한 정보는 알 수 없다. 브레이크 페달을 밟았을 때 자동차 속도가 감소하는 한 모든 것이 괜찮다.

은행계좌 클래스를 만든다. 은행계좌의 가장 간단한 형태는 계좌 ID와 현재 잔액의

2가지 프로퍼티다. 또한 돈을 입금하고 돈을 인출하는 행위가 있다.

```kotlin
class BankAcc(private val accID : Int, private var balance : Double){
    fun withdraw(remove : Double) {
        if(balance >= remove){
            balance -= remove
            println("$remove money has withdrawn from $accID account,
                current balance is $balance")
        } else {
            println("Not enough balance in $accID account,
                current balance is $balance")
        }
    }

    fun deposit(add : Double){
        if(add > 0){
            balance += add
            println("$add money has deposited in $accID account,
                current balance is $balance")
        } else {
            println("Cannot process....")
        }
    }
}

fun main(args: Array<String>) {
    var account = BankAcc(123, 500.0)
    account.withdraw(600.0)
    account.withdraw(100.0)
    account.deposit(600.0)
}
```

main 함수에서 계좌번호와 계좌에 있는 금액의 두 초깃값을 가진 BankAcc 클래스의 객체를 만든다. 다음으로 withdraw 함수는 현재 잔액에서 돈을 차감해 차감 전에 검증하는 조치를 한다. 이 함수는 출금 요청이 현재 잔액보다 클 경우 에러 메시지를 표시한다. 그리고 나서 계좌에 돈을 입금할 수 있는 deposit 함수가 있다. 또한 보증금이 음수 값이 돼서는 안 된다는 것을 검증한다.

캡슐화는 여기에서 다음과 같은 방식으로 도움을 줄 수 있다.

- 모든 프로퍼티와 함수는 하나의 컨테이너에 배치된다.

- 모든 프로퍼티는 비공개로 선언된다.

- 프로퍼티는 제한돼 있으며 직접 접근할 수 없다.

- 입출금 구현은 외부에 숨겨져 있으며 모든 자산은 검증 후 열람한다.

⁝⁝ 상속이란?

상속^{inheritance}은 객체지향 프로그래밍의 핵심 개념 중 하나다. 특히 다른 클래스가 공통적인 기능을 갖고 있고 모든 클래스가 동일한 유형에 속하는 경우 코드 반복을 피하는 것을 포함한다. 학생^{Student}, 교수^{Professor}, 직원^{Employee}이라는 엔티티 세 개로 참여하는 교육 기관용 소프트웨어를 만든다고 가정해보자.

Student	Professor	Employee
+ first name : string	+ first name : string	+ first name : string
+ last name : string	+ last name : string	+ last name : string
+ age : int	+ age : int	+ age : int
+ student id : string	+ professor id : string	+ employee id : string
+ speak()	+ speak()	+ speak()
+ greet()	+ greet()	+ greet()
+ aboutEducation()	+ aboutSpecialization()	+ aboutDesignation()
+ attendLectures()	+ deliverLectures()	+ attendMeetings()

이러한 엔티티는 이름[name], 나이[age], id를 비롯한 일부 공통 프로퍼티를 가진다. 각 객체는 말하기[speak], 인사하기[greet]와 같은 몇 가지 행위를 가진다. 교수 클래스의 다이어그램을 코드로 변환해보자.

```kotlin
class Professor(val fName: String, var lName: String, var pAge: Int, val
professorId : String ) {
  fun speak() {
    println("My name is $fName $lName age is $pAge and my ID is $professorId")
  }

  fun greet() {
    println("Hi there... Professor $fName ")
  }

  fun aboutSpecialization() {
    println("I have a done my Phd in Computer science")
  }

  fun deliverLecture() {
    println("I am teaching Introduction to Kotlin.")
  }
}

fun main(args: Array<String>) {
  val jon = Professor("Jon","Jack",40, "PR-101")

  jon.greet()
  jon.speak()
  jon.aboutSpecialization()
  jon.deliverLecture()
}
```

이 코드는 정상적으로 동작하지만 문제를 해결하기에는 좋지 않다. 자세히 살펴보면 각 클래스에는 유사한 프로퍼티와 행위 때문에 유사한 코드를 포함하고 있다는 것을 알 수 있다. 특정 기능의 작동법을 변경하거나 주소와 같은 새로운 프로퍼티를 각 엔티티에 추가하는 경우 모든 클래스에 대해 새로운 요구 사항을 구현해야 한다. 앞의 구현은 프로그램의 복잡성이 낮기 때문에 지금까지는 허용될 수 있지만 대학 원생graduate student, 방문자visitor, 계약자contractor와 같은 새로운 클래스에 대한 새로운 요청이 오면 코드 유지 관리가 악몽이 될 것이다.

상속은 코드 중복을 제거하는 데 도움이 되는 기술이다. 상속은 서로 다른 클래스의 모든 공통 기능을 파악해 이를 하나의 클래스로 결합한다. 동일한 기능을 가진 모든 클래스는 부모 클래스에서 상속될 수 있다. 학생, 직원, 교수는 모두 Person 클래스에 속하며 각 Person 클래스마다 이름, 나이, id가 있다. Person 클래스를 만들고 그 클래스에 모든 공통 프로퍼티와 행위를 결합한다.

Person 클래스가 생성되면 다른 모든 클래스는 이 클래스를 확장할 수 있다. 상속에서 주 클래스는 슈퍼클래스나 부모 클래스라고 한다. 이 클래스를 확장하는 클래스를 하위 클래스라고 한다. 모든 하위 클래스에는 자동으로 상위 클래스의 함수가 포함된다. 코틀린에서 상속 구문은 다음과 같다.

```
class Child : Parent {
    … …
}
```

Person 클래스의 다이어그램을 코드로 변환해보자.

```kotlin
class Person (val fName: String, var lName: String, var pAge: Int, val id: String)
{
  fun speak() {
    println("My name is $fName $lName, my id is $ID and age is $pAge")
  }

  fun greet() {
    println("Hi How are you...")
  }
}
```

각 하위 클래스는 Person 클래스를 상속할 수 있으며 부모 클래스의 모든 프로퍼티와 행위를 활용할 수 있다. 또한 자신만의 행위를 가질 수 있다. 보다시피 Person 클래스에는 이름first-name, 성last-name, 나이age라는 3가지 중요한 프로퍼티가 포함돼 있다. 이는 모든 사람에게 필요하다. 자식 클래스가 부모 클래스를 상속 받으면 필요한 변수를 부모 클래스에 전달할 필요가 있다. 이제 Student 클래스를 만들고 다음과 같이 Person 클래스를 상속한다.

```kotlin
class Student(fName: String, lName: String, pAge: Int, ID: String ) :
Person(fName, lName, pAge, ID) {
}
```

부모 클래스[2]를 상속하자마자 컴파일러는 this class is final and cannot be inherited from이라는 에러를 발생시킨다. 각 클래스는 기본적으로 final 클래스이기 때문에 확장하기 전에 변경해줘야 하기 때문이다. 전체 코드는 깃허브(https://github.com/PacktPublishing/Hands-On-ObjectOriented-Programming-with-Kotlin/tree/master/src/main/kotlin/Chapter03)에 있다.

---

2. 여기서는 Person 클래스다. - 옮긴이

open 키워드

코틀린에서 클래스를 상속하고자 부모 클래스 서명의 시작 부분에 open 키워드를 추가한다.

```
open class Person (val fName: String, var lName: String, var pAge: Int, val ID
: String) {

  fun speak() {
    println("My name is $fName $lName, my id is $ID and age is $pAge")
  }

  fun greet() {
    println("Hi How are you...")
  }
}

class Student(fName: String, lName: String, pAge: Int, ID: String ):
Person(fName,lName,pAge, ID) {
  fun aboutEducation(){
    println("I am a student of Computer Science.")
  }

  fun attendLectures() {
    println("I am studying Introduction to Kotlin lecture.")
  }
}
```

이제 Student 자식 클래스는 Person 클래스의 모든 함수에 접근할 수 있으며 고유한 프로퍼티와 함수도 갖고 있다. Student 클래스에 대해 aboutEducation과 attendLecture라는 두 개의 함수를 추가할 것이다.

```
fun main(args: Array<String>) {
  val bob = Student("Bob", "Peter", 25, "A-123")
```

```
    bob.speak()

    bob.greet()

    bob.attendLectures()

    bob.aboutEducation()

}
```

파생된 클래스의 객체가 생성되면 부모 클래스의 모든 프로퍼티와 행위에 암묵적으로 접근할 수 있다.

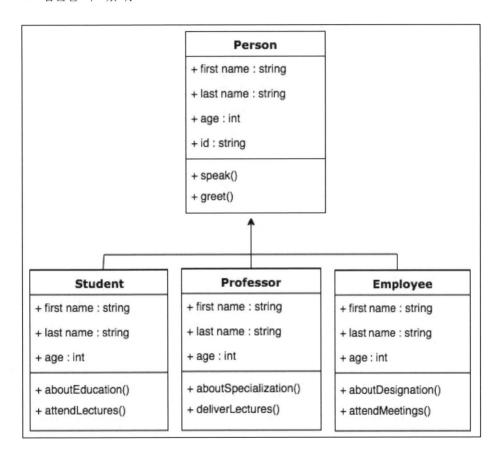

Student와 마찬가지로 Employee 클래스와 Professor 클래스를 Person 클래스에서 상속할 수 있다.

super 키워드

지금까지 모든 클래스는 주 생성자를 사용해 상속됐다. Student 클래스에 기본 생성자가 아니라 부 생성자가 있는 경우 부 생성자 앞에는 **super** 키워드가 올 수 있다.

```
class Student: Person {

  constructor(fName: String,lName: String, age: Int, id: String) :
super(fName,lName,age, id)

  fun aboutEducation(){
    println("I am a student of Computer Science.")
  }

  fun attendLectures() {
    println("I am studding Introduction to Kotlin lecture.")
  }
}
```

super 키워드는 상위 클래스의 생성자를 호출해 상위 클래스의 프로퍼티를 초기화한다.

클래스 초기화 계층 구조

앞 절에서는 Person 클래스를 Student와 Professor 클래스로 상속하는 기능을 살펴봤다. 이 절에서는 생성자와 클래스 초기화를 자세히 살펴본다. 아주 간단한 예를 살펴보자.

1. init 함수를 가진 부모 클래스 A를 만든다.

2. init 함수를 가진 유사한 클래스 B를 만들고 클래스 A에서 상속한다. 클래스 C에서도 동일한 작업을 하자.

3. 각 초기화 기능에 메시지 출력을 추가한다. init 함수는 생성자 초기화 직전에
   호출된다.

```kotlin
open class A {
    init {
        println("Class A is initialized")
    }
}

open class B : A() {
    init {
        println("Class B is initialized")
    }
}

class C : B() {
    init {
        println("Class C is initialized")
    }
}

fun main(args: Array<String>) {
    // val a = A()
    val c = C()
}
```

기본 클래스나 비파생 클래스가 호출되면, 코틀린은 클래스의 생성자를 만든다. 그
러나 파생 클래스를 초기화하는 상황은 그리 간단하지 않다.

```
/Library/Java/JavaVirtualMachines/jdk1.8.0_181.jdk/Contents/Home/bin/java ...
Class A is initialized
Class B is initialized
Class C is initialized

Process finished with exit code 0
```

4: Run   6: TODO   9: Version Control   Terminal   0: Messages   Event Log

알다시피 파생 클래스는 기본 클래스에서 모든 프로퍼티와 행동을 상속받으며 이러한 프로퍼티는 사용하기 전에 초기화돼야 한다. 일반적으로 모든 프로퍼티는 주 또는 부 생성자로 초기화된다. 파생 클래스가 인스턴스화되면 파생 클래스의 생성자는 초기화하는 중에 부모 클래스 생성자를 호출한다. 이 부모 클래스는 그것이 다른 클래스에서 상속됐는지 여부를 확인한다. 부모 클래스가 없는 경우 모든 프로퍼티를 초기화하고 해당 프로퍼티를 초기화하고자 컨트롤을 파생 클래스로 다시 보내 해당 프로퍼티를 초기화한다. 이 경우 클래스 C는 클래스 B에서 상속되며 클래스 B는 클래스 A에서 상속됐다. 클래스 C의 객체가 초기화되면 클래스 B 생성자로, 클래스 B는 클래스 A로 점프한다. 즉, 첫 번째 print문은 클래스 A에서, 두 번째는 클래스 B에서, 마지막은 클래스 C에서 나온 것이다.

⠿ 추상화

추상 클래스의 개념을 이해하고자 몇 가지 예를 살펴보자. 직사각형을 그릴 때 우리는 모양을 그렸다고 말하지 않고 다른 사람들이 우리의 뜻을 이해할 수 있게 항상 그 특정한 모양의 이름을 사용한다. 마찬가지로 교육용 애플리케이션을 개발하고 있다면 항상 학생이나 교사 객체를 만든다. Person은 모호한 개념이기 때문에 Person 클래스의 객체를 만들 필요가 없다. 그러나 학생, 관리자, 교사는 Person의 구체적인 예다. 일반적인 생각에 바탕을 둔 모든 개념은 추상적인 개념으로 알려져 있다. 이러한 추상적인 개념에 대응하는 클래스를 추상 클래스라고 한다.

추상 클래스

추상 클래스는 일반적인 개념이고 구체적인 것에 속하지 않는다. 추상 클래스는 인스턴스를 만들지 않는다. 그것의 유일한 역할은 다른 클래스를 만드는 것이다. 추상 클래스는 클래스가 어떻게 구현돼야 하는지 대신 클래스가 어떤 행위를 가져야 하는지를 정의하는 데 사용된다. 앞 절에서 사용한 다음 코드를 살펴보자.

```kotlin
open class Person (val fName: String, var lName: String, var pAge: Int) {

    fun speak() {
        println("My name is $fName $lName age is $pAge")
    }

    fun greet() {
        println("Hi there...$fName ")
    }
}

class Student(fName: String, lName: String, pAge: Int , val studentId: String)
: Person(fName,lName,pAge) {
    ...
    ...
}
```

Person 클래스는 일반 클래스며 이를 위한 인스턴스를 만들 수 있다.

```kotlin
val person = Person("Bob","Peter",25)
```

그러나 이 경우 Person 클래스는 추상적이기 때문에 Person 클래스의 인스턴스를
생성할 필요가 없다. Person 클래스에서 객체가 생성되는 것을 방지하고 싶다면
추상 클래스를 사용한다. Person 클래스를 수정해 open 키워드를 abstract로 대체
하고 나머지 구현은 그대로 유지한다.

```kotlin
abstract class Person (val fName: String, var lName: String, var pAge: Int)
{
}
```

main 함수에서 Person 클래스의 인스턴스를 생성하지 않는다면 프로그램은 아무런 에러 없이 실행되지만 코틀린 컴파일러는 다음 에러를 발생시킨다.

```
Cannot create an instance of an abstract class
```

추상 클래스는 일반 함수와 추상 함수를 둘 다 가질 수 있다. 다음 절에서 추상 함수를 살펴본다.

NOTE

> 추상 클래스를 만드는 동안 추상 클래스가 기본적으로 열려있기 때문에 open 키워드를 사용할 필요가 없다.

추상 함수

추상 함수는 함수 본문이 없는 함수다. 이 개념을 이해하려면 Shape 클래스의 예를 살펴보자.

```
abstract class Shape(val name: String) {
  init {
    println("Drawing $name")
  }
  open fun draw(){}
  open fun getArea() : Double{ return 0.0 }
}
```

추상 클래스 Shape은 draw와 getArea라는 2개의 함수가 있다. 두 함수는 모두 열려 있고 상속이 가능하다. 그러나 추상 클래스에서 비추상 함수를 갖는 것은 약간의 단점이 있다. 함수가 일반 함수이거나 비추상 함수인 경우 비어 있더라도 함수 본문을 제공해야 한다. 자식 클래스가 부모 클래스를 상속한다면 상속된 함수를 구현할 필요가 있는지 알 수 없을 것이다.

추상 함수는 추상 클래스와 비슷하지만 함수 본문을 포함하고 있지 않다. 추상 함수를 선언하는 가장 큰 장점은 부모 클래스를 상속하는 모든 클래스가 이 추상 함수를 구현해야만 한다는 것이다. 부모 클래스에서 추상 함수를 선언함으로써 자식 클래스가 그들 자신의 구현해 사용하게 할 수 있다.

Shape는 일반적인 개념이며 추상 클래스다. 일반적인 도형을 그릴 수 없기 때문에 draw와 getArea 함수도 추상적이어야 한다. 함수 본문에서 open 키워드를 제거하고 함수 서명 시작 부분에 abstract 키워드를 추가한다.

```
abstract class Shape(val name: String) {
  init {
    println("Drawing $name")
  }
  abstract fun draw()
  abstract fun getArea():Double
}
```

이제 각 자식 클래스는 부모 클래스의 모든 추상 함수를 구현해야 한다. shape의 예에서 모든 도형은 다른 도형과 다르지만 각 도형은 영역을 계산하는 getArea()와 화면에 도형을 그리는 draw()라는 2개의 함수를 구현해야 한다.

```
class Rectangle(_width : Double, _height : Double, name: String) : Shape(name)
{}
```

자식 클래스가 추상 함수를 사용해 추상 클래스를 확장하자마자 컴파일러는 즉시 컴파일 타임 에러를 발생시킨다.

```
'Rectangle' is not abstract and does not implement abstract base class member
public abstract fun draw():
```

이는 자식 클래스가 부모 클래스에 나열된 모든 추상 함수를 구현해야 한다는 것을 나타낸다.

추상 클래스와 관련해 기억해야 할 몇 가지 핵심 사항은 다음과 같다.

- 추상 클래스는 일반 클래스와 같다. 여기에는 프로퍼티, 함수, 생성자가 포함된다. 그러나 추상 클래스는 인스턴스화할 수 없다.
- 추상 클래스는 기본적으로 열려 있다.
- 추상 클래스만 추상 함수를 가질 수 있다.
- 추상 함수는 함수 본문 없이 선언한다.
- 추상 함수는 비공개로 선언할 수 없다.

추상 함수는 자식 클래스에 의해 구현돼야 한다. 이는 컴파일 타임 안전성에 부합함을 보장하며 추상 클래스를 확장하는 모든 클래스는 구현해야 한다는 것을 의미한다. 자식 클래스가 구현하지 않는 경우 다른 자식 클래스가 구현할 수 있도록 함수를 추상 함수로 선언해야 한다.

⁝⁝⊳ 인터페이스

인터페이스는 구현할 함수 목록을 제공한다는 점에서 추상 클래스와 다소 유사하다. 인터페이스는 기본적으로 각 클래스가 인터페이스에 정의된 함수를 구현해야 하는 클래스 간의 계약이다. 인터페이스는 interface 키워드로 선언한다. 예를 들어 살펴보자.

```
interface interface_name{
   fun func1()
   fun func2()
}

interface IPrintable {
   fun print()
}
```

인터페이스를 만드는 것은 클래스를 만드는 것과 비슷하다. 인터페이스의 이름은 문자 I로 시작한다. 이는 구문 요구 사항이 아니라 구문이 비슷하기 때문에 클래스와 인터페이스를 구분하는 일반적인 방법이다.

```
class Invoice : IPrintable {
   override fun print() {
      println("Invoice is printed")
   }
}
```

이 예에서 Invoice 클래스는 IPrintable 인터페이스를 구현하고 print 함수를 구현한다. 인터페이스는 특정 기능을 구현하고자 클래스를 요구하는 계약이다. 예를 들어 Invoice 클래스 인터페이스에 송장을 출력하는 기능이 있어야 한다면 버튼이나 체크박스 클래스를 만들 때 click 함수가 없는 버튼은 단지 이미지만 있으므로 IClickable 인터페이스로 버튼 기능을 구현해 버튼이나 체크박스 클래스로 구현할 수 있다.

```
interface Clickable{
   fun click()
}
```

```
class Button : Clickable {
  override fun click() {
    println("Button is clicked")
  }
}

fun main(args: Array<String>) {

  var invoice = Invoice()
  invoice.print()

  var button = Button()
  button.click()
}
```

보다시피 Button 클래스는 click 함수를 구현하고 Invoice 클래스는 print 함수를 구현했다. 인터페이스는 인터페이스에 나열된 함수 서명이 구현됨을 모든 클래스가 보증하도록 명시하는 계약 역할을 한다.

추상 클래스는 추상 함수와 비추상 함수를 둘 다 가질 수 있다. 그러나 인터페이스에 언급된 각 함수는 기본적으로 public이나 abstract이어야 하므로 함수 서명에 abstract 키워드를 사용할 필요가 없다.

다중 인터페이스

코틀린은 다중 상속을 허용하지 않지만 둘 이상의 인터페이스가 있는 클래스는 허용한다. 다중 인터페이스의 개념을 이해하고자 Calculator 클래스의 예를 살펴보자. add, subtract, multiply, divide와 같은 모든 계산기가 수행하는 몇 가지 기본 동작이 있다. 각 연산에 대한 인터페이스를 생성하고 클래스가 원하는 만큼의 인터페이스를 구현하게 할 수 있다.

```kotlin
interface IAdd {
    fun add(a : Int, b : Int)
}

interface ISubtract {
    fun subtract(a : Int, b : Int)
}

interface IMultiply {
    fun multiply(a : Int, b : Int)
}

interface IDivide{
    fun divide(a : Int, b : Int)
}
```

이제 각 클래스는 규칙을 따라야 하며 인터페이스에 정의된 것과 동일한 함수 이름
과 매개변수를 정의해야 한다. 이는 인터페이스의 장점 중 하나다. 클래스는 자체
정의를 제공하는 대신 인터페이스에 언급된 규칙을 따라야 한다. 이제 Calculator
클래스를 만들고 클래스에 하나 이상의 인터페이스를 구현할 수 있다. 이때 인터페
이스의 이름은 쉼표로 구분한다.

```kotlin
class Calculator() : IAdd, ISubtract {

    override fun subtract(a: Int, b: Int) {
        println("$a - $b = ${a-b}")
    }

    override fun add(a: Int, b: Int) {
        println("$a + $b = ${a+b}")
    }
}

fun main(args: Array<String>) {
```

```
    val calc = Calculator()
    calc.add(5, 4)
    calc.subtract(5, 4)
}
```

원하는 만큼의 인터페이스를 추가할 수 있다. 인터페이스는 다른 인터페이스를 확장하고 고유한 함수 정의를 제공할 수도 있다. 다음의 `InterfaceBasicCalculator` 인터페이스는 다른 인터페이스를 확장한다.

```
interface InterfaceBasicCalculator : IAdd, ISubtract, IMultiply, IDivide {
    fun displayMessage()
}
```

클래스가 이 인터페이스를 구현할 때 확장 인터페이스에 정의된 모든 함수를 구현해야 한다.

```
class Calculator() : InterfaceBasicCalculator {
    override fun multiply(a: Int, b: Int) {
    }
    ::::
    override fun displayMessage() {
        println("All functions are implemented")
    }
    :::::
}
```

함수뿐만 아니라 인터페이스도 함수를 구현할 수 있다. Car 클래스에서 구현할 수 있는 `IDriveable`이라는 인터페이스를 만든다. 이 인터페이스에는 MoveForward, tunLeft, turnRight, engineStart와 같은 많은 함수가 있을 수 있다. 간단하게 engineStart와 moveForward라는 두 함수를 정의할 것이다. 이 인터페이스 안에서

172

각 함수를 구현할 것이다. 먼저 startEngine 함수를 구현해보자.

```kotlin
interface IDriveable {
  fun startEngine(){
    println("Engine is ready ...")
  }
  fun moveForward()
}
```

name 프로퍼티를 사용해 Car 클래스를 만들고 IDriveable 인터페이스를 구현한다. startEngine 함수는 IDriveable 클래스에서 이미 구현돼 있으므로 코틀린 컴파일러는 moveForward() 함수 구현에 대한 에러만 발생한다는 점에 유의하자.

```kotlin
class Car(val name : String) : IDriveable {

  override fun moveForward() {
    println("$name is driving on the road")
  }
}
```

함수를 새로 구현해 오버라이딩할 수 있다. 인터페이스에서 이미 구현된 함수를 활용할 수도 있다. super 키워드는 인터페이스에서 함수를 호출하는 데 사용한다.

```kotlin
class Car(val name : String) : IDriveable {

  override fun moveForward() {
    println("$name is driving on the road")
  }

  override fun startEngine() {
    super.startEngine()
    println("Turbo technology is activated ...")
```

```
      }
   }
```

인터페이스 안에서 클래스 프로퍼티를 선언할 수도 있지만 인터페이스에 상태가
포함돼 있지 않으므로 어떤 값도 할당할 수 없다. Car 클래스에서 numberOfDoors라
는 정수 프로퍼티를 추가하고 override 키워드를 사용해 구현한다.

```
interface IDriveable {
   val numberOfDoors : Int
   fun startEngine()
   fun moveForward()
}

class Car(val name : String, override val numberOfDoors: Int) : IDriveable
{
   override fun moveForward() {
      println("$name is driving on the road")
   }

   override fun startEngine() {
      println("Turbo technology is activated ...")
   }
}

fun main(args: Array<String>) {
   val tesla = Car("Tesla" , 4)
   tesla.startEngine()
   tesla.moveForward()
}
```

다음 절에서는 클래스가 둘 이상의 인터페이스를 구현하고 각 인터페이스에 동일한
이름을 가진 함수가 있는 경우 어떻게 되는지 살펴본다.

인터페이스 간 충돌 해결

알다시피 클래스는 하나 이상의 인터페이스를 구현할 수 있다. 두 인터페이스가 동일한 서명을 갖고 있다면 어떻게 될까? 이러한 함수 중 하나를 어떻게 선택할 수 있을까? 이 개념을 이해하고자 fly와 engineStart라는 두 개의 함수로 IFlyable이라는 또 다른 인터페이스를 만든다. engineStart 함수를 구현하고 fly 함수를 다음과 같이 정의할 수 있다.

```
interface IFlyable {
  fun startEngine(){
    println("Jet engine is ready ...")
  }
  fun fly()
}
```

Car 클래스에 IFlyable 인터페이스를 구현해 달리고 날 수 있는 고급 차량을 만든다.

```
class Car(override var numberOfDoors: Int, val name : String) : IDriveable,
IFlyable {

  override fun startEngine() {
  }

  override fun fly() {
    println("$name is ready to fly...")
  }

  override fun moveForward() {
    println("$name is driving on the road")
  }
}
```

IFlyable, IDriveable 인터페이스에는 startEngine이라는 함수가 있다. Car 클래스에서 사용자 정의 함수를 구현할 때는 startEngine 함수에 충돌이 없다. 그러나 인터페이스 중 하나의 함수를 사용하려고 하면 다음과 같이 보일 것이다.

```
override fun startEngine() {
    super.startEngine()
}
```

코틀린은 다음과 같은 에러를 발생시킨다.

```
Many supertypes available, please specify the one you mean in angle brackets,
e.g. 'super<Foo>'
```

인터페이스 이름을 super 키워드와 함께 제공해 함수를 명시적으로 호출해야 한다.

```
override fun startEngine() {
    super<IDriveable>.startEngine()
}
```

super 키워드와 다이아몬드 연산자[3]를 사용함으로써 코틀린은 어떤 함수를 불러야 할지 알 수 있다.

인터페이스와 다형성

앞의 예에서 Car 클래스가 IDriveable, IFlyable 인터페이스를 구현하는 것을 볼 수 있었다. tesla 클래스 객체는 도로에서 달릴 수 있고 하늘을 날 수도 있다.

클래스가 하나 이상의 인터페이스를 구현하더라도 객체를 특정 인터페이스로 제한

---

3. <>로 표시 - 옮긴이

할 수 있다. 비행 객체의 기능을 포함해서는 안 되는 일반 클래스의 인스턴스를 만들고 싶다고 하자. 이를 위해서는 노출시킬 인터페이스의 유형을 정의해야 한다, Toyota라는 객체를 만들고 IDriveable 인터페이스로 선언한 다음 필요한 매개변수와 함께 Car로 초기화한다.

```kotlin
fun main(args: Array<String>) {
    val toyota : IDriveable = Car(4, "Toyota")
    toyota.startEngine()
    toyota.moveForward()
}
```

Car 클래스는 IDriveable 인터페이스를 구현했기 때문에 Car 객체를 만들어 인터페이스 중 하나를 선언할 수 있다. 이는 매우 강력한 특징이다. IDriveable 인터페이스를 열어 클래스 인스턴스는 IDriveable 인터페이스에 구현된 함수에만 접근할 수 있다. IFlyable 인터페이스에서 fly 함수에 접근하려고 하면 코틀린은 컴파일타임 에러를 발생시킨다.

⁝⁝⁞ 오버라이딩

상속은 자식 클래스가 부모 클래스의 모든 함수와 프로퍼티에 접근할 수 있는 방법이다. 그러나 파생 클래스가 이미 파생 클래스에서 제공하는 함수의 고유한 행위를 원하면 어떻게 해야 할까? 이 문제를 이해하려면 name과 age라는 두 개의 프로퍼티와 displayInfo() 함수를 가진 Person 클래스의 간단한 예를 살펴보자.

```kotlin
open class Person(pName: String, pAge: Int) {
    var name    = pName
    var age     = pAge
```

```
    fun displayInfo(){
      println("My name is $name, I am $age old. ")
    }
  }
```

추가 프로퍼티 id, education, institute, name을 사용해 Student라는 다른 클래스
를 만들고 Person 클래스를 상속한다.

```
class Student(name: String, age: Int, id : Int, education : String, institution
: String) : Person(name , age ) {
  var studentID = id
  val institutionName = institution
  val education = education
}
```

Person 클래스의 모든 프로퍼티와 함수는 Student 클래스의 일부다. Person 클래
스와 Student 클래스의 객체를 만들고 displayInfo() 함수를 호출한다.

```
fun main(args: Array<String>) {

  val p = Person(pName = "Jon",pAge = 35)
  p.displayInfo()

  val bob = Student(name = "Bob Peter", age = 25, id = 100,
  education = "Computer programming", institution = "Stockholm University")
  bob.displayInfo()
}
```

이 코드 블록의 출력 결과는 다음과 같다.

```
My name is Jon, I am 35 old.
My name is Bob Peter, I am 25 old.
```

Person 클래스의 출력은 괜찮아 보이지만 Student 클래스의 출력은 예상한 것과 다르다. education, institution, id에 관한 어떠한 정보도 갖고 있지 않기 때문이다. 상위 클래스 함수가 하위 클래스의 요구 사항을 충족시키지 못하면 이를 다시 작성해야 한다.

오버라이딩이란?

하위 클래스에서 상속된 함수를 재정의하는 것을 오버라이딩[Overriding]이라고 한다. 함수 오버라이딩의 목적은 제공된 구현이 충분하지 않기 때문에 파생 클래스가 자체 구현을 제공하게 하는 것이다. 코틀린에서 함수를 오버라이딩하는 몇 가지 규칙이 있다.

- 부모 클래스의 함수를 open으로 선언해야 한다.
- 하위 클래스의 함수는 override 키워드를 사용해야 한다.

Student 클래스에 displayInfo() 함수를 추가하고 print 함수를 사용해 더 많은 정보를 포함시키자. 이는 다음과 같다.

```
open class Person(pName: String, pAge: Int) {
    var name     = pName
    var age      = pAge

    open fun displayInfo(){
        println("My name is $name, I am $age years old.")
    }
}
```

```
class Student(name: String, age: Int, id : Int, education : String, institution
: String) : Person(name , age ) {
  var studentID = id
  val institutionName = institution
  val education = education

  override fun displayInfo() {
    println("My name is $name, I am $age old.\n" + "I am a student of $education
in $institutionName and my ID is $studentID")
  }
}
```

이제 Student 클래스는 모든 프로퍼티가 포함된 자체 displayInfo() 함수를 가진
다. 이 함수는 Person 클래스에 선언된 함수를 오버라이딩한다. Person 클래스는
displayInfo() 함수를 열어야 하고 Student 클래스가 이를 오버라이딩할 수 있다.

```
fun main(args: Array<String>) {

  val p = Person(pName = "Jon",pAge = 35)
  p.displayInfo()

  val bob = Student(name = "Bob Peter", age = 25,
    id = 100, education = "Computer programming", institution = "Stockholm
University")
  bob.displayInfo()
}
```

여기에 표시된 결과는 기대한 것과 비슷하다. Person 객체는 Person 클래스의
displayInfo() 함수를 호출하고, displayInfo() 함수가 오버라이딩돼 Student 클
래스 객체가 자신의 클래스 함수를 호출한다.

```
/Library/Java/JavaVirtualMachines/jdk1.8.0_181.jdk/Contents/Home/bin/java ...
My name is Jon, I am 35 years old.
My name is Bob Peter, I am 25 old.
I am a student of Computer programming in Stockholm University and my ID is 100

Process finished with exit code 0
```

4: Run   6: TODO   9: Version Control   Terminal   0: Messages   Event Log

새로운 구현에서 오버라이딩된 함수는 학생의 education, institute에 대한 추가
정보가 포함돼 있지만 반복되는 코드가 있다. 두 displayInfo() 함수를 비교해보
면 두 함수에 이름과 나이 정보가 표시된다는 것을 알 수 있다. 이는 좋은 프로그래
밍 기술이 아니다. 오버라이딩된 함수가 완전히 다른 구현을 요구하지 않으면 부모
클래스 함수를 자식 클래스로 호출하는 것이 좋다.

super 키워드

super 키워드는 부모 클래스의 함수를 호출하는 데 사용한다. 다음 예에서는 super
키워드를 사용해 Student 클래스에서 displayInfo() 함수를 호출한다.

```kotlin
override fun displayInfo() {
  super.displayInfo()
  println("I am a student of $education in $institutionName and my ID is
$studentID")
}
```

NOTE

상위 클래스를 호출하면 하위 클래스의 기능이 이전과 동일한 출력을 표시한다는 점에 유의하자.

final 키워드

Student 클래스를 상속해 다른 자식 클래스인 Alien을 만들어보자. displayInfo 함수를 오버라이딩하고 메시지 출력을 추가한다.

```kotlin
class Alien (name: String, age: Int, id : Int, education : String, institution
: String): Student(name, age, id, education, institution){
  override fun displayInfo() {
    super.displayInfo()
    println("I know everything")
  }
}

fun main(args: Array<String>) {
  val alien = Alien(name = "Alien eli", age = 225,
  id = 10101, education = "Computer Virus", institution = "Pluto")
  alien.displayInfo()
}
```

Alien 클래스에서 상속할 수 있도록 Student 클래스를 여는 것을 잊지 말자. 그러나 Student 클래스의 displayInfo() 함수와 함께 open 키워드를 추가할 필요가 없음을 알 수 있다. 상위 클래스의 함수가 오버라이딩을 위해 열리면 전체 계층에서 사용할 수 있지만 이 함수를 특정 수준으로 제한할 수 있다. 예를 들어 Student 클래스의 displayInfo() 함수를 마지막 구현으로 설정해 자식 클래스가 이를 오버라이딩할 수 없게 하려면 함수 서명에 final 키워드를 추가하면 된다. Student 클래스 수준에서 displayInfo 함수를 제한해보자.

```kotlin
open class Student(name: String, age: Int, id : Int, education : String,
institution : String) : Person(name , age ) {
  override final fun displayInfo() {
    super.displayInfo()
```

```
        println("I am a student of $education in $institutionName and my ID is
  $studentID")
    }
}
```

Student 클래스의 displayInfo가 final로 선언되는 즉시 코틀린 컴파일러는 Alien 클래스에서 다음과 같은 에러를 발생시킨다.

Kotlin: 'displayInfo' in 'Student' is final and cannot be overridden.

코드를 컴파일하려면 Alien 클래스에서 displayInfo 함수를 제거해야 한다.

NOTE

> final 키워드는 하위 클래스가 함수를 오버라이딩하는 것을 제한하지만 하위 클래스는 여전히 상위 클래스의 함수에 접근할 수 있다.

함수 오버라이딩 규칙

함수 오버라이딩의 주요 장점은 각 클래스가 슈퍼클래스를 수정하지 않고도 상속된 함수를 자체적으로 구현할 수 있다는 것이다. 이는 클래스가 2개 이상의 파생 클래스를 가질 때 유용하다. 자식 클래스가 부모 클래스의 클래스 함수를 자체 구현으로 대체하려는 경우 부모 클래스의 구현을 사용하는 것뿐만 아니라 그렇게 하는 것이 더 자유롭다.

오버라이딩하는 몇 가지 규칙은 다음과 같다.

- 부모 클래스의 함수를 open으로 선언해야 한다.
- 자식 클래스의 함수는 override 키워드를 사용해야 한다.
- 자식 클래스의 함수는 부모 클래스의 함수와 이름이 같아야 한다.

- 자식 클래스의 함수는 부모 클래스와 동일한 매개변수를 가져야 한다.
- 자식 클래스가 함수를 오버라이딩하는 것을 제한하려면 부모 클래스의 함수를 final로 선언해야 한다.

프로퍼티 오버라이딩

코틀린은 새로운 정의를 제공하고자 클래스 프로퍼티를 오버라이딩할 수도 있다. 프로퍼티 오버라이딩은 함수 오버라이딩과 비슷하다. 프로퍼티를 부모 클래스에서 open으로 선언해야 하며 자식 클래스에서 override 키워드를 사용해서 프로퍼티가 우발적으로 오버라이딩되지 않게 해야 한다.

프로퍼티 오버라이딩은 다음과 같은 경우에 가능하다.

- 불변 프로퍼티는 불변 프로퍼티로 오버라이딩될 수 있다.
- 불변 프로퍼티는 가변 프로퍼티로 오버라이딩될 수 있다.
- 가변 프로퍼티는 가변 프로퍼티로 오버라이딩될 수 있다.

val 프로퍼티를 val이나 var 프로퍼티로 오버라이딩할 수 있으며 var 프로퍼티를 다른 var 프로퍼티로 오버라이딩할 수 있지만 var 프로퍼티를 val 프로퍼티로 오버라이딩할 수는 없다.

다음 예를 살펴보자. 읽기 프로퍼티인 name과 info() 함수 하나가 있는 Programming 클래스를 자식 클래스 AdvancedProgramming으로 상속한다.

자식 클래스는 name 프로퍼티을 오버라이딩하고 프로퍼티 유형을 val에서 var로 변경한다.

```
open class Programming (open val name: String){
  open fun info(){
    println("Programming language $name")
```

```
    }
}

class AdvancedProgramming(override var name : String) : Programming(name){
    override fun info(){
        println("Advanced Programming language $name")
    }
}
```

main 함수에서 매개변수 Java를 사용해 Programming 클래스의 객체를 생성할 것이다. 보다시피 name 프로퍼티는 불변으로 선언되며 변경할 수 없다.

```
fun main(args: Array<String>) {

    var programming = Programming("Java")
    // name은 읽기만 가능
    // programming.name = "Kotlin"
    programming.info()

    var advancedProgramming = AdvancedProgramming("Kotlin")
    advancedProgramming.info()

    // name은 읽기/쓰기 가능
    advancedProgramming.name = "Kotlin 2.0"
    advancedProgramming.info()
}
```

AdvancedProgramming 클래스에서 프로퍼티 유형을 오버라이딩해 변경할 때 언제든지 재할당할 수 있다.

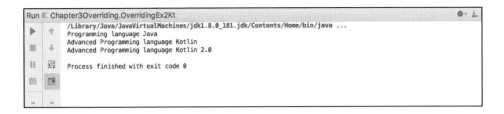

```
Run   Chapter3Overriding.OverridingEx2Kt                                              ✿ ⬩ ⌄
   ▶   ↑    /Library/Java/JavaVirtualMachines/jdk1.8.0_181.jdk/Contents/Home/bin/java ...
            Programming language Java
            Advanced Programming language Kotlin
   ⬛   ↓    Advanced Programming language Kotlin 2.0
   ‖   ⥵    Process finished with exit code 0
   ⬚   ⬚
   ≫   ≫
```

Programming 클래스의 객체는 name 프로퍼티의 값을 변경할 수 없다. 그러나 프로퍼티가 불변으로 오버라이딩됐으므로 자식 클래스의 name 값을 업데이트할 수 있다.

⠿ 상속의 종류

코틀린은 4가지 유형의 상속을 제공한다.

* 단일 상속
* 다중 상속
* 계층 상속
* 계층 다중 상속

각각의 상속 유형을 자세히 알아보자.

단일 상속

단일 상속은 상속의 가장 간단한 형태다. 파생 클래스는 하나의 상위 클래스만 갖는다. 다음 다이어그램에서 클래스 B는 클래스 A에서 파생됐으며 클래스 A는 클래스 B의 슈퍼클래스다. '프로퍼티 오버라이딩' 절의 프로그래밍과 고급 프로그래밍 예는 단일 상속의 예다.

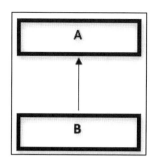

다중 상속

클래스가 이미 다른 클래스에서 파생된 클래스에서 파생된 경우 이 상속을 다중 상속이라고 한다. 이는 적어도 한 클래스가 두 개 이상의 부모 클래스를 갖고 있는 상황을 말한다. 다음 다이어그램에서 볼 수 있듯이 B는 A에서, C는 B에서 파생된다. C는 B의 프로퍼티와 행위뿐만 아니라 클래스 A의 프로퍼티와 행위도 포함하고 있다. 슈퍼클래스인 Person, 파생 클래스인 Employee, 또 다른 파생 클래스인 Programmer를 만들어보자.

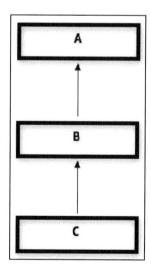

Person 클래스는 하나의 name 프로퍼티와 sleep, speak라는 두 개의 함수를 가진다. Employee 클래스는 Person 클래스에서 모든 것을 상속받는다. 이는 company라는 하나의 프로퍼티와 하나의 행위인 work를 갖고 있다. 마지막으로 Programmer 자식 클래스는 부모 클래스의 모든 행동과 속성을 포함하며 code와 오바라이딩된 sleep이라는 함수가 있다.

```kotlin
open class Person (val name : String){
    fun speak(){
        println("My name is $name")
    }

    open fun sleep(){
        println("I like to sleep 7 hours a day")
    }
}

open class Employee(name: String, val company : String) : Person(name) {
    fun work(){
        println("I work for $company")
    }
}

class Programmer(name: String, company: String) : Employee(name, company){
    fun code(){
        println("Coding is my passion")
    }

    override fun sleep(){
        println("I like to sleep when i get a chance.")
    }
}

fun main(args: Array<String>) {

    val coder = Programmer("Abid", "Kotlin Conf")
```

```kotlin
    coder.speak()
    coder.work()
    coder.code()
    coder.sleep()
}
```

이 코드를 실행하고 함수를 호출해보자.

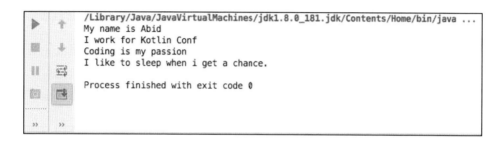
```
/Library/Java/JavaVirtualMachines/jdk1.8.0_181.jdk/Contents/Home/bin/java ...
My name is Abid
I work for Kotlin Conf
Coding is my passion
I like to sleep when i get a chance.

Process finished with exit code 0
```

Person 클래스에는 speak, sleep이라는 두 개의 함수가 있다. Employee 클래스는 Person 클래스에서 두 개의 함수와 work 클래스에서 한 개의 함수를 가진다. Programmer 클래스는 code, sleep이라는 두 개의 자체 함수를 가진다. sleep은 조부모 클래스인 Person 클래스에서 오버라이딩된 함수다.

```kotlin
val coder = Programmer("Abid","Kotlin Conf")
```

함수의 어떤 버전이 호출되는지를 아는 것은 매우 중요하다.

● coder.speak(): coder 인스턴스는 Person 클래스의 speak 함수를 호출한다.

● coder.sleep(): coder 인스턴스는 Programmer 클래스의 sleep 함수를 호출한다.

● coder.work(): coder 인스턴스는 Employee 클래스의 work 함수를 호출한다.

● coder.code(): coder 인스턴스는 Programmer 클래스의 code 함수를 호출한다.

함수가 호출되면 코틀린은 아래에서 위로 검색한다. 계층 구조에서 가장 낮은 클래스를 먼저 찾은 다음 함수를 찾을 때까지 위로 이동한다.

계층 상속

상위 클래스가 여러 하위 클래스에 상속되는 상황을 계층 상속이라고 한다. 이는 다음 다이어그램에 나타나 있는데, 여기서 A는 상위 클래스고 B, C, D는 하위 클래스다. 이 상속 모델에서는 두 개 이상의 클래스가 부모 클래스에서 파생된다.

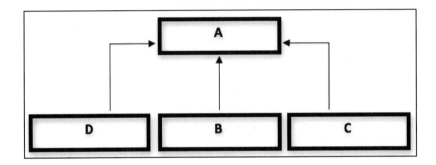

슈퍼클래스인 Person과 두 개의 파생 클래스인 Student와 Employee를 만든다.

```
open class Person (val fName: String, var lName: String, var pAge: Int, val ID
: String) {

    fun speak() {
        println("My name is $fName $lName, my id is $ID and age is $pAge")
    }

    fun greet() {
        println("Hi How are you...")
    }
}

class Student(fName: String, lName: String, pAge: Int, ID: String ):
```

```kotlin
Person(fName,lName,pAge, ID) {

    fun aboutEducation(){
        println("I am a student of Computer Science.")
    }

    fun attendLectures() {
        println("I am studying Introduction to Kotlin lecture.")
    }
}

fun main(args: Array<String>) {
    val bob = Student("Bob", "Peter", 25, "A-123")
    bob.speak()
    bob.greet()
    bob.attendLectures()
    bob.aboutEducation()
}
```

Person 클래스에서는 이름, 성, 나이, id의 4가지 프로퍼티와 두 개의 함수를 가진다. Student 클래스는 Person 클래스의 모든 프로퍼티와 함수를 상속받으며 자체함수도 가진다. 두 클래스 모두 부모 클래스의 프로퍼티를 공유한다.

전체 코드는 다음 깃허브에서 찾을 수 있다.

https://github.com/PacktPublishing/Hands-On-Object-Oriented-Programming-with-Kotlin/tree/master/src/main/kotlin/Chapter03

계층 다중 상속

계층 다중 상속은 상위 클래스가 두 개 이상의 클래스에서 파생되고 하위 클래스 중 하나가 다른 클래스에서 파생되는 것이다. 다음 다이어그램을 살펴보면 A는 D의 상위 클래스이고 D는 E의 상위 클래스다.

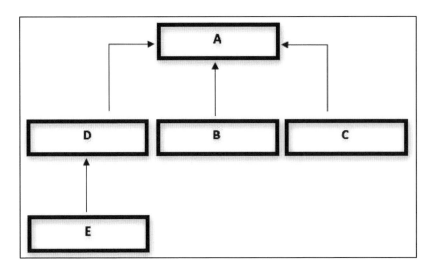

이 상속 종류의 대표적인 예는 Shape 클래스다. 다른 도형들이 우리의 일상 환경을 구성하고 있다. 모든 도형은 구조 때문에 고유하다. 원이나 원통과 같은 일부 도형은 매우 비슷하지만 사각형, 타원형, 삼각형은 서로 완전히 다른 도형이다. 이 예에서는 Shape 클래스에서 파생된 다음 도형을 구현한다.

- 다각형
- 삼각형
- 원형
- 원통형

Shape 클래스의 일반적인 특성은 다음과 같다.

- 도형마다 이름이 있다.
- 각 도형을 그릴 수 있다.
- 각 도형의 면적을 계산할 수 있다.

Shape 클래스 계층 구조를 만들어보자.

1. name 프로퍼티 하나와 draw, getArea 함수 두 개가 있는 Shape 슈퍼클래스를

만든다. shape가 매우 일반적인 개념이고 구현할 도형을 모르기 때문에 함수 본문을 비워둔다. 개념이 일반적인 경우 슈퍼클래스를 추상적으로 만드는 것은 항상 좋은 생각이다. 이는 '추상 클래스' 절에서 더 자세히 설명한다.

```
open class Shape(val sName: String) {
    init {
        println("$sName is drawn ")
    }
    open fun draw() {}
    open fun getArea() = 0.0
}
```

2. Shape 클래스를 상속해 Rectangle이라는 클래스를 만든다. Rectangle 클래스에는 height, width의 프로퍼티 두 개와 오버라이딩된 getArea, draw 함수 및 getPerimeter 함수가 있다.

- **직사각형의 면적:** 면적 = 높이 × 너비
- **사각형의 둘레:** 둘레 = (높이 × 2) + (너비 × 2)

사각형의 둘레는 사각형 가장자리 길이의 합이다. getArea 함수를 오버라이딩해 영역을 계산하고, getPerimeter 함수를 구현해 둘레를 계산하고, draw 함수를 오버라이딩해 계산된 영역을 표시한다.

```
class Rectangle(_width: Double, _height : Double, _sName: String) :
Shape(_sName) {

    var width = _width
    var height = _height

    override fun getArea() = width * height

    private fun getPerimeter() = (width * 2) + (height * 2)
```

```
        override fun draw() {
            println("Area of $sName is ${getArea()} and perimeter is
    ${getPerimeter()}")
        }
    }
```

3. Shape 클래스를 상속해 Triangle이라는 또 다른 클래스를 만든다. Triangle
   클래스의 가장 간단한 형식은 base, height라는 프로퍼티 두 개와 슈퍼클래스
   에서 오버라이딩된 함수 두 개를 가진다.

   삼각형의 면적: 면적 = (밑변 × 높이) / 2

```
    class Triangle(_base: Double, _height: Double, _sName: String) :
    Shape(_sName) {

        var base = _base
        var height = _height

        override fun getArea() = (base * height)/2

        override fun draw() {
            println("Area of the triangle is ${getArea()}.")
        }
    }
```

4. Shape 클래스를 상속해 Circle이라는 클래스를 만든다. Circle 클래스에는 pi
   와 radius라는 두 개의 프로퍼티가 있다. 원의 둘레를 계산하려면 다음 수식을
   사용한다.

   원의 면적 = PI × 반지름 × 반지름

   원의 중심에서 원주상의 임의의 점까지 거리를 반지름이라고 한다.

```
open class Circle (_radius: Double, _sName: String) : Shape(_sName) {

    val PI = 3.1415
    var radius = _radius

    override fun getArea() = PI * radius * radius

    override fun draw() {
        println("Area of the circle is ${getArea()}.")
    }
}
```

다음 클래스 다이어그램을 보자.

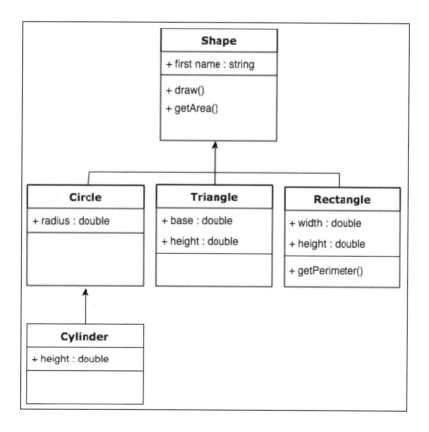

Cylinder 클래스는 바로 위 상위 클래스인 Circle과 그 상위 클래스인 Shape에서 모든 프로퍼티와 함수를 받기 때문에 계층 구조에서 가장 강력한 클래스다. Cylinder 클래스는 height 프로퍼티 하나와 오버라이딩된 함수 draw를 가진다. Cylinder에 대해 다음과 같은 계산 3가지를 수행할 수 있다.

- **실린더에서 원의 면적**: 원의 면적 = PI × 반지름 × 반지름

- **실린더의 부피**: 부피 = 높이 × PI × 반지름 × 반지름

- **실린더의 면적**: 면적 = (2 × PI × 반지름 × 반지름) + (2 × PI × 반지름 × 높이)

Circle 클래스의 getArea() 함수는 원주를 제공한다. 다른 모든 함수와 프로퍼티는 Circle 클래스에서 파생된다.

```
class Cylinder(_radius : Double, _height: Double,_sName: String) :
Circle(_radius, _sName) {

    var height = _height
    override fun draw() {

        var circle = getArea()
        println("Circle of cylinder is $circle")

        var volume = circle * height
        println("Volume of cylinder is $volume")

        var area = (2 * circle) + (2 * PI * radius * height)
        println("Area of cylinder is $area")
    }
}
```

이제 전체 프로그램을 실행할 수 있다. 다음 코드는 다른 종류의 모양을 만들고 각 모양은 상속을 이용한다. 예를 들어 Circle 클래스는 Shape 클래스의 코드를 재사용하지만 Cyliner 클래스는 Circle 클래스를 사용한다.

```
fun main(args: Array<String>) {

    var rectangle = Rectangle(_width = 5.0, _height = 5.0, _sName = "Rectangle")
    rectangle.draw()

    println()
    var triangle = Triangle(_base = 6.0, _height = 5.0, "Triangle")
    triangle.draw()

    println()
    var circle = Circle(_radius = 2.5, _sName = "Circle")

    circle.draw()

    println()
    var cylinder = Cylinder(_radius = 2.5, _height = 4.0, _sName = "Cylinder")
    cylinder.draw()
}
```

is-a 관계

앞으로 더 진행하기 전에 서로 다른 클래스 간의 관계를 찾는 방법을 이해하는 것이 매우 중요하다. Student가 Person에서 상속되거나 Circle이 Shape 클래스에서 상속될 수 있다는 것을 어떻게 알 수 있는가? 설계된 계층 구조가 올바르면, 하위 클래스는 상위 클래스의 유형이어야 하며 두 클래스 사이에 is-a 관계가 있어야 한다. 다음 예를 살펴보자.

- 학생은 사람이다.
- 원은 도형이다.
- 축구선수는 야구선수다.
- 독일 셰퍼드는 개다.
- 소파는 침실이다.

이 예의 대부분은 맞지만 그중 일부는 완전히 거짓이다. 학생은 한 사람의 모든 속성과 행위를 갖기 때문에 "학생은 사람이다"는 맞는 말이다. 학생들은 또한 독특한 특징들을 갖고 있다. 모든 도형은 크기와 색을 갖고 있기 때문에 원도 도형에서 상속될 수 있기 때문에 "원은 도형이다"도 맞는 말이다. 그러나 "소파는 침실이다"는 다른 의미며, "축구선수는 야구선수다"도 마찬가지로 정확하지 않다. 두 게임이 완전히 다르기 때문이다.

상속과 클래스가 잘 설계된 경우 상속된 모든 클래스는 부모 클래스의 한 유형이다. 클래스 B가 A에서 상속되면 B는 A 유형이다. Circle이 Shape 클래스에서 상속되므로 원은 Shape 유형이다. 클래스 C가 B에서 상속되고 B가 A에서 상속된 경우 C에는 A와 B가 가진 모든 함수를 가진다. Cylinder는 Circle에서 상속되고 Circle은 Shape에서 상속된다. 따라서 Cylinder는 Circle뿐만 아니라 Shape의 한 유형이다.

기억해야 할 중요한 점은 상속은 항상 한 방향으로 작용한다는 것이다. Student는 Person 클래스를 상속한다. 즉, 모든 학생은 사람이다. 이것은 일방적인 관계다. 모든 사람이 학생은 아니기 때문에 다른 방향으로는 적용되지 않는다. 마찬가지로 모든 개는 동물이지만 모든 동물이 개는 아니다. 이런 이유 때문에 개는 동물 클래스에서 물려받을 수 있지만 동물은 개 클래스에서 상속할 수 없다.

⁑ 다형성

객체지향 프로그래밍에서 다형성^{Polymorphism}은 함수를 호출하는 객체의 종류에 따라 함수가 다르게 동작하는 개념이다. 다형성의 개념을 이해하고자 Shape 클래스 예를 계속 사용할 것이다. 모든 모양에는 종류와 치수가 제각각이지만 모든 모양은 화면에 그릴 수 있다. Circle 클래스가 draw 함수를 호출하면 영역을 계산하고 그린다. 마찬가지로 Triangle 클래스가 draw 함수를 호출하면 높이를 계산해 그린다. 다른 클래스도 마찬가지다. 다형성의 기본 개념은 draw 함수가 다른 모양을 표시할 수 있으며 프로그램 실행 시 호출할 함수의 모양을 결정할 수 있다는 것이다. 코틀린에서 사용되는 다형성에는 여러 종류가 있다. 이 절에서는 상속 기반 다형성을 살펴본다. 이 기본 개념은 기본 클래스가 함수를 정의할 수 있으며 파생 클래스가 자체 정의를 제공해 함수를 오버라이딩할 수 있다는 것이다.

다형성의 작동 원리

다형성을 이해하고자 클래스의 일반적인 인스턴스를 만든다. 변수를 만들고 새 사각형 객체를 할당한다.

```
var rectangle : Rectangle = Rectangle(5.0 , 5.0, "Rectangle")
rectangle.draw()
```

여기에서 중요한 점은 rectangle 변수가 Rectangle 유형이고 생성된 객체 또한 Rectangle이기도 하다는 것이다. 참조와 객체는 모두 동일하다. 원하는 만큼 rectangle 변수에 새로운 Rectangle 객체를 재할당할 수 있다.

```
rectangle = Rectangle(10.0 , 7.0, "Another Rectangle")
rectangle.draw()
```

그러나 Circle 클래스 객체를 rectangle 변수에 할당할 수는 없다. 그렇게 하면 코틀린은 형식 불일치 에러를 발생시킨다.

```
rectangle = Circle(2.5, "Circle")
Type mismatch: inferred type is Circle but Rectangle was expected
```

그러나 다형성에서는 참조 변수와 객체가 다른 유형일 수 있다. 다형성은 슈퍼클래스의 참조에 자식 클래스의 객체를 할당할 수 있게 해준다.

```
var anyShape : Shape = Rectangle(5.0, 9.0, "Rectangle")
anyShape.draw()
```

상위 클래스의 참조가 선언되면 참조 유형 클래스를 확장하는 클래스의 모든 객체를 해당 변수에 할당할 수 있다. 이 예에서는 anyShape가 Shape 클래스의 참조며 Rectangle 클래스가 Shape 클래스를 상속하므로 Rectangle 클래스 객체를 anyShape에 할당할 수 있다.

다음 예를 실행하고 다형성의 편리함을 알아보자.

```
var anyShape : Shape = Rectangle(5.0, 5.0, "Rectangle")
anyShape.draw()
anyShape = Circle(2.5,"Circle")
anyShape.draw()
```

Rectangle 객체를 Shape 참조에 할당하고 draw 함수를 호출한다. Rectangle 클래스의 draw 함수가 호출될 것이다. 이제 Shape 클래스 참조를 Circle 클래스 객체로 재할당한다. 이번에는 Circle 클래스의 draw 함수를 자동으로 실행한다. 다음 예는 이를 더 명확하게 할 것이다. Shape 유형의 목록을 선언하고 Shape 클래스를 상속한 다른 객체의 목록으로 초기화한다.

```
val shapes : MutableList<Shape> = mutableListOf(triangle, circle,
rectangle, cylinder).
```

Shape 목록을 반복하며 draw 함수를 호출한다. 각 도형의 자체 draw 함수를 호출한다.

```
for (shape in shapes){
```

```
        shape.draw()
    }
```

선이나 둔각 삼각형과 같은 새로운 도형을 추가하더라도 간단히 목록에 추가할 수 있고 다형성 기법으로 나머지를 처리할 수 있다.

```
fun main(args: Array<String>) {

    var rectangle = Rectangle(_width = 5.0, _height = 5.0, _sName = "Rectangle")
    var triangle = Triangle(_base = 6.0, _height = 5.0, _sName = "Triangle")
    var circle = Circle(_radius = 2.5, _sName = "Circle")
    var cylinder = Cylinder(_radius = 2.5, _height = 4.0, _sName = "Cylinder")

    val shapes : MutableList<Shape> = mutableListOf(triangle, circle)

    for (shape in shapes){
        shape.draw()
    }

    shapes.add(rectangle)
    shapes.add(cylinder)

    for (shape in shapes){
        shape.draw()
    }
}
```

다형성을 더 자세히 알아보자.

동적 바인딩

지연late이나 동적 바인딩dynamic binding이라고도 하는 런타임 다형성은 런타임에 호출할 함수를 결정하는 데 사용된다. 슈퍼클래스의 변수가 자식 클래스의 객체로 초기화되고 자식 클래스가 오버라이딩돼 자체 함수 정의를 제공하면 컴파일러는 어떤 객체 유형이며 어떤 함수를 호출해야 하는지를 예측할 수 없다. Shape 목록 변수에 도형의 목록을 할당하는 경우에도 어렵다.

```
val shapes : MutableList<Shape> = mutableListOf(triangle,circle)
for (shape in shapes){
    shape.draw()
}
```

컴파일러가 컴파일 타임에 바인딩을 해결할 수 없는 경우 나중에 프로그램이 실행될 때 결정된다. 이 기술을 지연 바인딩 또는 동적 바인딩이라고 한다. 오버라이딩 함수에 대한 모든 호출은 런타임에 동적 바인딩되고 해결된다. 무작위로 삽입된 객체 목록이 list 변수에 전달되면 컴파일러는 목록에서 도형을 인식할 수 없으므로 런타임에 호출할 함수를 결정한다.

⁝⁝ 요약

3장에서는 상속, 캡슐화, 다형성, 추상화의 4가지 객체지향 프로그래밍 요소를 살펴봤다. 상속과 소프트웨어 개발의 이점에서 시작해 서로 다른 유형의 상속과 구현을 살펴봤다. 또한 오버라이딩과 캡슐화의 개념도 살펴봤으며 함수형 프로그래밍이 고급 애플리케이션 개발에 적합하지 않음을 알아봤다. 그런 다음 추상화와 장점을 자세히 알아보고 인터페이스의 개념을 살펴봤다. 4장에서는 코틀린 언어를 독특하게 만드는 클래스와 관련된 고급 개념을 살펴본다.

⁖ 질문

1. 상속이란?

2. 캡슐화는 깨끗한 코드를 쓰는 데 왜 도움이 되는가?

3. 접근 제한자란?

4. 코틀린은 몇 가지 종류의 상속을 제공하는가?

5. 다형성과 동적 바인딩이란 무엇인가?

6. 추상 클래스는 왜 중요한가?

⁖ 참고 도서 목록

가스통 힐라Gastón C. Hillar의 『Learning Object-Oriented Programming』(Packt, 2015):
https://www.packtpub.com/application-development/learningobject-oriented-
programming

알렉세이 소신Alexey Soshin의 『Hands-on Design Patterns with Kotlin』(Packt, 2018):
https://www.packtpub.com/application-development/hands-designpatterns-
kotlin

04

클래스: 고급 개념

4장은 객체지향 프로그래밍 시리즈의 마지막 장으로, 여기서는 좀 더 진보된 개념을 살펴본다. 코틀린은 객체지향 개념을 구현하기 위한 길고 복잡한 코드를 작성해야 하는 기존 프로그래밍 언어와 달리 깔끔하고 편리하며 간결한 방법을 제공한다.

4장에서는 봉인된 클래스sealed class[1]와 열거형enumeration을 살펴본다. 또한 싱글톤 singleton이 무엇이며 정적 함수static function 대신 컴패니언companion 객체[2]를 사용하는 방법 을 알아본다. 그런 다음 구성composition과 집합aggregation의 중요한 주제를 살펴보고 코틀린이 애플리케이션 개발을 개선하는 방법을 알아보고자 클래스 프로퍼티와 위임 을 살펴본다.

4장에서는 다루는 내용은 다음과 같다.

- 봉인된 클래스와 열거형
- 객체와 컴패니언 객체

---

1. 봉인된 클래스(sealed class)는 더 이상 상속을 할 수 없는 클래스를 의미한다. – 옮긴이
2. 동반 객체라고도 하는데, 이 책에서는 컴패니언 객체라 하겠다. – 옮긴이

- 구성과 중첩 클래스
- 프로퍼티
- 위임 프로퍼티
- 기본 제공 위임

기술적 요구 사항

이 장에서는 인텔리제이 IDEA 외에 다른 것은 필요 없다.

이 장의 코드는 다음 깃허브 링크에서 다운로드할 수 있다.

https://github.com/PacktPublishing/Hands-On-Object-Oriented-Programming-with-Kotlin/tree/master/src/main/kotlin/Chapter04

봉인된 클래스와 열거형 클래스

지금까지는 일반 클래스와 추상 클래스를 포함해 다양한 유형의 클래스를 살펴봤다. 클래스 작성의 주목적은 다른 클래스가 서로를 확장하고 코드 재사용성과 유지 보수성을 최대한 활용하는 것이다. 이러한 클래스는 애플리케이션의 어느 부분에서나 호출해 사용할 수 있다. 예를 들어 클래스 A가 File1.kt 파일에서 선언되고 클래스 B가 File2.kt 파일에서 선언된 경우 클래스 B나 다른 클래스는 클래스 A를 상속할 수 있다. 이는 일반적인 것이며 상속이라고 한다. 그러나 코틀린은 상속에 제한을 두는 다른 종류의 클래스를 제공한다. 이러한 클래스를 봉인된 클래스^{sealed class}라고 한다.

206

봉인된 클래스

모든 봉인된 클래스는 sealed 키워드로 지정되며 클래스 본문 안에서 선언할 수 있는 클래스 집합으로 제한된다. 다음은 봉인된 클래스의 예다.

```
sealed class A(val number : Int) {
  class B(n: Int) : A(n) {
    fun display() { println("number = $number" ) }
  }

  class C(n: Int) : A(n){
    fun square() { println("Square = "+ number * number) }
  }
}
```

class A는 봉인된 클래스며 class B, class C는 class A에서 상속된 클래스다. 코틀린 1.1 이전에는 봉인된 클래스 내부에서 자식 클래스를 선언하는 것이 선언의 유일한 방법이었다. 그러나 앞의 예에서와 같이 class C가 class A를 상속하는 것처럼 클래스 바깥쪽에서 봉인된 클래스를 상속할 수 있다. 봉인된 클래스와 자식 클래스는 모두 같은 파일에서 선언돼야 한다.

```
class D(n: Int) : A(n){
  fun cube(){ println("number = " + number * number * number ) }
}

fun main(args: Array<String>) {
  var b = A.B(1)
  b.display()
  var c = A.C(2)
  var d = D(3)
}
```

봉인된 클래스 본문 안에서 선언된 클래스의 객체를 선언하면 봉인된 클래스 외부에서 선언된 클래스의 객체를 선언하는 것처럼 깔끔하지 않다.

```
var c = A.C(2)
var d = D(3)
```

그러나 2가지 방법 모두 잘 동작한다.

when절과 봉인된 클래스

봉인된 클래스와 그 자식 클래스는 when 블록을 사용할 때 매우 편리하다. 이 개념을 이해하려면 봉인된 class A를 매개변수로 하는 status 함수를 만들어보자.

```
fun status(a: A) {
  when (a) {
    is A.B -> a.display()
    is A.C -> a.square()
    is D -> a.cube()
  }
}
```

status 함수는 class A 하나를 매개변수로 가지며 클래스 유형에 따라 전환되는 when 블록을 가진다. status 함수가 호출되면 코틀린은 객체 유형을 확인하고 스마트 형 변환을 수행한다. 코틀린 컴파일러는 이것들이 모두 봉인된 클래스에 의해 다뤄지는 것들이라는 것을 알아낼 수 있기 때문에 서명의 끝 부분에 else를 사용하지 않는다.

어떤 이유로든 모든 경우의 수를 제공하지 않거나 선택 사항을 제거하려는 경우 else절을 넣을 수 있다.

```
fun status(a: A) {
  when (a) {
    is A.B -> a.display()
    is A.C -> a.square()
    else -> {
      println("unknown")
    }
  }
}
```

봉인된 클래스가 필요한 이유

봉인된 클래스는 제한된 기능 집합이 필요하며 다른 클래스가 이 세트의 일부가
될 수 없는 상황을 위해 설계됐다. 예를 들어 몇 개의 단계가 포함된 주문 배달
서비스 애플리케이션을 만든다고 해보자.

1. 주문은 창고에서 받는다.

2. 고객에게 주문이 발송된다.

3. 주문이 고객에게 전달된다.

item 프로퍼티를 가진 Order 클래스를 만든다.

```
class Order(val item : String)
```

Order 프로퍼티 하나를 가진 봉인된 클래스 OrderDelivery를 만든다. 그런 다음
각각 세 단계 중 하나를 나타내는 세 개의 하위 클래스를 만든다.

```
sealed class OrderDelivery(val order : Order)
```

```
class ReceivedAtDepot(val depotName : String, order: Order) :
OrderDelivery(order)

class Dispatched(var truckId : String, var driverName : String, order: Order) :
OrderDelivery(order)

class Delivered(var destination : String, var isDelivered : Boolean, order:
Order) : OrderDelivery(order)
```

현재 주문 배송의 상태를 볼 수 있는 orderStatus 함수를 when식으로 만든다.

```
fun orderStatus(delivery: OrderDelivery) {
  when (delivery) {
    is ReceivedAtDepot -> println("${delivery.order.item} is received at
${delivery.depotName} depot.")
    is Dispatched -> println("${delivery.order.item} is dispatched, Truck ID
is ${delivery.truckId} and driver is ${delivery.driverName}")
    is Delivered -> println("${delivery.order.item} delivered at
${delivery.destination}.\n"+ "Delivery to customer =
${delivery.isDelivered}.\n")
  }
}
```

main 함수에서 주문을 작성해 ReceivedAtDepot 클래스로 전달한다. 차량과 운전자 정보를 가진 Dispatched 클래스 객체를 만들고 주문을 고객에게 전달한다. 주문이 올바른 주소로 배달되면 배송 상태를 업데이트한다. 다형성을 사용해 전달 상태 목록을 작성하면 orderStatus 함수에 하나씩 전달할 수 있다.

```
fun main(args: Array<String>) {

  var book = Order("OOP in Kotlin Book")
  var atDepot = ReceivedAtDepot(depotName = "Stockholm City", order = book)
```

```
    var dispatched = Dispatched(truckId = "AXV-122", driverName = "Logan", order
= book)
    var delivered = Delivered(destination = "?lvsj? kommun", isDelivered = true,
order = book)

    var orderDeliverySteps = listOf(atDepot, dispatched, delivered)

    for (step in orderDeliverySteps) {
        orderStatus(step)
    }

    var knife = Order("Kitchen knife set")
    atDepot = ReceivedAtDepot(depotName = "Stockholm City", order = knife)
    dispatched = Dispatched(truckId = "JVY-354", driverName = "Peter Parker",
order = knife)
    delivered = Delivered(destination = "Stockholm city", isDelivered = true,
order = knife)

    orderDeliverySteps = listOf(atDepot, dispatched, delivered)

    for (step in orderDeliverySteps) {
        orderStatus(step)
    }
}
```

main 함수는 2개의 주문을 갖고 있으며 각각의 주문 상태를 나타낸다. 다양한 클래스의 인스턴스를 포함하는 OrderDeliverySteps 목록이 있다. orderStatus 함수는 상위 클래스를 매개변수로 주문 관련 정보를 표시한다.

열거형 클래스

코틀린에서 열거형 클래스는 봉인된 클래스와 비슷하지만 열거형 클래스의 모든 값이 같은 유형이라는 점만 다르다. 열거형 클래스는 몇 개의 색상이나 요일과 같은 결과가 작은 집합을 나타낼 때 유용하다.

열거형 클래스의 몇 가지 예를 만들고 어떻게 작동하는지 살펴보자.

```
enum class Color {
    RED,
    GREEN,
    BROWN,
    YELLOW
}
```

enum 키워드는 열거형 클래스를 선언하는 데 사용한다. 각 값은 쉼표로 구분된 목록으로 선언할 수 있다.

열거형 클래스의 각 값은 열거형 클래스의 이름을 사용해 접근할 수 있다. 앞의 예에서 볼 수 있듯이 enum Color에는 4가지 색상이 있다. 구성원 name과 ordinal 프로퍼티를 사용해 각 색상의 이름과 값에 접근할 수 있다.

```
fun main(args: Array<String>) {
    println(Color.RED)
    println(Color.RED.name)
    println(Color.RED.ordinal)
}
```

이 예의 출력 결과는 다음과 같다.

```
RED
RED
0
```

name의 출력은 RED이고 ordinal은 0인 것에 유의하자. 이는 열거형 클래스의 각 멤버는 0부터 시작하는 기본값을 포함하고 있기 때문이다. 녹색의 기본값은 1이고

212

갈색은 2이고 노란색은 3이다.

문자열 형식의 구성원 name과 함께 valueOf 함수를 사용해 열거형 변수를 만들수 있다. name과 ordinal 프로퍼티를 사용해 이름과 값에 액세스할 수 있다.

```
fun main(args: Array<String>) {
    val color = Color.valueOf("GREEN")
    println(color.name)
    println(color.ordinal)
}
```

valueOf 함수가 열거형에서 이름을 찾을 수 없다면 코틀린이 예외를 던질 것이라는 것을 기억해야 한다. 다음 절에서는 열거형 클래스와 생성자를 살펴본다.

생성자를 가진 열거형 클래스

열거형 클래스의 각 멤버는 0부터 시작하는 정수 값을 포함하지만 코틀린은 생성자를 사용해 선택한 값을 할당할 수 있다.

```
enum class Week(val value: Int) {
    MONDAY(2 ), TUESDAY(4), WEDNESDAY(6), THURSDAY(8), FRIDAY(10), SATURDAY(12),
SUNDAY(14)
}
```

열거형 클래스 Week에는 정수 프로퍼티 한 개를 가진 생성자가 있다. 열거형 클래스의 각 멤버는 초깃값을 가져야 한다.

```
fun main(args: Array<String>) {
    val week = Week.valueOf("TUESDAY")
    println("Item type: " + week)
```

```
    println("Name: " + week.name)
    println("Value: " + week.value)
  }
```

week 열거형 값의 다른 값을 할당해 출력을 확인하자.

앞 예의 결과는 다음과 같다.

```
Item type: TUESDAY, Name: TUESDAY, Value: 4
```

열거형 클래스와 함수

열거형 클래스가 프로퍼티를 가질 수 있는 것처럼 함수도 가질 수 있다. 미국 각 주의 토지 면적을 저장할 수 있는 애플리케이션을 만들어보자.

```
enum class US (val totalArea : Double, val landArea : Double) {
    NEWYORK      (141_297.0, 122_057.0),
    VIRGINIA     (110_787.0, 102_279.0),
    HAWAII       (28_313.0, 16_635.0),
    NEWJERSEY    (22_591.0, 19_047.0);

    fun getWaterArea() = totalArea - landArea
}
```

코틀린에서 세미콜론을 사용하지는 않지만 열거형 클래스에 하나 이상의 프로퍼티와 생성자가 포함돼 있으면 세미콜론을 목록 끝에 추가해야 한다. 열거형 클래스 US에는 여러 가지 상태가 포함돼 있으며 각 상태에는 토지와 전체 면적에 대한 정보가 들어 있다. 열거형 클래스는 각 주의 수역에 대한 정보를 반환하는 getWaterArea 함수를 갖고 있다.

```
fun main(args: Array<String>) {

    println("Square kilometer")
    for (state in US.values()){
        println("$state state's total area is ${state.totalArea} and " +
            "Land area is ${state.landArea}" )
        println("Water area " + state.getWaterArea())
    }
}
```

`values()` 함수를 사용해 모든 상태의 목록을 가져와 화면에 반복적으로 정보를 출력한다.

```
Square kilometer
NEWYORK state's total area is 141297.0 and Land area is 122057.0
Water area 19240.0
VIRGINIA state's total area is 110787.0 and Land area is 102279.0
Water area 8508.0
HAWAII state's total area is 28313.0 and Land area is 16635.0
Water area 11678.0
NEWJERSEY state's total area is 22591.0 and Land area is 19047.0
Water area 3544.0

Process finished with exit code 0
```
Convert concatenation to template   21:1 LF÷ UTF-8÷ Git: dev÷

열거형 클래스와 인터페이스

열거형 클래스는 일반 클래스처럼 인터페이스도 구현할 수 있다. 이 경우 열거형 클래스의 각 멤버는 인터페이스에 언급된 각 함수 서명의 함수 본문을 제공해야 하는 책임을 진다.

하나의 함수 show()를 사용해 printable 인터페이스를 만든다. 열거형 클래스인 NEWS를 만들고 printable 인터페이스를 구현한다.

```
interface printable {
    fun show()
}
```

```kotlin
enum class NEWS : printable {

    NORTH {
        override fun show() {
            println("Can you explain to me what summer is")
        }
    }, EAST {
        override fun show() {
            println("Can you explain to me what cold is")
        }
    }, WEST {
        override fun show() {
            println("I know what winter and summer are")
        }
    }, SOUTH {
        override fun show() {
            println("Oh .. its humid here...")
        }
    }
}
```

보다시피 각 열거형 멤버는 오버라이딩 함수인 show를 구현했다.

main 함수에서 열거형 클래스를 호출하고 출력을 확인한다.

```kotlin
fun main(args: Array<String>) {

    var item = NEWS.valueOf("EAST")
    item.show()

    item = NEWS.valueOf("SOUTH")
    item.show()
}
```

열거형 클래스의 각 항목은 다음 메시지에서 볼 수 있는 것처럼 적절한 메시지를
표시한다.

```
Can you explain to me what cold is
 Oh .. its humid here...
```

⫶ 객체와 컴패니언 객체

싱글톤[singletion]이라는 용어는 애플리케이션 수명 주기 동안 클래스가 하나의 인스턴
스만 갖는 것을 말한다. 이 인스턴스는 모든 함수와 클래스에서 전역적으로 사용할
수 있다. 자바나 다른 프로그래밍 언어에 비해 코틀린은 object 키워드를 사용해
싱글톤 클래스를 더 쉽게 만들 수 있다.

```
object singletonClassName {
  properties
  fun function(){
    function body
  }
}
```

싱글톤 클래스는 다른 일반 클래스와 비슷하다. 프로퍼티와 함수를 가지며 인터페이
스를 구현할 수 있다. 그러나 이 클래스를 독특하게 만드는 몇 가지 요소가 더 있다.

- object 키워드는 클래스 선언에 사용된다.
- 이 클래스의 인스턴스를 만들 수 없다.
- 이 클래스로 생성자를 선언할 수 없다.

count 프로퍼티와 clickMe 함수를 가진 Button 클래스의 예를 살펴보자.

```
object MyButton {
    var count = 0
    fun clickMe() {
        println("I have been clicked ${++count} times")
    }
}
```

object 키워드는 2가지 중요한 작업을 수행한다. 먼저 MyButton 클래스를 만든 다음 이 클래스의 단일 인스턴스를 만든다. 이 인스턴스는 클래스 이름을 사용해 액세스할 수 있다.

```
fun main(args: Array<String>) {
    MyButton.clickMe()
    MyButton.clickMe()
}
```

clickMe() 함수에 대한 첫 번째 호출은 카운트를 증가시키고 메시지를 표시한다. clickMe() 함수에 대한 두 번째 호출도 동일하게 수행되지만 클래스의 인스턴스가 이미 생성됐으므로 카운트는 2로 표시한다.

이를 명확하게 하고자 2개의 다른 함수를 만들고 clickMe() 함수를 호출해보자.

```
fun click03() {
    MyButton.clickMe()
}

fun click04() {
    MyButton.clickMe()
}

fun main(args: Array<String>) {
```

```
    MyButton.clickMe()
    MyButton.clickMe()
    click03()
    click04()
}
```

MyButton 객체와 click03, click04 함수를 사용해 clickMe 함수를 호출한다.
다음 출력을 살펴보자.

```
I have beean clicked 1 times
I have beean clicked 2 times
I have beean clicked 3 times
I have beean clicked 4 times
```

앞서 언급한 것처럼 이 클래스는 전역으로 접근할 수 있는 인스턴스 하나만 만든다.
먼저 main에서 clickMe 함수를 호출한 다음 click03과 click04라는 다른 함수 2개
를 사용해 간접적으로 호출한다. 매번 동일한 인스턴스가 사용되기 때문에 count
함수는 호출 때마다 증가한다. 다음 절에서는 상속과 인터페이스가 함께 있는 객체
클래스가 어떻게 작동하는지 살펴본다.

상속과 인터페이스가 함께 있는 객체 클래스

일반 클래스와 마찬가지로 객체 클래스도 상속의 이점을 최대한 활용할 수 있다.
객체 클래스에 의해 확장될 수 있는 정상적인 부모 클래스를 만들 수 있다. 다음
예에는 callMySingleton 함수 하나가 있는 Parent 클래스가 있다. 또한 Parent
클래스를 확장하는 MySingleton 객체 클래스가 있다.

MySingleton 클래스가 callMySingleton() 함수를 오버라이딩한다.

```
open class Parent {
  open fun callMySingleton(){
    println("Parent class is called")
  }
}

object MySingleton : Parent() {
  override fun callMySingleton(){
    super.callMySingleton()
    println("my Singleton class is called")
  }
}
```

main 함수에서 객체 클래스의 단일 인스턴스를 사용해 멤버 함수를 호출하고 출력
을 확인한다. 객체 클래스는 super 키워드를 사용해 상위 클래스의 함수를 호출한
다음 화면에 결과를 출력한다.

```
fun main(args: Array<String>) {
  MySingleton.callMySingleton()
}
```

출력 결과는 다음과 같다.

```
Parent class is called
my Singleton class is called
```

또한 객체 클래스는 인터페이스를 구현할 수 있다. 다음 예는 buttonInterface에
선언된 함수의 구현을 제공하는 MyButton 클래스를 보여준다.

```
interface buttonInterface {
```

```
    fun clickMe()
}

object MyButton : buttonInterface {
  var count = 0
  override fun clickMe() {
    println("I have been clicked ${++count} times")
  }
}

fun main(args: Array<String>) {
  MyButton.clickMe()
  MySingleton.callMySingleton()
}
```

컴패니언 객체

자바와 C#을 포함한 다른 프로그래밍 언어를 사용하면 정적 변수와 정적 함수를 사용할 수 있다. 클래스 객체를 만들지 않고 함수를 액세스할 수 있어야 할 때 함수를 정적으로 선언할 수 있다. 그러나 코틀린은 변수나 함수에 **static** 키워드를 제공하지 않는다. 대신 정적 함수나 변수를 선언하고자 클래스 안에 컴패니언 객체 companion object를 추가할 수 있다.

컴패니언 객체를 선언하는 방법을 살펴보자.

Parent라는 일반 클래스를 만든다. **class** 본문 안에서 **companion** 객체를 선언한다.

```
class Parent {

  companion object {

    const val count = 10
```

```kotlin
        fun companionFunction() {
            println("I am your companion")
        }
    }

    fun getCompanions(){
        companionFunction()
    }

    fun memberFunction(){
        println("I am your member function")
    }
}
```

companion 객체 내에 선언된 각 함수와 변수는 정적으로 동작한다. companion 객체는 main 클래스의 모든 멤버 함수와 변수에 직접 액세스할 수 main 클래스의 동반자임을 알린다.

Parent는 클래스 인스턴스를 만들어 자체 함수에 액세스할 수 있는 일반 클래스다. 그러나 컴패니언 객체의 멤버에 액세스하려면 Parent 클래스의 인스턴스를 만들 필요가 없다. 컴패니언 객체의 맴버들은 클래스 이름을 참조로 사용해 직접 액세스할 수 있다.

```kotlin
fun main(args: Array<String>) {
    Parent.companionFunction()
    println(Parent.count)

    val obj = Parent()
    obj.memberFunction()
    obj.getCompanions()
}
```

CompanionFunction이 메시지를 출력하고 Parent.count는 count 변수의 값을 표시한다. 가장 중요한 점은 getCompanions 함수로서 이 함수를 컴패니언 객체에서 호출할 수 있다.

```
/Library/Java/JavaVirtualMachines/jdk1.8.0_181.jdk/Contents/Home/bin/java ...
I am your companion
10
I am your member function
I am your companion

Process finished with exit code 0
```
Compilation completed successfully with 2 warnings in 7s 98ms (a minute ago)   6:1   LF≑   UTF-8≑   Git: dev≑

보다시피 obj는 memberFunction()을 호출할 수 있는 Parent 클래스의 인스턴스다. 컴패니언 객체의 모든 멤버는 Parent 클래스의 이름을 사용해 직접 액세스할 수 있다. 클래스 본문에서는 컴패니언 클래스 함수를 호출하는 경우 클래스 이름을 참조로 사용할 필요가 없다. Parent 클래스 본문의 getCompanions() 함수는 클래스 이름을 사용하지 않고 companionFunction()을 호출한다.

또한 컴패니언 객체에 이름을 할당할 수 있다. 이는 코드의 가독성을 향상시키는 것 외에 다른 차이는 없다. 그러나 코틀린이 컴패니언 객체에 이름을 할당할 수 있다고 해서 같은 클래스에 다른 이름으로 다른 컴패니언 객체를 선언할 수 있는 것은 아니다. 코틀린은 클래스당 하나의 컴패니언 객체만 허용한다.

```kotlin
class Parent {
  companion object Static {
    const val count = 10
    fun companionFunction() {
      println("I am your companion")
    }
  }
}
```

컴패니언 함수와 인터페이스

인터페이스는 일반, 객체 클래스뿐만 아니라 컴패니언 객체로 구현할 수 있다. 어떻게 이 작업을 할 수 있는지 살펴보자.

1. name과 id라는 프로퍼티 2개와 EmployeeInterface라는 인터페이스를 가진 Employee 클래스를 만들고 add 함수를 추가한다.

```kotlin
data class Employee(val name: String, val id: Int)

interface EmployeeInterface{
   fun create(name: String, id: Int) : Employee
}

class EmployeeFactory {
   companion object : EmployeeInterface{
      override fun add(name:String, id: Int): Employee {
         return Employee(name,id)
      }
   }
}
```

이 함수는 변수 2개를 사용해 Employee 객체를 반환한다.

2. 클래스 EmployeeFactory를 만들고 컴패니언 객체에 인터페이스를 구현한다. EmployeeInterface에 선언된 add 함수의 구현을 제공한다.

```kotlin
fun main(args: Array<String>) {
   val emp1 = EmployeeFactory.add("Abid",1);
   val emp2 = EmployeeFactory.add("Igor",2);

   println(emp1)
   println(emp2)
}
```

이제 EmployeeFactory 클래스를 사용해 컴패니언 객체의 add 함수를 호출하고 employee 객체를 성공적으로 가져올 수 있다. 각 객체를 화면에 인쇄해 확인한 다. 출력 결과는 다음과 같다.

```
Employee(name= Abid, id=1)
Employee(name= Igor, id=2)
```

⫸ 집합, 구성, 중첩 클래스

클래스가 다른 클래스를 상속할 때 그 자식 클래스를 부모 클래스의 일종이라고 말한다. 예를 들어 자동차가 차량 클래스의 장점을 가진다면 자동차는 일종의 차량 이라고 말할 수 있다. 상속에서 클래스는 항상 is-a 관계를 갖는다. 이 절에서는 클래스가 has-a 관계를 대신하는 객체지향 프로그래밍과 관련된 중요한 주제 2가지를 설명한다. 이러한 개념은 집합aggregation과 구성composition이다. 먼저 집합을 살펴보자.

집합

객체가 본문에 다른 객체를 포함할 때 객체 간의 관계를 **집합**이라고 한다. 이는 하나의 객체가 다른 객체에 완전히 의존하지 않는 두 객체 간에 느슨하게 결합된 관계다. 다음 예를 살펴보자.

- 방에 의자가 있다.
- 정원에 식물이 있다.
- 개에게 주인이 있다.

이 관계는 한 객체가 다른 객체를 갖고 있기 때문에 has-a 관계라고 한다. 식물은 정원이라고 말할 수는 없지만 정원에는 식물이 있다고 말할 수 있다. 객체는 둘 이상의 객체와 관계를 가질 수 있다.

- 정원에는 많은 식물이 있다.
- 회사에는 많은 직원이 있다.
- 방에 의자들이 있다.

이 관계에서 두 객체는 느슨하게 결합된다. 즉, 한 객체가 다른 객체에서 제거되더라도 두 객체가 모두 상태를 유지할 수 있다. 다음 집합 클래스 다이어그램을 살펴보자.

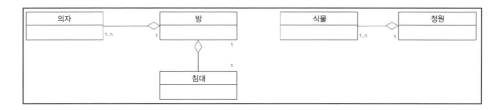

방에는 침대와 의자를 비롯한 많은 물건이 있다. 방에서 의자를 꺼내 정원에 넣으면 방과 의자 모두 기능을 유지하거나 정원에서 식물을 꺼내 거실에 놓더라도 기능에 영향을 미치지 않는다.

다른 예를 들어보자. 요즘 많은 사람이 애완동물을 기르고 있다. 어떤 사람은 한 마리만 갖고 어떤 사람은 몇 마리를 갖고 있다. 애완동물과 주인 사이의 관계는 집합이다. 애완동물과 주인은 따로 살 수 있다.

```kotlin
class Pet(val petname:String, val breed :String, var owner : Owner?){

  fun displayInfo(){

    println("Pet name is $petname, its breed is $breed")

    if(owner != null) {
      println("and its owner name is ${owner?.name}")
    }
```

```
    }
  }

class Owner(val name:String, var age: Int)

fun main(args: Array<String>) {

    val bob = Owner("Bob", 35)
    val cat = Pet("Catty", "Ragdoll", bob)

    cat.displayInfo()

    val dog = Pet("Doggy", "Golden retriever", null)
    dog.displayInfo()
  }
```

코드를 실행하고 출력을 확인한다.

```
/Library/Java/JavaVirtualMachines/jdk1.8.0_181.jdk/Contents/Home/bin/java ...
Pet name is Catty, its breed is Ragdoll
and its owner name is Bob
Pet name is Doggy, its breed is Golden retriever

Process finished with exit code 0

Compilation completed successfully wit... (a minute ago)    517 chars, 25 line breaks    3:1    LF ÷    UTF-8 ÷    Git: dev ÷
```

이 예에는 name과 age를 가진 Owner 클래스가 있고 petname, breed, 널 가능 owner 프로퍼티 세 개를 가진 Pet 클래스가 있다. Pet 클래스의 cat 객체에는 owner를 비롯한 모든 정보가 들어 있지만 dog 객체에는 owner가 없다. Pet 클래스의 displayInfo() 함수는 애완동물에 owner가 있는지 여부를 확인한다. owner가 있으면 owner의 세부 정보를 화면에 표시한다. 그렇지 않으면 이 정보를 건너뛴다.

구성

구성은 두 객체가 서로에 크게 의존하는 고급 집합 형태다. 집합에서는 하나의 객체가 다른 객체를 포함하는 반면 구성에서 하나의 객체는 다른 객체를 소유한다. 다른 객체를 소유한 객체가 없어지면 소유된 객체도 없어진다. 구성에서 객체는 작은 객체로 구성될 수 있다. 인체는 좋은 예다. 사람은 머리, 팔, 다리 등으로 구성된다. 몸의 각 부분은 자체의 특성과 행동을 가진 완전히 동작하는 대상이다. 머리를 사용해 말하고 듣고 볼 수 있으며, 다리를 사용해 걸을 수 있고, 손을 사용해 다른 물건을 들고 있을 수 있다. 그러나 사람이 사망하면 이런 동작이 멈춘다. 의자는 좌석, 나무 다리, 팔걸이, 등받이를 포함하는 다양한 물건으로 구성돼 있어 또 다른 유용한 예다.

다음과 같은 구성의 클래스 다이어그램을 살펴보자.

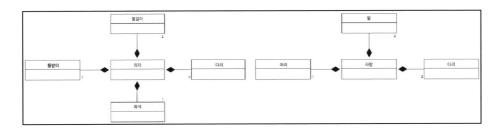

사람이 회사의 직원인 Person 클래스의 예를 살펴보자. department와 salary를 포함한 회사 정보로 Job이라는 클래스를 만든다.

```
class Job (val companyName : String, var department : String, var salary : Long)
```

name, age, job 프로퍼티를 가진 다른 Person 클래스를 만든다.

```
class Person(val name: String, var age : Int, val job: Job){

    fun getSalary() : Long {
        return job.salary
    }

    fun getCompanyName() : String {
```

```kotlin
        return job.companyName
    }

    fun geDepartmentName() : String {
        return job.department
    }

    fun info(){
        println("==================================")
        println("Person name $name , age $age")
        println("Company Name : ${getCompanyName()}")
        println("Department Name : ${geDepartmentName()}")
        println("Salary : ${getSalary()}")
        println("==================================")
    }
}
```

필수 매개변수를 사용해 job 인스턴스를 만들고 이 인스턴스를 Person 클래스 객체에 전달한다. Person 클래스에서 Job 클래스 객체를 사용하고 job 객체에서 회사, 부서, 급여 정보를 가져온다.

```kotlin
fun main(args: Array<String>) {
    val job = Job("Microsoft", "Research and Development", 8000)
    val bob = Person("Bob", 35, job)
    bob.info()
}
```

이 예를 실행하고 출력을 확인한다.

```
/Library/Java/JavaVirtualMachines/jdk1.8.0_181.jdk/Contents/Home/bin/java ...
==================================
Person name Bob , age 35
Company Name : Microsoft
Department Name : Research and Development
Salary : 8000
==================================

Process finished with exit code 0
```

Compilation completed successfully with 9 warnings in 10s 808ms (m..   154 chars, 8 line breaks   38:1   LF: UTF-8:   Git: dev:

중첩 클래스

C#이나 자바를 사용해봤다면 이미 클래스 안에서의 클래스 선언에 익숙할 것이다. 코틀린은 이런 유사한 기능에 더 많은 기능을 추가로 제공한다. 이는 한 클래스의 기능을 캡슐화해야 할 때 유용하다. 일반적인 중첩 클래스부터 시작하자. out 프로퍼티와 info() 함수를 사용해 Outer라는 클래스를 만든다. 이제 nest 프로퍼티와 info() 함수로 중첩 클래스를 만든다. Outer 클래스와 Nested 클래스의 info 함수는 화면에 메시지를 표시한다.

```kotlin
class Outer{

  val out = "Outer class"

  fun info() {
    println("I am an outer class function")
  }

  fun getNestedClass() : Nested{
    return Nested()
  }

  class Nested {
    val nest = "Nested class"
    fun info() {
      println("I am a nested class function")
    }
  }
}
```

이전처럼 Outer 클래스의 인스턴스를 만들 수 있다. 그러나 Nested 클래스의 인스턴스를 만들려면 Outer 클래스 이름을 참조로 사용해야 한다.

```kotlin
fun main(args: Array<String>){
```

```
    val outerObj = Outer()
    println(outerObj.out)
    outerObj.info()

    var nestedObj = Outer.Nested()
    println(nestedObj.nest)
    nestedObj.info()

    nestedObj = outerObj.getNestedClass()
    println(nestedObj.nest)
    nestedObj.info()
}
```

main 함수는 자체 프로퍼티에 접근할 수 있는 외부 클래스의 인스턴스인 outerObj 를 가진다. 그러나 Nested 클래스의 인스턴스를 만들려면 Outer 클래스 이름을 참조로 사용해야 한다. 클래스 객체가 만들어지면 이 클래스 객체를 활용하는 일반 객체로 사용할 수 있다.

함수를 작성해 Outer 클래스에서 Nested 클래스의 인스턴스를 가져올 수 있다.

```
class Outer{
  ::::::::
  fun getNestedClass() : Nested{
    return Nested()
  }
  class Nested {
    :::::::::
  }
}

fun main(args: Array<String>){
  val outerObj = Outer()
  println(outerObj.out)
```

```
    outerObj.info()

    var nestedObj = Outer.Nested()
    println(nestedObj.nest)
    nestedObj.info()

    nestedObj = outerObj.getNestedClass()
    println(nestedObj.nest)
    nestedObj.info()
}
```

중첩 클래스는 private으로 선언된 경우 접근할 수 없다.

```
private class Nested {
    val nest = "Nested class"
    fun info() {
        println("I am a nested class function")
    }
}
```

내부 클래스나 외부 클래스가 다른 클래스의 멤버에 접근할 수 없다는 것을 알아
두는 것이 매우 중요하다. 내부 클래스의 멤버에 접근하려면 미리 정의해야 한다.

내부 클래스

inner 키워드로 선언된 클래스는 코틀린에서 내부 클래스라고 한다. Counter라고 하
는 추가 프로퍼티 하나가 있는 Outer 클래스를 만들어 앞의 예를 확장해보자. Nested
클래스에 inner 키워드를 추가하고 카운터 값을 증가시키는 incrementCounter()
를 만든다. counter는 중첩 클래스 프로퍼티가 아니라 외부 클래스 멤버임을 기억
하자. Nested 클래스는 inner 클래스로 선언되므로 Outer 클래스의 멤버에 직접
접근할 수 있다.

```
class Outer {
  val out = "Outer class"
  var counter = 0
  fun info() {
    println("I am an outer class function")
  }

  inner class Nested {
    val nest = "Nested class"
    fun info() {
      println("I am a nested class function")
    }
    fun incrementCounter(){
      counter++
    }
  }
}
```

두 클래스의 인스턴스를 만들고 inner 클래스에서 incrementFunction()을 호출해
nested 클래스가 외부 클래스의 카운터 변수 값을 증가시키는지 확인한다.

```
fun main(args: Array<String>) {

  val outerObj = Outer()
  val nestedObj = outerObj.Nested()

  println("Outer class counter before increment = "+ outerObj.counter)
  nestedObj.incrementCounter()
  println("Outer class counter after increment = "+ outerObj.counter)
}
```

Outer와 Nested 클래스의 인스턴스를 만들고 outerObj를 사용해 counter의 출력
을 표시한다. nestedObj를 사용해 incrementCounter() 함수를 호출하고 counter

프로퍼티의 값을 확인한다.

```
Outer class counter before increment = 0
Outer class counter after increment = 1
```

보다시피 out 변수의 값은 inner 클래스의 incrementCounter() 함수에 의해 증가
된다. 흥미로운 점이 있는데, inner 클래스 내부에 새 counter 프로퍼티를 선언하
고 프로그램을 다시 실행한다. 이번에는 incrementCounter()가 Outer 클래스 대신
Nested 클래스에서 카운터를 늘리므로 inner 클래스에 동일한 서명이 있는 멤버가
들어있는 경우에만 Outer 클래스 멤버에 액세스할 수 있다.

```
class Outer {

    val out = "Outer class"
    var counter = 0
    ::::::::
    inner class Nested {
        val nest = "Nested class"
        var counter = 0
        :::::::::
        fun incrementCounter(){
            this@Outer.counter++
        }
    }
}
```

Outer 클래스와 멤버에 접근하려면 this@ 키워드를 사용한다. incrementCounter()
함수에 다음 행을 추가하고 프로그램을 실행해보자. 이전과 동일한 출력이 표시
된다.

```kotlin
class Outer {

  val out = "Outer class"
  var counter = 0

  fun info() {
    println("I am an outer class function")
  }

  inner class Nested {
    val nest = "Nested class"
    var counter = 0

    fun info() {
      // this@Outer.info()
      println("I am a nested class function")
    }

    fun incrementCounter(){
      this@Outer.counter++
    }
  }
}
```

this@Outer.counter++는 Outer 클래스의 counter 프로퍼티에 접근하고 이를 증가시킨다.

⁝⁝ 클래스 프로퍼티

코틀린에서 각 클래스 프로퍼티는 일급 객체다. 이 프로퍼티는 2장의 '일급 객체' 부분에서 살펴봤다. 이 절에서는 코틀린에서 명시적으로 제공하는 게터와 세터 함수를 정의하는 방법과 프로퍼티를 자세히 알아본다. name과 age의 2가지 프로퍼티를 가진 Person 클래스를 만든다.

```
class Person {
    var name: String = ""
    var age : Int = 0
}
```

Person 클래스의 인스턴스를 만들고 각 프로퍼티에 일부 값을 할당하고 화면에 값을 표시한다.

```
fun main(args: Array<String>) {
    val abid = Person()

    abid.name = "Abid Khan"
    abid.age = 40

    println(abid.name)
    println(abid.age)
}
```

abid.name = "Abid Khan"과 같이 클래스 프로퍼티에 값을 할당하거나 println (abid.name)과 같이 프로퍼티에서 값을 가져올 때 실제로 프로퍼티를 직접 읽거나 쓰는 것이 아니다. 대신 코틀린은 이 코드를 자바로 컴파일한 후 아래에 게터와 세터 메서드를 제공한다. abid.age = 40이라고 쓸 때 코틀린은 setAge() 함수를 호출해 값을 설정하거나 갱신한다. 역컴파일된 자바 코드를 사용해 이를 확인할 수 있다. 인텔리제이 IDEA 메뉴에서 Tools > Kotlin > Kotlin Byte code를 클릭하고 Decompile을 누른다. 다음은 Person 클래스를 코틀린에서 생성한 자바 코드다. 코틀린의 각 프로퍼티는 자체적인 게터와 세터 함수를 표시한다.

```
public final class Person {
    @NotNull
    private String name = "";
```

```
    private int age;
    @NotNull

    public final String getName() {
       return this.name;
    }

    public final void setName(@NotNull String var1) {
       Intrinsics.checkParameterIsNotNull(var1, "<set-?>");
       this.name = var1;
    }

    public final int getAge() {
       return this.age;
    }

    public final void setAge(int var1) {
       this.age = var1;
    }
  }
```

프로퍼티에 접근하는 데 사용되는 자바 메서드다. 이러한 메서드를 오버라이딩하고 함수를 작성하고자 코틀린은 각 함수에 2개의 필드를 제공한다. 코틀린 클래스의 모든 프로퍼티에는 읽기와 쓰기용 get()과 set() 함수를 가지며 각각에는 value와 field라는 2개의 기본 제공 백킹backing 필드도 가진다. 다음 예를 살펴보자.

```
class Person {
  var name: String = ""
  get() = field
  set(value) {
     field = value
  }

  var age : Int = 0
```

```
    get() = field
    set(update) {
        if(update > 0)
            field = update
    }
}
```

프로퍼티를 읽거나 접근하려면 프로퍼티 선언 바로 뒤에 get 함수를 선언하고 각
프로퍼티와 함께 제공되는 암묵적 백킹 필드를 사용해 실제 데이터를 저장해야 한
다. field 키워드를 사용해 이 백킹 필드에 접근할 수 있다. 마찬가지로 클래스
프로퍼티를 설정하거나 작성하려면 프로퍼티 뒤나 get 함수 뒤에 set 함수를 선언
한다. set 함수는 value라는 매개변수 하나를 사용해 백킹 필드를 갱신한다. set
함수의 매개변수 값은 고정된 키워드가 아니라 다른 것으로 대체될 수 있다. set
함수에서 이전에 했던 것처럼 값을 프로퍼티에 할당하기 전에 값을 확인할 수 있다.
받은 값이 비어 있지 않은 경우 name 프로퍼티를 업데이트하고 받은 값이 양수인
경우 나이를 갱신한다.

```
fun main(args: Array<String>) {
    val abid = Person()
    abid.name = "Abid Khan"
    abid.age = 40

    println(abid.name)
    println(abid.age)

    abid.name = ""
    abid.age = 0

    println(abid.name)
    println(abid.age)
}
```

set 함수를 확인해보려면 예를 들어 연령이 음수거나 이름이 빈 문자열인 경우처럼 잘못된 값을 name과 age 프로퍼티에 할당한다.

:::: 위임 프로퍼티

위임^{Delegation}이란 누군가에게 책임을 떠넘기는 것을 말한다. 코틀린에서 프로퍼티는 직접 접근하거나 백킹 필드와 함께 get, set 함수를 사용해 접근할 수 있다. 프로퍼티는 자체 클래스에서 지원되지 않지만 대신 다른 클래스에 책임이 주어지면 이러한 프로퍼티를 위임 프로퍼티^{Delegate properties}라고 한다. 이 기능은 처음에는 이상하게 보일 수 있지만 클래스 프로퍼티가 단순히 필드에 값을 저장하는 것보다 복잡한 경우 매우 편리하다. 먼저 프로퍼티를 위임 클래스에 위임하는 방법을 살펴보자. name과 age의 2가지 프로퍼티를 가진 Person 클래스로부터 시작하겠다.

```
class Person() {
    val name : String by DelegatePersonName()
    var age : Int by DelegatePersonAge()
}
```

Person 클래스에는 by 키워드와 by 키워드 뒤에 오는 클래스 이름이라는 2가지 사항이 있다. by 키워드는 name 클래스 프로퍼티가 해당 논리를 DelegatePersonName 클래스에 위임한다는 것을 보여준다. 이 프로퍼티를 위임하려면 다음 멤버 함수가 포함된 클래스를 구현해야 한다.

- getValue()
- setValue()

불변 프로퍼티의 경우 getValue 함수만 구현한다.

```
class DelegatePersonName {
  var value: String = "Default"

  operator fun getValue(person: Person, property: KProperty<*>): String
  {
    println("Property ${property.name}")
    println(person.toString())
    return value
  }
}

class DelegatePersonAge {
  var age : Int = 0
  operator fun getValue(person: Person, property: KProperty<*>): Int {
    return age
  }

  operator fun setValue(person: Person, property: KProperty<*>, i: Int) {
    println("Class name: ${person}")
    println("Property: ${property.name}")
    age = i
  }
}
```

DelegatePersonAge 클래스에는 실제 연산자인 getValue와 setValue 함수를 갖고 있다. getValue 함수는 이름에서 알 수 있듯이 프로퍼티를 읽을 때 값을 반환하지만 setValue 함수는 새 값이 class 프로퍼티에 할당될 때 프로퍼티를 갱신한다. 각 클래스에는 백킹 필드를 선언해야 한다. DelegatePersonAge 클래스의 경우 age라는 프로퍼티를 만들었으며 DelegatePersonName 클래스의 경우 value라는 프로퍼티를 만들었다.

setValue와 getValue 함수는 2개의 매개변수를 사용한다. 첫 번째 매개변수는 이 위임된 프로퍼티를 사용할 수 있는 클래스 유형이며 두 번째 매개변수는 함수에 전달할 값 유형을 나타낸다. property.name을 print 함수에 전달하면 프로퍼티

name, DelegatePersonName 클래스의 name, DelegatePersonAge 클래스의 age가 표시된다.

그런 다음 클래스의 인스턴스를 만들고 읽기와 쓰기 작업을 수행한다.

```
fun main(args: Array<String>) {
    val person = Person()
    println(person.name)
    println(person.age)
    person.age = 40
    println(person.age)
}
```

프로퍼티를 읽을 때 위임된 클래스의 getValue 함수가 시작된다. 프로퍼티의 값이 지정되면 setValue 함수가 호출된다.

모든 데이터 유형에서 작동할 수 있는 일반 위임자를 만들 수 있다.

```
class DelegateGenericClass {
    private var value: Any = "Not initialized"
    operator fun getValue(instance: Any, property: KProperty<*>): Any {

        println("Class name      : ${instance}")
        println("property name   : ${property.name}")
        return value
    }

    operator fun setValue(instance: Any, property: KProperty<*>, type: Any) {
        value = type
    }
}
```

DelegateGenericClass라는 클래스를 만들고 Any 유형의 백킹 필드 값을 선언한다.

Any 클래스의 첫 번째 매개변수와 Any 유형의 반환 유형을 사용해 getValue 함수를 선언한다. setValue 함수와 동일하게 수행한다. 이제 Person과 Student의 클래스 2개를 만들고 각 클래스에 프로퍼티(Person 클래스의 address 프로퍼티와 Student 클래스의 age 프로퍼티) 하나를 선언하고 이러한 프로퍼티를 일반 클래스에 위임한다.

```
class Person{
   var address: Any by DelegateGenericClass()
}

class Student{
   var age : Any by DelegateGenericClass()
}
```

Person 클래스의 인스턴스를 만들고 address에 문자열 값을 할당한다. 그런 다음 Student 클래스의 인스턴스를 만들고 정수 값을 할당한다.

```
fun main(args: Array<String>) {
   val person = Person()
   person.address = "Stockholm City"
   println("Address "+person.address)

   val student = Student()
   student.age = 40
   println("Age " +student.age)
}
```

각 프로퍼티에 다른 유형의 값을 할당했지만 일반 위힘 클래스는 두 프로퍼티 모두에서 작동한다.

⠿ 기본 제공 위임자

사용자 정의 위임자 외에도 코틀린 라이브러리는 애플리케이션에서 사용할 수 있는 유용한 기본 제공 위임자^{Built-in delegates}를 제공한다. 이러한 위임자 중 하나는 관찰 가능한^{Observable} 위임자며 프로퍼티에 값이 할당될 때 시작된다.

관찰 가능한 위임자는 다음의 매개변수를 가진다.

* 첫 번째 매개변수는 프로퍼티의 초깃값이다.
* 두 번째 매개변수는 프로퍼티 유형, 이전 값, 새 값, 람다식이다.

다음 예는 Person 클래스의 age와 name 프로퍼티를 가진 관찰 가능한 위임자를 보여준다. 이 위임자는 프로퍼티를 관찰하고 프로퍼티 값이 변경될 때마다 시작된다.

```
class Person {
   var age : Int by Delegates.observable(0) { property, oldValue, newValue ->
println("oldValue $oldValue newValue $newValue")
}

var name : String by Delegates.observable("Default"){ property, oldValue,
newValue -> shock(oldValue,newValue) }

   fun shock(old: String, new: String){
      println("Old name $old and New name $new")
   }
}

fun main(args: Array<String>) {
   val person = Person()
   person.age = 40
   person.name = "Abid"
   person.name = "Khan"
}
```

age 프로퍼티는 0으로 지정되고 람다식은 새 값과 이전 값을 모두 갖고 있다.

```
oldValue 0 newValue 40
Old name Default and New name Abid
Old name Abid and New name Khan
```

'클래스 프로퍼티' 절에서 잘못된 입력으로부터 프로퍼티를 보호하는 방법을 살펴봤다.

```
var age : Int = 1
get() = field
set(update) {
  if(update > 0)
    field = update
}
```

age 프로퍼티를 갱신하기 전에 제공된 값이 음수인지 확인한다. 이를 위해 코틀린은 **vetoable** 위임자를 제공한다. 그것이 어떻게 작동하는지 살펴보자.

```
class Person {
  var name : String by Delegates.vetoable("Default",{property, oldValue,
newValue -> newValue.isNotEmpty()})

  var age : Int by Delegates.vetoable(1 ,{property, oldValue, newValue ->
newValue > 0})
}
```

Person 클래스에서는 두 프로퍼티 모두에 **vetoable**을 구현한다. **vetoable** 위임자는 다음 매개변수를 사용한다.

● 첫 번째 매개변수는 프로퍼티의 초깃값이다.

244

- 두 번째 매개변수는 프로퍼티 유형, 이전 값, 새 값, 람다식이다.

이 논리를 람다식으로 적용할 수 있다. name 프로퍼티의 경우 새로운 프로퍼티가 비어 있는 경우 name 프로퍼티에 값을 유지할 수 있도록 논리를 구현한다. age 프로퍼티의 경우 새 값이 음수인 경우 age 프로퍼티를 갱신하지 않도록 논리를 구현한다.

```
fun main(args: Array<String>) {
    val p = Person()
    p.name = "Bob"
    println(p.name)

    p.name = ""
    println(p.name)
    p.age = 10
    println(p.age)
    p.age = -6
    println(p.age)
}
```

유효한 값과 유효하지 않은 값을 모두 할당해 이 코드를 확인할 수 있다.

⁙ 요약

4장에서는 객체지향 프로그래밍의 고급 개념과 코틀린이 다른 프로그래밍 언어보다 더 편리한 이유를 살펴봤다. 봉인된 클래스와 열거형 클래스의 개념을 탐구했고, 그런 다음 구성, 집합, 중첩 클래스를 설명했다. 그 후에 싱글톤, 객체, 컴패니언 객체 클래스를 자세히 살펴봤다. 프로퍼티에 대한 몇 가지 개념을 추가로 소개하고 코틀린에서 제공하는 get과 set 함수를 살펴봤다. 코틀린의 기본 제공 위임자를 알아봄으로써 이 장을 끝냈으며, 이는 우리의 삶을 더 쉽게 만들 수 있다. 5장에서는 데이터 컬렉션Collection, 반복자iterator, 필터filter라는 매우 중요하고 완전히 다른 주제를 살펴본다.

⠿ 질문

1. 객체와 컴패니언 객체의 차이점은 무엇인가?

2. 봉인된 클래스란 무엇이며 왜 그것을 필요로 하는가?

3. 열거형 클래스란 무엇인가?

4. 구성이란 무엇이며 집합은 무엇인가?

5. 위임은 무엇인가?

⠿ 참고 도서 목록

가스통 힐라[Gastón C. Hillar]의 『Learning Object-Oriented Programming』(Packt, 2015): https://www.packtpub.com/application-development/learningobject-oriented-programming

알렉세이 소신[Alexey Soshin]의 『Hands-on Design Patterns with Kotlin』(Packt, 2018): https://www.packtpub.com/application-development/hands-designpatterns-kotlin

05

데이터 컬렉션, 반복자, 필터

5장에서는 표준 코틀린 라이브러리인 컬렉션을 다룬다. 코틀린이 컬렉션을 읽기 전용 컬렉션과 갱신할 수 있는 가변 컬렉션의 두 그룹으로 나누는 방법을 알아본다. 범위range 컬렉션과 그 기능을 살펴보면서 시작할 것이다. 그런 다음 배열, 내장 함수, 람다식을 가진 배열을 알아본다. 그 후 불변 목록 유형을 살펴보고 반복 가능iterable, 컬렉션, 목록 인터페이스를 살펴본다. 가변 컬렉션, 가변 목록 인터페이스를 포함한 가변 목록을 알아본다. 세트set와 맵map을 간략히 살펴보고 코틀린의 반복자iterator와 반복자의 종류를 설명함으로써 이 장을 마무리한다.

5장에서는 다루는 내용은 다음과 같다.

- 범위range
- 배열array
- 반복 가능iterable
- 컬렉션collection
- 목록list
- 세트set

- 맵^map
- 가변 반복 가능^mutable iterable
- 가변 컬렉션^mutable collection
- 가변 목록^mutable list
- 반복자^iterator
- 필터^filter

:: 기술적 요구 사항

5장에서는 인텔리제이 IDEA 이외에 특별한 다른 설치가 필요 없다.

이 장의 코드는 다음 깃허브 저장소에서 다운로드할 수 있다.

https://github.com/PacktPublishing/Hands-On-Object-OrientedProgramming-with-Kotlin/tree/master/src/main/kotlin/Chapter05

:: 범위

코틀린은 시작과 끝을 가진 요소들의 컬렉션을 제공한다. 이 컬렉션을 범위^Range라고 한다. 범위를 만드는 가장 빠른 방법은 다음과 같다.

```
val range = 1..10
```

코틀린은 두 점 연산자(..)를 사용해 범위를 만든다. 앞의 예에서는 1에서 시작해 10으로 끝나는 정수 범위를 성공적으로 만들었다. 범위가 만들어지면 for문을 사용해 각 요소를 반복하고 접근할 수 있다.

```
val range = 1..10
for (value in range){
    println(value)
}
```

in과 !in 연산자를 사용해 특정 값이 범위 내에 있는지 확인할 수 있다.

```
val range = 1..10
if(4 in range){
    println("Yes within Range")
}

if(14 !in range){
    println("Not in Range")
}
```

4가 범위에 지정된 값에 포함돼 있으면 참을 반환되고 if절이 실행된다. 그렇지 않으면 건너뛸 것이다.

범위 유형

코틀린은 정수, 길이, 문자열의 3가지 유형의 범위를 제공한다. 각 범위는 명시적 형식을 선언할 수 있다.

```
val myIntRange : IntRange = 1..10
val myLongRange : LongRange = 1..10L
val myCharRange : CharRange = 'a'..'z'

for (ch in myCharRange) {
    println(ch)
}
```

다른 변수와 마찬가지로 범위도 변수 유형을 명시적으로 선언하지 않고 선언할 수 있다.

```
val IntRange = 1..10
val LongRange = 1..10L
val CharRange = 'a'..'z'

for (ch in myCharRange) {
    println(ch)
}
```

long 유형의 범위를 선언하는 동안 정수형 범위와 구별하여면 적어도 하나의 요소에 L 문자를 써야 한다.

범위 선언

두 점 연산자(..)는 범위를 만드는 일반적인 방법이지만 다른 유형의 범위를 선언하는 데 사용할 수 있는 함수는 거의 없다.

rangeTo 함수

rangeTo 함수는 두 점 연산자와 동일하다.

```
val myRange1 = 1..10
val myRange2 = 1.rangeTo(10)
println(myRange2)
```

rangeTo 함수는 지정된 값까지의 정수 범위를 만든다.

until 함수

범위의 마지막 요소를 제외하려면 until 함수를 사용할 수 있다.

```
val execRange1 = 1.until(10)
println(execRange1)
```

until 함수는 다음과 같이 선언할 수 있다.

```
val execRange2 = 1 until 10
println(execRange2)
```

'범위 선언' 절에서 다양한 문자 유형을 보여줄 때 두 점을 사용해 완전한 알파벳을 만들었다. to 연산자를 사용해 이 작업을 수행할 수 있다.

```
val alphabets2 = 'A' to 'Z'
println(alphabets2)
```

이를 수행하는 또 다른 방법은 ASCII 코드를 사용하는 것이다. 65는 대문자 A의 ASCII 코드며, 90은 대문자 Z의 ASCII 코드다.

```
val alphabets3 = 'A'.until(91.toChar())
println(alphabets3)
```

두 범위 모두 대문자로 된 완전한 알파벳과 동일한 결과를 나타낸다.

downTo 함수

두 점 연산자나 rangeTo 함수는 역순으로 범위를 만들 수 없다.

예를 들어 5.rangeTo(1) 또는 5..1과 같이 쓸 수 없다. 그러나 downTo 함수를 사용하면 역순으로 된 범위를 만들 수 있다.

```
val range1 = 10.downTo(1)
for(i in range1) {
    println(i)
}

val range2 = 10 downTo 1
for(i in range2) {
    println(i)
}
```

range1과 range2는 모두 10에서 1까지의 숫자로 구성된다.

step 함수

step 함수는 이미 생성된 범위에서 범위를 수정하는 데 도움이 된다.

```
val range1 = 1..10
val newRange = range1.step(2)
for(i in newRange) {
    println(i)
}
```

이 예에서 step(2)는 목록의 두 번째 요소를 건너뛴다. newRange는 홀수 범위를 반환한다. 마찬가지로 다음의 range2는 짝수 범위를 반환한다.

```
val range2 = 10 downTo 1
val evenRange = range2 step 2
for(i in evenRange) {
```

```
    println(i)
  }
```

contains 함수

contains 함수는 범위에 특정 요소가 포함돼 있는지 확인하는 데 사용한다.

```
if(evenRange.contains(2)) {
  println("Found")
}

if(oddRange.contains(3)) {
  println("Found")
}
```

이 코드는 짝수 범위 중에 2인 요소가 있는지 또는 홀수 범위 중에 3인 요소가 들어 있는지 여부를 확인한다.

elementAt 함수

이 함수는 지정된 인덱스의 값을 반환한다.

```
val myRange = 1..10
println("Element at index 1 =" + myRange.elementAt(1))
```

myRange는 0부터 시작하므로 elementAt(0)은 1을 반환하고 elementAt(1)은 2를 반환한다.

범위 프로퍼티

범위는 범위의 첫 번째 요소에 접근할 수 있는 2가지 프로퍼티를 제공한다.

```
val myRange = 1..10
println("first " + myRange.first)
println("start " + myRange.start)
```

first와 last 프로퍼티는 거의 동일하다. start 프로퍼티는 first 프로퍼티를 호출한다.

또한 범위의 마지막 요소에 접근할 수 있는 2가지 프로퍼티를 제공한다.

```
println("last " + myRange.last)
println("endInclusive " + myRange.endInclusive)
```

이 예에서 첫 번째 코드 블록은 1을 반환하고 두 번째 코드 블록은 10을 반환한다.

coerce 함수

코틀린은 coerce 함수라는 유용한 기능들을 함께 제공한다. 이는 범위와 변수를 매개변수로 하는 확장 함수다.

coerceIn 함수

coerceIn 함수는 주어진 값이 범위 내에 있는지 확인한다. 값이 시작점보다 작으면 범위의 첫 번째 요소가 반환된다. 마찬가지로 값이 끝점보다 크면 범위의 마지막 요소가 반환된다. 그러나 값이 범위 내에 있으면 해당 요소가 반환된다.

```
var i = 11.coerceIn(10..20)
println(i)
```

여기서 11은 범위 내에 있기 때문에 coerceIn은 11을 반환한다. 다음 예에서 9는 범위를 벗어나 시작점보다 작기 때문에 coerceIn은 10을 반환한다.

```
i = 9.coerceIn(10..20)
println(i)
```

마찬가지로 다음 예에서 21은 범위를 벗어나서 마지막 요소보다 크기 때문에 coerceIn은 20을 반환한다.

```
i = 21.coerceIn(10..20)
println(i)
```

coerceAtMost(maxValue) 함수

이 함수는 하나의 매개변수, 즉 최댓값을 가진다. maxValue보다 작거나 같은 경우 목푯값을 반환하고, 그렇지 않으면 maxValue를 반환한다. coerceAtMost 함수는 반환된 값이 maxValue보다 작은지 확인한다.

```
val i = 2.coerceAtMost(4)
println(i)
```

여기서는 2의 목푯값이 4인 maxValue보다 작기 때문에 결과는 2가 된다.

coerceAtLeast(minValue) 함수

이 함수는 하나의 매개변수, 즉 최솟값을 가진다. minValue보다 크거나 같으면 목푯값을 반환하고, 그렇지 않으면 minValue를 반환한다. coerceAtLeast 함수는 최소한 minValue에 지정된 값이 반환된 값보다 큰지 확인한다.

```
val i = 2.coerceAtLeast(4)
println(i)
```

여기서 minValue가 2보다 크기 때문에 결과는 4다.

∷ 배열

여러 값을 순차적으로 저장할 수 있는 메모리 블록을 가리키는 변수를 배열^{Arrays}이라고 한다. 배열의 개별 값을 요소라고 하며 각 요소에 0부터 시작하는 숫자가 지정된다.

이 번호를 배열의 색인^{index}이라고 한다.

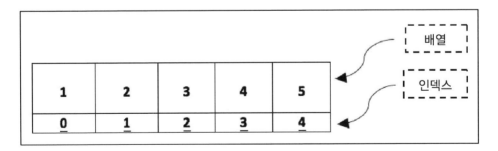

배열 정의

코틀린은 배열을 정의하는 다양한 방법을 제공한다. 가장 간단한 방법은 arrayOf 키워드를 사용해 쉼표로 구분된 값 목록과 함께 사용하는 것이다.

```
val intArr = arrayOf(1,2,3,4,5)
val strArray = arrayOf("ONE","TWO","THREE","FOUR","FIVE")
val charArray = arrayOf('a','b','c','d','e')
```

arrayOf 함수는 배열을 정의할 뿐만 아니라 초기화도 할 수 있다. 배열의 크기는 할당된 값의 수에 따라 달라진다. size 프로퍼티를 사용해 배열의 크기를 확인할 수 있다.

```
val size = charArray.size
println("charArray size = " + size)
```

배열의 유형은 할당된 값에 따라 다르다. 예를 들어 intArray는 정수 배열이고 strArray는 문자열 배열이다.

특정 유형의 배열

코틀린은 명시적 유형을 가진 배열을 정의할 수 있게 해준다. 예를 들어 intArrayOf 와 charArrayOf 키워드를 사용해 정수나 문자 배열을 만들 수 있다.

```
var numbers = intArrayOf(1, 2, 3)
var chars = charArrayOf('a', 'b', 'c')
```

명시적으로 배열을 선언할 때는 지정된 값 이외의 값을 할당할 수 없다는 점을 기억하자. 또한 다른 유형의 배열을 할당할 수도 없다. 앞의 정수형 배열에서는 문자

값이나 double 값을 추가할 수 없다.

```
var numbers = intArrayOf(1, 2, 3, 4.0, 5.0)
```

이 경우 컴파일러는 expected type error를 발생시킨다.

배열 요소의 색인

배열 요소에 접근하는 여러 가지 방법이 있다. 한 가지 방법은 구독 연산자[superscript]subscript operator(색인 연산자라고도 한다) []를 사용하는 것이다. 다음 예를 살펴보자.

```
val intArr = arrayOf(1,2,3,4,5)
var element = intArr[0]
```

개별 요소는 색인을 포함하는 [색인] 대괄호와 함께 배열 이름을 사용해 참조할 수 있다. 알다시피 색인은 항상 0부터 시작한다. 5개의 요소로 된 배열을 만들면 index 0, intArr[0]을 사용해 배열의 첫 번째 요소와 index 4, intArr[4]을 사용해 배열의 마지막 요소에 접근할 수 있다. 정수 타입의 배열을 만들고 전통적인 while 문을 사용해 출력을 반복한다.

```
fun readyArrayByIndex(){
   val intArr = intArrayOf(1,2,3,4,5)
   val arraySize = intArr.size
   var index = 0
   while(index < arraySize){
      println("At index $index Value ${intArr[index]}")
      index++
   }
}
```

index라는 변수를 만들고 0으로 초기화한다. while문에서 index 변수를 intArr [index]에 할당하고 반복할 때마다 index 값을 늘린다.

get 함수

요소에 접근하는 또 다른 방법은 get(index) 함수를 사용하는 것이다. 목록 항목의 색인 번호를 get 함수에 전달하면 목록에서 항목을 반환한다. intArr.get(0)와 intArr[0]은 같은 기능을 한다. while문에서 index 값을 증가시키고 get(index) 함수가 항목을 반환하는 다음 예를 살펴보자.

```
index = 0
while(index < arraySize){
  println("At index $index Value ${intArr.get(index)}")
  index++
}
```

두 코드 모두 동일한 결과를 출력한다.

배열과 for문

for문은 모든 컬렉션 유형과 함께 사용되며 배열도 예외는 아니다. for문을 사용해 배열의 모든 요소에 접근할 수 있다.

다음 예를 살펴보자.

```
fun arrayAndForloop(){
  val strArray = arrayOf("ONE","TWO","THREE","FOUR","FIVE")

  for (element in strArray){
    println(element)
```

```
        }
    }
```

각각의 반복에서 for문은 strArray에서 값을 가져와 요소에 지정한다. 이 값을 반복문 안에서 사용할 수 있다.

배열 선언과 초기화

지금까지 살펴본 모든 예에서는 동시에 여러 배열을 선언하고 초기화했다. 그러나 먼저 배열을 선언하고 나중에 초기화할 수도 있다.

```
val intArray = IntArray(5)
```

여기서 5개 요소를 가진 정수 배열을 선언하지만 아직 초기화되지는 않았다. 배열이 선언되면 코틀린은 값 0으로 배열을 초기화한다.

값은 요소의 색인에 접근해 동일한 방식으로 할당할 수 있다.

```
intArray[0] = 1
intArray[1] = 2
```

코틀린은 배열에 값을 할당하는 set 함수를 제공한다.

set 함수

set 함수는 배열의 색인과 해당 색인에 할당할 값의 매개변수 2개를 사용한다.

```
intArray.set(2,3)
```

```
intArray[3] = 4
intArray.set(4,5)
```

다음 예를 살펴보자.

```
fun declareAndInitArray(){

    var intArray = IntArray(5)
    intArray[0] = 10
    intArray[1] = 20
    intArray.set(2,30)
    intArray.set(3,40)
    for (element in intArray){
        println(element)
    }
}
```

set 함수는 색인 2에 값 30 그리고 색인 3에 값 40으로 배열을 초기화한다.

불변 요소를 갖는 가변 배열

가변 유형과 불변 유형의 개념이 배열에서 어떻게 작동하는지 살펴보겠다. 배열의
크기는 어떤 경우에도 변경할 수 없으며 배열이 선언되면 배열의 크기를 변경할
수 없다. 그러나 때로는 변수를 재할당하면서 일이 복잡해진다. 이 개념을 이해하고
자 다음 예를 살펴보자. 다른 변수와 마찬가지로 배열은 val과 var 키워드를 사용해
선언할 수 있다.

```
val immutableArray = arrayOf(1,2,3)
var mutableArray = arrayOf(1,2,3)
```

immutableArray와 mutableArray 배열은 모두 크기가 고정돼 있지만 각 배열의 요소는 변경 가능하며 원하는 만큼 여러 번 변경할 수 있다.

```
val immutableArray = arrayOf(1,2,3)
immutableArray.set(0,10)
immutableArray[1] = 20

var mutableArray = arrayOf(1,2,3)
mutableArray.set(0,10)
mutableArray[1] = 20
```

이 배열의 유일한 차이점은 immutableArray가 val 키워드로 선언된다는 것이다. 즉, 이 배열을 다시 할당할 수 없다.

```
fun mutableOrImmutable(){
    val immutableArray = arrayOf(1,2,3)
    immutableArray.set(0,10)
    // immutableArray = arrayOf(5,6,7,8,9,10)

    var mutableArray = arrayOf(1,2,3)
    mutableArray.set(0,10)
    mutableArray = immutableArray
}
```

하지만 mutableArray는 원하는 만큼 재할당할 수 있다.

배열의 람다 표현식

코틀린은 람다 표현식[1]으로 배열을 선언하고 초기화할 수 있게 해준다. 배열 생성자는 2개의 매개변수, 즉 배열의 크기와 람다식을 사용한다. IntArray 배열의 경우

---

1. 람다식이라고 하기도 한다. – 옮긴이

표현식은 정수를 사용하고 정수를 반환한다.

```
public inline constructor(size: Int, init: (Int) -> Int)
```

다음 예를 살펴보자. 여기에서 intArray는 5개의 요소를 가지며, 각 요소는 0부터 시작해 증분 값으로 초기화된다.

```
fun arrayWithLambda(){
  val intArray = IntArray(5) { it }
  for (element in intArray){
    println(element)
  }
}
```

코틀린은 크기가 5인 배열을 선언할 뿐만 아니라 람다식에 전달된 값으로 배열을 초기화한다. 람다식은 하나의 매개변수를 사용하는데, 이는 람다식이 it 키워드를 사용해 표현할 수 있음을 의미한다.

```
val doubleArray = DoubleArray(5) { it.toDouble() }
for (element in doubleArray){
  println(element)}
}
```

람다식으로 전달할 사용자 정의 함수를 만들 수도 있다. 정수 매개변수 하나를 사용하고 정수를 반환하는 함수를 만든다.

```
fun func(i : Int) : Int{
  return i * i
}
```

```
fun arrayWithLambda(){
  val arr = IntArray(5){func(it)}
  for (element in arr){
    println(element)
  }
}
```

요소는 0부터 시작해 반복될 때마다 증가한다. func 함수는 각 요소의 제곱을 반환한다. 크기 5의 배열은 0, 1, 4, 9, 16 값으로 초기화된다.

서로 다른 유형의 요소를 가진 배열

이 절의 시작 부분에서 다음과 같은 배열 선언 방법을 설명했다.

```
val intArray = arrayOf(1,2,3)
val charArray = arrayOf('a','b','c')
```

이러한 메서드를 사용하면 각 배열에 동일한 유형의 값을 가질 수 있다. 코틀린은 다른 유형의 값을 포함하는 배열을 만들 수도 있게 해준다. arrayOf 함수는 유사한 값의 목록을 가질 뿐만 아니라 일반 유형인 vararg를 가질 수도 있다. 이것은 가변 인수를 나타내며, 이 유형을 사용해 혼합 값을 전달할 수 있다.

```
fun funcVararg() {
  val array = arrayOf(1,"TWO",'c',4.0)
  for (i in array) {
    println(i)
  }
  println(array.contains(2))
  println(array.contains('c'))
}
```

이 코드는 화면의 모든 값을 출력하고 2와 c의 특정 값이 배열에 있는지 여부를 확인한다.

arrayOfNulls 함수

배열은 널로 초기화할 수도 있다. 이렇게 하려면 arrayOfNulls 함수를 호출하고 그 안에 저장될 유형을 지정한다.

```
fun nulls() {
    val nullArray = arrayOfNulls<String>(5)
    nullArray.set(0,"hello")
    nullArray.set(3,"kotlin")
    for (i in nullArray){
        println(i)
    }
}
```

이 코드는 문자열 값을 0과 3 색인에 할당하고 화면에 배열을 출력한다.

배열 복사

코틀린은 한 배열을 다른 배열로 복사할 때 메모리에 새로운 복사본을 만들지 않는다. 대신 배열의 두 인스턴스가 같은 위치를 가리킨다. 원본 배열이 대상 배열에 할당돼 두 배열 중 하나의 값이 변경되면 두 배열 모두에 영향을 준다. 이 문제를 이해하려면 다음 예를 살펴보자.

1. 정수 배열을 만들고 원본 배열을 대상 배열에 할당한다.

2. 화면에 대상 배열을 출력한다.

3. 원본 배열의 첫 번째 요소를 변경하고 대상 배열을 출력한다. 두 배열이 서로 영향을 주고 동일한 메모리 위치를 공유한다는 점에 유의하자.

```kotlin
fun arrayInstance01(){

    val source = intArrayOf(1,2,3)
    val target = source

    // 대상 출력
    for (element in target){
        println(element)
    }

    // 원본 갱신
    source.set(0,10)

    // 대상 출력
    for (element in target){
        println(element)
    }

    if(source === target){
        println("pointing to the same memory location")
    }
}
```

배열의 독립 인스턴스를 원한다면 새로운 배열을 만들고 원본 배열의 각 요소를 복사해야 한다.

1. 원본 배열과 동일한 크기의 대상 배열을 만들고 for문을 사용해 각 요소를 복사한다.

2. 원본 배열을 변경하고 대상 배열에 영향을 주지 않는지 확인한다.

```kotlin
fun arrayInstance02(){

    val source = intArrayOf(1,2,3)
    val target = IntArray(source.size)

    for (i in 0 until source.size){
        target[i] = source[i]
    }

    // 원본 갱신
    source.set(0,10)

    // 대상 출력
    for (element in target){
        println(element)
    }

    if(source !== target){
        println("pointing to different memory location")
    }
}
```

또한 코틀린은 copyOf() 함수를 사용해 배열의 새 인스턴스를 만들 수 있다.

```kotlin
fun copyArray(){

    val source = intArrayOf(1,2,3)
    val target = source.copyOf()

    // 원본 갱신
    source.set(0,10)
    if(source !== target){
        println("pointing to different memory location")
    }

    for (element in target) {
```

```
        println(element)
    }
}
```

copyOf 함수는 같은 유형의 새로운 배열을 만든다.

﹅ 코틀린의 목록

목록[list]은 여러 항목을 순서대로 보관하는 데 널리 사용되는 데이터 구조다. 목록은 항목이 순서대로 형성되는 고급 배열 형식이다. 코틀린은 2가지 유형의 목록을 제공한다.

- 불변 목록
- 가변 목록

내용을 변경할 수 없고 읽기 전용 기능만을 제공하는 목록을 불변 목록이라고 한다. 새로운 요소를 추가하고 기존 요소를 변경할 수 있는 목록을 가변 목록이라고 한다. 코틀린은 모든 가변 목록과 불변 목록에 대해 많은 인터페이스와 함수를 제공한다.

불변 목록

이 절에서는 불변 목록과 그 인터페이스를 살펴본다. 하지만 세부 사항으로 들어가기 전에 목록 선언을 간략하게 살펴보자. 코틀린은 목록을 정의하는 여러 가지 방법을 제공한다. 가장 간단한 방법은 쉼표로 구분된 값이 있는 listOf 키워드다.

```
val listOfInteger = listOf(1,2,3,4,5,6)
val listOfDouble = listOf(1.0,2.0,3.0,4.0,5.0,6.0)
```

```
val listOfString = listOf("One","Two","Three","Four")
```

listOf 키워드는 목록을 정의할 뿐만 아니라 목록도 초기화한다. 목록 유형은 목록 요소에 따라 다르며 목록 크기는 할당된 요소 수에 따라 다르다. 정수와 문자열 목록을 만들고 for문을 사용해 각 요소를 표시할 수 있다.

```
fun listInt(){
   val listOfInteger = listOf(1,2,3,4,5)
   for (element in listOfInteger){
      println(element)
   }
}

fun listString(){
   val listOfString = listOf<String>("One","Two","Three","Four","Five")
   for (element in listOfString){
      println(element)
   }
}
```

listOf 함수는 listOf<String>처럼 명시적 유형 선언을 가질 수 있지만 선택 사항이다. 코틀린은 다른 데이터 유형의 목록을 만들 수 있게 해준다. 다음 예에서는 정수, 문자열 등을 포함하는 listOfEverything이라는 혼합 변수 목록을 만들 것이다.

```
fun listOfVararg(){
   val listOfEverything = listOf(1,"Two",'c',4.0,5)
   for (element in listOfEverything){
      println(element)
   }
}
```

기본적으로 이 목록은 코틀린의 최상위 클래스인 **Any** 유형이다. 모든 클래스는 **Any** 클래스에서 파생된다. 코틀린은 다형성을 사용해 하나의 목록에 다른 데이터 유형을 추가할 수 있다.

listOfNotNull 함수

알다시피 코틀린은 널 객체와 관련해서는 매우 엄격하다. 이 때문에 널 객체가 추가되면 널 객체를 무시하는 전용 목록을 제공한다. `listOfNotNull` 함수를 사용해 목록을 만들고 널을 갖는 변수를 추가한다.

```
fun listOfNonNullObjects(){
  val notNulls = listOfNotNull(1,null,"Two",null,'c',4.0,5)
  println("Size = ${notNulls.size}")
  for (element in notNulls){
    println(element)
  }
}
```

다음 출력을 살펴보자.

```
1, Two, c, 4.0, 5
```

목록에 7개의 객체가 추가됐지만 `listOfNotNull`은 널 객체를 추가하지 않으므로 5개의 요소만 출력된다.

목록에 접근

목록의 요소에 접근하는 방법은 여러 가지가 있으며 대부분은 배열에 접근하는 방식과 유사하다. 구독 연산자 []나 get 함수로 목록의 각 요소에 접근할 수 있다.

```
val listOfString = listOf<String>("One", "Two", "Three", "Four", "Three",
"Five")
var element = listOfString[0]
element = listOfString.get(1)
```

listOfString[0]은 첫 번째 값을 반환하고 listOfString.get(1)은 두 번째 값을 반환한다.

indexOf 함수를 사용해 목록에서 특정 값의 색인을 가져올 수 있다. 예를 들어 다음 함수는 2를 반환한다.

```
var index = listOfString.indexOf("Three")
```

목록에 동일한 유형의 요소가 더 있으면 indexOf 함수는 첫 번째 요소의 색인을 반환한다. 그러나 lastIndexOf 함수는 특정 요소가 마지막으로 나타나는 색인을 반환할 수 있다.

```
fun readListByIndex(){

    val listOfString = listOf<String>("One","Two","Three","Four","Five","Three")

    var element = listOfString[0]
    println(element)

    element = listOfString.get(1)
    println(element)

    var index = listOfString.indexOf("Three")
    println(index)

    index = listOfString.lastIndexOf("Three")
    println(index)
```

```
    println("With subscript [] operator")
    for (i in 0 until listOfString.size) {
        println("At index $i Value ${listOfString[i]}")
    }

    for (element in listOfString){
        println("Value $element at index ${listOfString.indexOf(element)}")
    }
}
```

get 함수는 특정 색인의 요소를 반환하고 indexOf 함수는 특정 요소의 색인 번호를 반환한다.

불변 목록과 인터페이스

앞 절에서 목록 선언, 구현, 목록 요소에 접근하는 다양한 방법을 알아봤다. 그러나 이는 빙산의 일각에 불과하다. 코틀린은 가변 목록과 불변 목록 모두에 대한 풍부한 라이브러리를 제공한다. 이 절에서는 불변 목록과 그 인터페이스에 초점을 맞춘다.

반복 가능 인터페이스

이 인터페이스는 계층의 상위 인터페이스다. 일련의 요소를 포함하는 모든 데이터 구조는 이 인터페이스를 상속한다. Iterable 인터페이스는 요소를 반복하는 데 사용되는 반복자iterator를 제공한다.

Iterable 인터페이스는 하나의 함수만 포함하며 이 함수는 iterator를 반환한다.

```
public interface Iterable<out T> {
    public operator fun iterator(): Iterator<T>
}
```

인터페이스를 목록에 노출하려면 목록 선언에 인터페이스를 정의해야 한다.

```
val iterableValues : Iterable <Int> = listOf(1,2,3,4,5)
```

이제 iterableValues 변수는 iterator에 접근해 목록을 반복할 수 있다.

```
val iterator = iterableValues.iterator()
```

Iterator 인터페이스는 2가지 기능을 제공한다.

- hasNext() 함수는 iterator가 목록에서 요소를 찾으면 true를 반환하고, 그렇지 않으면 false를 반환한다.

- next() 함수는 목록의 요소를 반환한다.

다음 다이어그램을 참고하자. 목록 iterator는 hasNext와 next 함수를 제공한다. hasNext 함수가 목록에서 요소를 찾으면 true를 결과로 반환하고 next 함수는 요소를 가져와 iterator를 다음 요소로 이동시킨다.

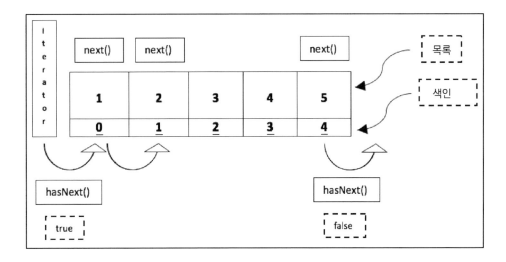

다음 코드는 앞의 다이어그램을 정확히 나타낸 것이다.

```
fun iterableWithListOfInt(){
    val listOfInteger : Iterable<Int> = listOf(1,2,3,4,5)
    val iterator = listOfInteger.iterator()
    while (iterator.hasNext()) {
        print(iterator.next())
    }
}
```

iterator는 목록을 반복하고 hasNext 함수가 목록 내의 요소를 검색하면 true를 반환한다. next 함수는 요소를 반환하고 iterator를 앞으로 이동한다.

컬렉션 인터페이스

collection 인터페이스는 항목 컬렉션을 나타내는 기본 인터페이스다. collection 인터페이스는 불변 유형 목록의 일종이며, 따라서 읽기 전용 기능을 제공한다. collection 인터페이스는 Iterable 인터페이스를 상속받아 다음과 같은 자체 함수를 제공한다.

```
fun collectionInterface(){
    val collectionValues : Collection <Int> = listOf(1,2,3,4,5)
    val collectionIterator = collectionValues.iterator()
    while (collectionIterator.hasNext()) {
        print(collectionIterator.next())
    }
}
```

collection 인터페이스에서 제공하는 프로퍼티와 기능을 보여주는 다음 다이어그램을 살펴보자.

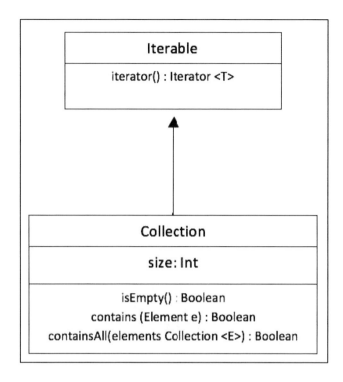

다음은 컬렉션 인터페이스의 프로퍼티와 함수 목록이다.

- 프로퍼티 size는 컬렉션의 크기를 반환한다.

- isEmpty() 함수는 컬렉션이 비어 있으면 true를 반환하고 그렇지 않으면 false를 반환한다.

- contains() 함수는 지정된 요소가 목록에 있으면 true를 반환하고 그렇지 않으면 false를 반환한다.

- containsAll() 함수는 목록이 컬렉션의 부분 컬렉션이면 true를 반환하고 그렇지 않으면 false를 반환한다.

다음 예를 살펴보자.

```kotlin
fun collectionFunctions(){
    val collectionValues : Collection <Int> = listOf(1,2,3,4,5)
    println("Size ${collectionValues.size}")
    println("is collection empty: ${collectionValues.isEmpty()}")
    println("collection contains element 3: ${collectionValues.contains(3)}")

    var mini = listOf(2,3,4)
    var answer = collectionValues.containsAll(mini)

    println("Does collection contain mini collection: $answer")
}
```

앞 코드의 출력 결과는 다음과 같다.

```
Size 5
is collection empty: false
contains contains element 3: true
Collection contains mini collection true
```

목록 인터페이스

목록[list] 인터페이스는 불변 컬렉션에 관련한 계층 구조의 마지막 인터페이스다. 이것은 코틀린에서 가장 많이 사용되는 컬렉션일 것이다.

list 인터페이스는 부모 인터페이스의 모든 함수를 상속하며 자체 함수도 제공한다.

list 인터페이스는 정렬된 컬렉션이므로 색인을 사용해 요소에 접근할 수 있다. 제공하는 함수를 살펴보자.

- get(index) 함수는 특정 색인의 요소를 반환한다.
- indexOf(element) 함수는 특정 요소의 색인 번호를 반환한다.

- lastIndexOf() 함수는 목록의 마지막 값을 반환한다.
- subList(from, to) 함수는 목록의 부분 컬렉션을 반환한다.

이 절의 시작 부분에서 listOf 함수를 사용해 다양한 유형의 목록을 생성했다.

```
val listOfInteger = listOf(1,2,3,4,5)
```

이 모든 목록은 기본적으로 List 인터페이스에 의해 노출된다. 목록 인터페이스의 전체 구문은 다음과 같다.

```
val listOfInteger:List<Int> = listOf(1,2,3,4,5)

fun listInterfaceFunctions(){

    val listOfInteger:List<Int> = listOf(1,2,3,4,5)
    var index = 0
    println("At index $index element ${listOfInteger.get(index)}")

    var element = 1
    println("List contains $element at index
${listOfInteger.indexOf(element)}")
    println("List contains $element at last index
${listOfInteger.lastIndexOf(element)}")

    println("Subset of list")

    val subsetOfList = listOfInteger.subList(0,3)
    for (value in subsetOfList){
        println(value)
    }
}
```

앞 절에서 이미 대부분의 기능을 설명했다. 유일한 새로운 함수는 지정된 색인 사이에서 목록의 하위 컬렉션을 반환하는 subList 함수다. 이 함수는 정수 매개변수

2개를 가진다. 첫 번째 매개변수는 시작 색인을 나타내고 두 번째 매개변수는 포함되지 않을 마지막 색인을 나타낸다.

```
val subsetOfList = listOfInteger.subList(0,3)
```

subList() 함수는 목록의 처음 세 요소를 반환한다. List 인터페이스는 2개의 특별한 유형의 iterator를 제공하며 '반복자' 절에서 다룬다.

가변 목록

이 절에서는 코틀린의 가변 목록^{mutable lists}을 살펴본다. 이러한 목록은 쓰기 금지돼있지 않으므로 새 요소를 추가하고 기존 요소를 갱신하고 목록에서 요소를 제거할수 있다. 불변 목록과 마찬가지로 코틀린은 유용한 함수 집합을 포함하는 가변 목록을 위한 전용 인터페이스와 반복자를 제공한다. 어떻게 가변 목록을 만들 수 있는지알아보자.

```
val list = mutableListOf(1,2,3,4,5)
```

mutableListOf 키워드는 목록을 선언하고 초기화하는 데 사용한다. 목록의 크기는값의 수에 따라 다르며 목록의 유형은 값의 유형에 따라 달라진다. 가변 목록 인터페이스를 탐색하고 모든 함수와 반복자를 단계별로 살펴보겠다.

MutableIterable 인터페이스

MutableIterable 인터페이스는 Iterable 인터페이스를 상속받고 고유한 가변 반복자를 가진다. 가변 반복자는 목록에서 기본 요소를 제거하는 제거 함수를 제공한다. Iterable 인터페이스를 상속받은 MutableIterable 인터페이스 다이어그램을 살펴보자.

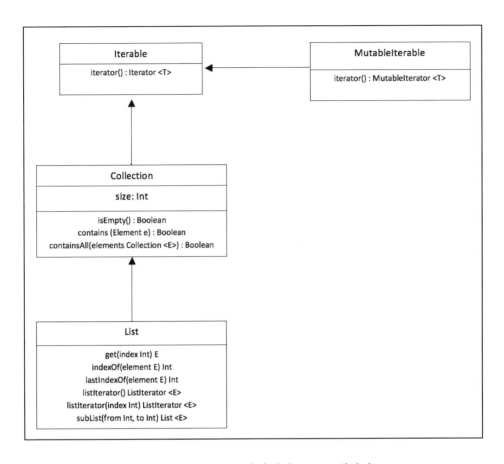

가변 목록을 만들고 mutableIterable 인터페이스로 공개한다. mutableIterator 를 목록에서 가져오고 remove 함수를 사용해 목록의 기본 요소를 제거한다.

```
fun iterableIterface(){
    val mutableList : MutableIterable<Int> = mutableListOf(1,2,3,4,5,6,7,8,9)
    val mutableIter : MutableIterator <Int> = mutableList.iterator()

    val element = 7
    while (mutableIter.hasNext()) {
        if(mutableIter.next() >= element) {
            mutableIter.remove()
```

```
        }
    }

    println(mutableList)
}
```

가변 반복자는 반복자 인터페이스를 상속해 hasNext()와 next() 함수를 remove()
와 함께 사용할 수 있다. 이 코드에서는 7보다 크거나 같은 목록의 모든 요소를
제거했다.

가변 컬렉션 인터페이스

mutableCollection 인터페이스는 mutable 반복 가능 인터페이스와 collection
인터페이스라는 2개의 인터페이스를 상속한 것이다. 요소를 추가하거나 제거하는
자체 기능을 제공한다. 먼저 mutableCollection 인터페이스를 사용해 가변 컬렉션
의 목록을 만든다. 다음 예를 살펴보자.

```
val mutableCollectionList : MutableCollection <Int> = mutableListOf(1,2,3,4,5)
```

MutableIterator와 Collection 인터페이스를 상속받은 MutableCollection 인터
페이스의 다이어그램을 살펴보자.

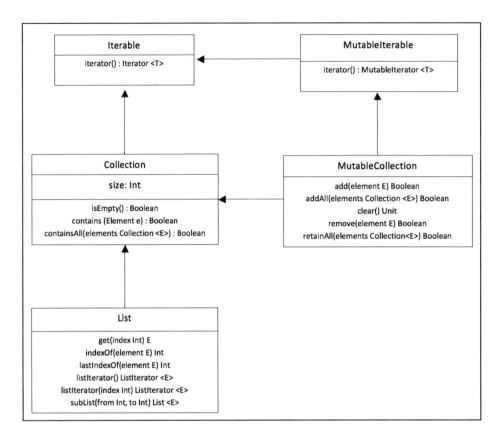

MutableCollection 인터페이스는 다음과 같은 기능을 제공한다.

- Add() 함수는 목록의 끝에 요소를 추가한다. 작업이 성공하면 true를 반환하고 그렇지 않으면 false를 반환한다.

```
var item = 6
var result = mutableCollectionList.add(item)
println("Item $item is added in collection = $result")
```

- Remove() 함수는 지정된 요소의 첫 번째 항목을 제거한다. 작업이 성공하면 true를 반환하고 그렇지 않으면 false를 반환한다.

```
item = 7
mutableCollectionList.remove(item)
```

- retainAll() 함수는 목록을 매개변수로 사용한다. list 매개변수에 포함된 요소를 제외한 모든 요소를 목록에서 제거한다. 작업이 성공하면 true를 반환하고 그렇지 않으면 false를 반환한다.

```
val retain = listOf(2,4,6,8)
mutableCollectionList.retainAll(retain)
```

- addAll() 함수는 목록의 끝에 다른 목록을 추가한다. 작업이 성공하면 true를 반환하고 그렇지 않으면 false를 반환한다. miniCollection이라는 목록을 작성하고 다음과 같이 주 목록에 추가한다.

```
var miniCollection = listOf(9,8,7)
result = mutableCollectionList.addAll(miniCollection)
println("Mini collection is added in collection = $result")
```

- clear() 함수는 목록에서 모든 요소를 제거한다.

```
mutableCollectionList.clear()
if (mutableCollectionList.size == 0 ) {
  println("List is clear, add mini collection")
  mutableCollectionList.addAll(miniCollection)
}
println(mutableCollectionList)
```

가변 목록 인터페이스

MutableCollection 인터페이스와 List 인터페이스의 모든 함수를 상속하므로 이 계층의 모든 목록 중에서 가장 강력한 컬렉션이며 자체 함수도 갖고 있다. MutableList 키워드를 사용해 가변 목록^{mutable list} 인터페이스를 선언할 수 있다. 다음 예를 살펴보자.

```
val mutableListValues : MutableList<Int> = mutableListOf(1,2,3,4,5)
```

MutableList 인터페이스를 보여주는 다음 다이어그램을 살펴보자.

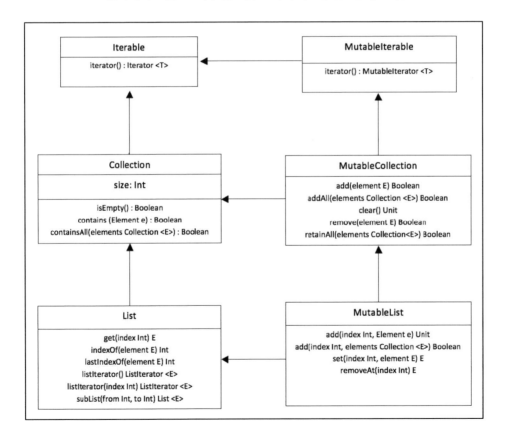

가변 목록 인터페이스는 다음 기능을 제공한다.

- add(index, item): MutableCollection 인터페이스는 add 함수를 제공하는데,
  이 함수는 목록의 끝에 요소를 추가한다. 그러나 MutableList 인터페이스는
  특정 위치에 값을 추가하는 add 함수를 제공한다.

예를 들어 다음 함수는 요소 0을 목록의 시작 부분에 추가한다.

```
mutableListValues.add(0,0)
```

첫 번째 매개변수는 목록의 색인을 나타내고 두 번째 매개변수는 지정된 색인에
추가할 값이다. 예를 들어 다음과 같이 색인 3에 값 9를 추가할 수 있다.

```
mutableListValues.add(3,9)
```

다음과 같이 목록 끝에 6을 추가한다.

```
mutableListValues.add(6)
mutableListValues.add(mutableListValues.size,6)
```

목록에 항목을 추가할 때 색인이 올바른 범위 내에 있는지 확인한다. 예를 들어
목록에 5개의 요소가 있고 항목을 9번째 색인에 추가하려는 경우 코틀린은
out-of-bound 예외를 발생시킨다.

- addAll(index, list) 함수를 사용해 지정된 위치에 새 목록을 추가할 수 있다.
  그것은 색인과 목록을 필요로 한다. 작업이 성공하면 true를 반환하고 그렇지
  않으면 false를 반환한다.

```
fun mutableLisFunctionAddAll(){
    val mutableListValues : MutableList<Int> = mutableListOf(1,2,3,4,5)
    println(mutableListValues)

    var miniCollection = listOf(9,9,9)
    if (mutableListValues.size > 1) {
        var result = mutableListValues.addAll(1,miniCollection)
        println("Mini list is added = $result")
    }
    println(mutableListValues)
}
```

여기서 목록은 값 (1, 2, 3, 4, 5)로 초기화된다. 그런 다음 다른 목록을 만든다. 새 목록은 기본 목록에 추가하기 전에 먼저 목록 크기가 2 이상인지 확인한다. 이는 1의 위치에 추가하려고 하기 때문이다. 목록이 성공적으로 추가되면 다음과 같은 결과가 나타난다.

```
Mini list is added = true
[1, 9, 9, 9, 2, 3, 4, 5]
```

- set(index, item) 함수는 이전 값을 특정 색인의 다른 값으로 바꾼다. set 함수는 변경할 색인과 새로운 값이라는 2개의 매개변수를 사용한다. 지정된 색인에서 이전 값을 반환한다. 다음 예에서는 색인 0에 있는 요소의 값을 1에서 4로 변경한다.

```
fun mutableLisFunctionSetRemove(){
    val mutableListValues : MutableList<Int> = mutableListOf(1,2,3,4,5)
    println(mutableListValues)

    val replaceWith = 5
    val index = 0
```

```
    val replaced = mutableListValues.set(index, replaceWith)

    println("Element $replaced is replaced with element $replaceWith at
index $index")
    println(mutableListValues)
}
```

목록의 요소를 다음과 같은 방법으로 변경할 수 있다.

```
mutableListValues[0] = 5
```

- removeAt(index) 함수는 지정된 색인에서 요소를 삭제한다. 이 함수는 색인을
  매개변수로 사용하고 제거된 값을 반환한다.

```
var index = 0
var removed = mutableListValues.removeAt(index)
println("Element $removed is removed at index $index")
println(mutableListValues)
```

코틀린에서 세트

세트^{Set}는 중복 요소를 지원하지 않는 특별한 형태의 컬렉션이다. 세트는 유일한
값들의 목록을 가진다. 코틀린에는 목록과 마찬가지로 2가지 유형의 세트가 있다.

- 불변 세트
- 가변 세트

다음 절에서는 불변 세트를 살펴본다.

불변 세트

setOf 키워드를 사용해 불변 세트를 만들 수 있다. set 요소는 collection 인터페이스에서 상속된다. 즉, 읽기 전용 기능을 제공하는 불변 유형 컬렉션이다. 세트를 만들고 여기에 일부 중복된 값을 추가한다.

```
val setItems = setOf(1,1,2,3,3,4,5,5)
```

이제 이 컬렉션의 크기를 확인한다. 앞서 언급했듯이 컬렉션은 중복 요소를 지원하지 않으므로 컬렉션 크기는 8이 아니라 5가 된다.

```
println("Set size ${setItems.size}")
```

세트는 자체 함수를 포함하지 않지만 collection 인터페이스의 모든 함수를 가진다. contains 함수를 사용해 요소가 존재하는지 검사할 수 있다.

```
var element = 5
var result = setItems.contains(element)
println("Set $setItems contains $element")
```

containsAll 함수를 사용해 목록에 다른 목록이 들어 있는지 확인할 수도 있다. 목록을 찾을 때 containsAll 함수는 중복 값을 처리한다.

```
val setItems = setOf(1,1,2,3,3,4,5,5)
var miniCollection = listOf(1,1,2,3,3)

result = setItems.containsAll(miniCollection)
println("setItems contains $miniCollection = $result")
```

```
miniCollection = listOf(1,2,3,4)
result = setItems.containsAll(miniCollection)
println("setItems contains $miniCollection = $result")
```

containsAll 함수는 단일 값과 중복 값 모두에 대해 true를 반환한다.

가변 세트

가변 세트는 요소의 추가, 제거가 가능한 세트의 확장이다. 세트와 마찬가지로 가변
세트는 자체 함수를 제공하지 않지만 세트와 mutableCollection의 두 인터페이스
로 확장한다. 또한 가변 세트는 상위 인터페이스의 모든 기능을 대체한다. 즉, size,
isEmpty, add, contains, retainAll 등의 모든 함수를 사용할 수 있다.

```
fun mutableSetFunction() {

    val mutableSetItems : MutableSet<Int> = mutableSetOf(1,1,2,3,3,4,5,5)
    var mutableSetIterator = mutableSetItems.iterator()

    while (mutableSetIterator.hasNext()) {
        print(mutableSetIterator.next())
    }

    println("")
    println("Set size ${mutableSetItems.size}")

    var item = 5
    var result = mutableSetItems.contains(item)
    println("Mutable item contains $item = $result")

    result = mutableSetItems.remove(item)
    println("Mutable item removed $item = $result")

    item = 6
```

```
    println("$item is added")
    mutableSetItems.add(item)
    println(mutableSetItems)

    // 목록에서 언급된 항목만 유지
    mutableSetItems.retainAll(listOf(2,4,6,8))

    // 모든 항목 정리
    mutableSetItems.clear()

    var miniCollection = listOf(1,1,2,3,3)
    if (mutableSetItems.size == 0 ) {
      println("List is clear, add mini collection")
      mutableSetItems.addAll(miniCollection)
      println(mutableSetItems)
    }
  }
```

이 예를 구현하고 가변 세트의 각 함수를 하나씩 점검하자.

⠿ 맵

목록에는 단일 객체의 컬렉션을 포함한다. 한편 맵^{map}은 키^{key}와 값^{value} 쌍의 컬렉션
을 보유하는 데이터 구조다. 코틀린에는 3가지 유형의 쌍이 있다.

* **문자열 쌍:** `<String, String>`
* **정수 쌍:** `<Int, Int>`
* **정수와 문자열 쌍:** `<Int, String>`

다음은 쌍의 예다.

```
var p1 = Pair(1,"One")
var p2 = 2 to "Two"
```

다른 코틀린 컬렉션과 마찬가지로 2가지 유형의 맵이 있다.

- 불변 맵
- 가변 맵

이 절에서는 불변의 맵을 살펴본다.

불변 맵

mapOf 함수를 사용해 불변 맵을 만들고 키에 int를, 값으로 문자열 여러 쌍을 추가한다.

```
val map: Map<Int,String> = mapOf( Pair(1,"One"), Pair(2,"Two"),
Pair(3,"Three"), 4 to "Four", 5 to "Five")
```

맵 인터페이스의 다음 다이어그램을 살펴보자.

```
┌─────────────────────────────────────────────┐
│                                               │
│  ┌─────────────────────────────────────────┐ │
│  │                  Map                      │ │
│  ├─────────────────────────────────────────┤ │
│  │              size: Int                    │ │
│  │              keys: Set<K>                 │ │
│  │           values: Collection<V>           │ │
│  │      entries: Set<Map.Entry<K, V>>        │ │
│  ├─────────────────────────────────────────┤ │
│  │            isEmpty(): Boolean             │ │
│  │        containsKey(key: K): Boolean       │ │
│  │     containsValue(value: V): Boolean      │ │
│  │              get(key: K): V               │ │
│  │  getOrDefault(key: K, defaultValue: V): V │ │
│  └─────────────────────────────────────────┘ │
│                                               │
└─────────────────────────────────────────────┘
```

for문을 사용해 각 쌍에 접근할 수 있다. 쌍은 키와 값의 2가지 프로퍼티를 가진다. for를 사용해 각 쌍을 출력하는 다음 예를 살펴보자.

```
for(pair in map) {
   println("${pair.key} ${pair.value}")
}
```

세트와 마찬가지로 맵은 중복 값을 지원하지 않는다. 같은 유형의 쌍을 2개 이상 추가하고 화면에 맵을 출력해 확인할 수 있다.

```
val map: Map<Int,String> = mapOf( Pair(1,"One"), Pair(1,"One"), Pair(2,"Two"),
Pair(3,"Three"), 4 to "Four", 5 to "Five")
```

맵에는 (1, "One") 값의 한 쌍만 있을 것이다.

맵은 여러 가지 유용한 함수와 프로퍼티를 제공한다.

* Size 프로퍼티는 맵의 크기를 반환한다.

292

- isNotEmpty()는 맵이 비어 있으면 true를 반환하고 그렇지 않으면 false를 반환한다.

```
if( map.isNotEmpty()) {
   println("Map size is ${map.size}" )
}
```

- keys와 values 프로퍼티는 키 컬렉션과 값 컬렉션을 반환한다.

```
val setofkeys = map.keys
println("Keys $setofkeys")

val setofvalues = map.values
println("Values $setofvalues")
```

- entries 프로퍼티는 쌍의 컬렉션을 반환한다.

```
val setOfPairs = map.entries
for ((key, value) in setOfPairs) {
   println("$key $value")
}
```

- get(key) 함수는 키를 매개변수로 가지며 목록에서 값을 가져온다. 키가 존재하지 않으면 null을 반환한다.

- containsKey(key) 함수는 key를 매개변수로 사용하는데, 키가 존재하면 true를 반환하고 그렇지 않으면 false를 반환한다.

```
var key = 1
if(map.containsKey(key)) {
```

```kotlin
    val value = map.get(key)
    println("key: $key value: $value")
}
```

map에 키가 없으면 get 함수는 널을 반환하므로 널 가능 데이터 유형을 제공해야 한다. 정수를 매개변수로 사용해 문자열을 반환하는 함수를 만든다. daysOfWeek 맵은 int와 문자열 쌍을 포함하고 get 함수는 key의 값을 반환한다. 이는 날짜의 숫자다. get 함수가 키를 찾을 수 없으면 널을 반환한다. 이 함수를 컴파일 가능하게 만들려면 결과와 함수 반환 유형을 널 가능^{nullable}(?)으로 선언해야 한다.

```kotlin
fun mapDaysOfWeek(day: Int): String? {
    var result : String?
    val daysOfWeek: Map<Int, String> = mapOf(1 to "Monday", 2 to "Tuesday",
3 to "Wednesday", 4 to "Thrusday", 5 to "Firday", 6 to "Saturday", 7 to
"Sunday")

    result = daysOfWeek.get(day)
    return result
}
```

- getOrDefault(): 널 가능 변수가 혼동되지 않게 getOrDefault를 사용할 수 있다. 키가 존재하지 않으면 get 함수는 null을 반환하지만 이 함수는 대신 기본값을 반환한다.

```kotlin
fun mapDaysOfWeek(day: Int): String {
    var result : String
    val daysOfWeek: Map<Int, String> = mapOf(1 to "Monday", 2 to "Tuesday",
3 to "Wednesday", 4 to "Thrusday", 5 to "Firday", 6 to "Saturday", 7 to
"Sunday")
```

```
        result = daysOfWeek.getOrDefault(day, "Invalid input")
        return result
    }

    fun main(args: Array<String>) {
        var result = mapDaysOfWeek(1)
        println(result)
        result = mapDaysOfWeek(9)
        println(result)
    }
```

첫 번째 함수는 월요일을 반환하고 두 번째 함수는 invalid input을 반환한다.

가변 맵

가변 맵^{mutable map}은 쌍의 추가, 제거를 지원하며 기존 컬렉션을 변경하는 여러 가지 함수를 제공한다. mutableMapOf 함수를 사용해 가변 맵을 만들 수 있다.

```
val map : MutableMap<Int,String> = mutableMapOf ( Pair(1,"One"), Pair(1,"One"),
Pair(2,"Two"), Pair(3,"Three"))
```

MutableMap 인터페이스의 다음 다이어그램을 살펴보자.

```
┌─────────────────────────────────────────────────┐
│  ┌───────────────────────────────────────────┐  │
│  │                   Map                     │  │
│  ├───────────────────────────────────────────┤  │
│  │                size: Int                  │  │
│  │              keys: Set<K>                 │  │
│  │          values: Collection<V>            │  │
│  │      entries: Set<Map.Entry<K, V>>        │  │
│  ├───────────────────────────────────────────┤  │
│  │           isEmpty(): Boolean              │  │
│  │       containsKey(key: K): Boolean        │  │
│  │      containsValue(value: V): Boolean     │  │
│  │              get(key: K): V               │  │
│  │   getOrDefault(key: K, defaultValue: V): V│  │
│  └───────────────────────────────────────────┘  │
│                        ▲                          │
│                        │                          │
│  ┌───────────────────────────────────────────┐  │
│  │                MutableMap                 │  │
│  ├───────────────────────────────────────────┤  │
│  │          keys: MutableSet<K>              │  │
│  │      values: MutableCollection<V>         │  │
│  │ entries: MutableSet<MutableMap.MutableEntry<K, V>> │
│  ├───────────────────────────────────────────┤  │
│  │         put(key: K, value: V): V          │  │
│  │            remove(key: K): V?             │  │
│  │    remove(key: K, value: V): Boolean      │  │
│  │        putAll(from: Map<out K, V>)        │  │
│  │        public fun clear(): Unit           │  │
│  └───────────────────────────────────────────┘  │
└─────────────────────────────────────────────────┘
```

가변 맵은 다음의 함수를 제공한다.

- put(Pair) 함수는 맵의 끝에 쌍을 추가한다.

```
val result = map.put(4 ,"Four")
```

296

새 쌍이 성공적으로 추가되면 null을 반환한다. 맵은 중복 키를 가질 수 없으므로 키가 이미 존재하면 put 함수는 값을 기존 키로 대체하고 기존 키의 값을 반환한다.

```
var result = map.put(4 ,"Four")
result = map.put(4 ,"FOUR")
println(map)
println(result)
```

- remove(key) 함수는 키를 사용해 맵에서 쌍을 제거하는 데 사용한다. 쌍이 성공적으로 제거되면 널을 반환하고 그렇지 않아도 널을 반환한다.

- remove(key, value) 함수는 한 단계 더 나아가 삭제하려는 쌍이 있는지 확인하고자 키와 값을 사용한다. 성공하면 true를 반환하고 그렇지 않으면 false를 반환한다.

```
fun mutableMapRemove(){

    val map : MutableMap<Int,String> = mutableMapOf
(Pair(1,"One"),Pair(2,"Two"), Pair(3,"Three"), Pair(4,"Four"))
    println(map)

    var result = map.remove(4)
    println("Remove " + result)

    var success = map.remove(2,"Two")
    println("Remove " + success)

    println(map)
}
```

- clear() 함수는 맵에서 모든 쌍을 제거한다. 모든 요소를 제거하지만 맵 자체를 제거하지는 않는다.

- putAll() 함수는 기존 맵에 다른 맵을 추가하는 데 사용한다.

```
fun clearAndPutAll(){

    val map : MutableMap<Int,String> = mutableMapOf ( Pair(1,"One"),
Pair(2,"Two"), Pair(3,"Three"))
    println(map)

    val miniMap = mapOf(Pair(4,"Four"),Pair(5,"Five"))
    map.putAll(miniMap)
    println(map)

    map.clear()
    println(map)

    map.putAll(miniMap)
    println(map)
}
```

먼저 맵을 만들어 화면에 출력한다. 그런 다음 다른 맵(miniMap)을 만들고 putAll 함수를 사용해 기존 맵에 추가한다. 그런 다음 화면에 출력해 기본 맵(miniMap)을 확인한다. 작업이 끝나면 clear 함수를 사용해 맵을 지우고 putAll 함수를 사용해 맵(miniMap)을 추가한다.

코틀린에서 반복자

앞 절에서는 반복 가능한 컬렉션과 목록의 예를 살펴봤다. 이들 각각은 목록에서 반복하는 데 사용하는 반복자iterator를 갖고 있다. 코틀린은 여러 유형의 컬렉션에 대해 서로 다른 반복자를 제공한다. 이 절에서는 각 반복자를 자세히 살펴본다.

반복자

반복자는 iterator 계층의 부모나 기본 인터페이스다. 반복자는 list.iterator()를 사용해 모든 목록에 접근할 수 있다. 이것이 반복자를 목록, 컬렉션, 가변 목록에 사용할 수 있는 이유다.

Iterator
next() : T
hasNext(): Boolean

반복자에는 각 항목에 접근하는 데 도움이 되는 2가지 함수가 있다.

- hasNext(): 반복자가 반복할 항목을 찾으면 true를 반환하고 그렇지 않으면 false를 반환한다.

- next(): 목록의 항목을 반환하고 커서를 앞으로 이동한다.

```
fun iteratorFunction() {
  val list = listOf(1,2,3,4,5)
  var listIterator = list.iterator()

  while (listIterator.hasNext()) {
    println(listIterator.next())
  }
}
```

hasNext 함수를 사용해 항목이 목록에 있는지 확인한다. next() 함수를 사용해 요소를 가져올 수 있다.

list 반복자

list 반복자는 반복자 인터페이스를 상속하며 몇 가지 추가 함수가 있다. 반복자 인터페이스는 한 방향으로만 이동할 수 있지만 list 반복자는 양방향으로 이동할 수 있다. hasNext() 함수를 사용해 다음 요소를 확인할 수 있으며 hasPrevious() 함수를 사용해 이전 함수를 확인할 수도 있다. 반복자 인터페이스에서 상속받은 ListIterator의 다이어그램을 살펴보자.

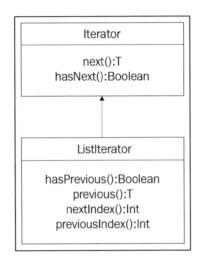

제공되는 함수를 간략하게 살펴보자.

- hasPrevious() 함수는 반복자가 현재 위치에서 이전 위치에 있는 요소를 찾으면 true를 반환하고 그렇지 않으면 false를 반환한다.
- previous() 함수는 현재 위치에서 이전 요소를 반환하고 커서를 뒤로 이동한다.
- nextIndex(): Int 함수는 현재 위치에서 다음 색인을 반환한다.
- previousIndex(): Int 함수는 현재 위치에서 이전 색인을 반환한다.

ListIterator를 사용해 목록을 반복하고 next, previous 함수를 사용해 앞뒤로 이동하는 다음 코드를 살펴보자.

```
fun listIterator() {

    val list: List<Int> = listOf(10, 20, 30)
    var iteraror: ListIterator<Int> = list.listIterator()

    println("has next and next function")
    while (iteraror.hasNext()) {
      println(iteraror.next())
    }

    println("has previous and previous function")
    while (iteraror.hasPrevious()) {
      println(iteraror.previous())
    }

    println("nextIndex ${iteraror.nextIndex()}")
    println("next ${iteraror.next()}")

    println("nextIndex ${iteraror.nextIndex()}")
    println("next ${iteraror.next()}")

    println("previousIndex ${iteraror.previousIndex()}")
    println("previous ${iteraror.previous()}")
}
```

결과를 보고 반복자의 각 함수를 확인한다.

가변 반복자

가변 반복자^{Mutable iterator}는 반복자 인터페이스를 상속한다. 이름에서 알 수 있듯이 이 반복자 가변 목록과 함께 작동하며 목록에서 항목을 제거하는 데 도움을 줄 수 있다.

Iterator 인터페이스를 상속받는 MutableIterator 인터페이스 다이어그램을 살펴보자.

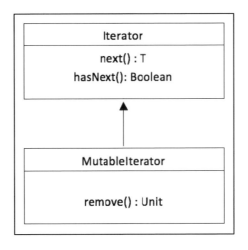

이 인터페이스는 목록의 현재 요소를 제거하는 remove() 함수 하나만 제공한다. 다음 예에서는 3과 같은 항목을 모두 제거한다.

```
fun mutableIterator(){

    val mutableListValues : MutableList<Int> = mutableListOf(1,2,3,4,5)
    val mutableIterator : MutableIterator<Int> = mutableListValues.listIterator()

    while(mutableIterator.hasNext()) {
        if(mutableIterator.next() == 3) {
            mutableIterator.remove()
        }
    }
}
```

next(), hasNext() 함수는 반복자 인터페이스가 갖고 있고 remove() 함수는 mutableIterator 인터페이스를 갖고 있다. 기본 요소가 3이면 반복자는 목록에서 요소를 제거한다.

iterator.hasNext() 함수가 true를 반환하면 next() 함수를 사용해 반복자를 대상 요소로 이동해야 한다.

다음 코드를 실행한다.

```
while(mutableIterator.hasNext()) {
    mutableIterator.remove()
}
```

next() 함수를 호출하기 전에 remove() 함수가 호출되면 IllegalStateException
을 발생시킨다.

가변 목록 반복자

가변 목록 반복자^{Mutable list iterator}는 가장 강력한 반복자다. 가변 목록 반복자는 목록
반복자와 MutableListIterator 인터페이스를 상속하고 자신의 함수를 갖고 있다. 다
음의 다이어그램에서는 MutableListIterator가 MutableIterator와 ListIterator
를 어떻게 상속하는지를 알 수 있다.

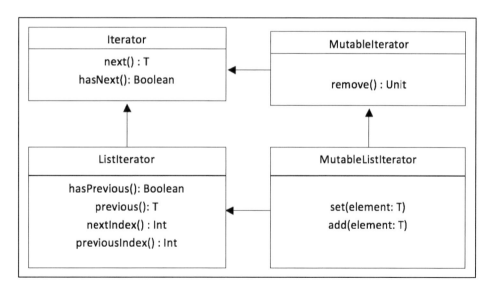

제공되는 함수를 살펴보자.

- add(element) 함수는 요소를 목록에 추가한다. 요소는 next() 함수에 의해 반환되는 요소 앞에 추가되거나 previous() 함수에 의해 반환되는 요소 뒤에 추가된다.

```kotlin
fun mutableListIteratorFunctionAdd() {

    val mutableListValues: MutableList<Int> = mutableListOf(2, 3, 6)
    var mutableListIterator: MutableListIterator<Int> =
mutableListValues.listIterator()

    while (mutableListIterator.hasNext()) {
        if (mutableListIterator.next() == 3)
            mutableListIterator.add((4))
    }

    println(mutableListValues)
    while (mutableListIterator.hasPrevious()) {
        if (mutableListIterator.previous() == 6)
            mutableListIterator.add((5))
    }
    println(mutableListValues)
}
```

- set(element) 함수는 next() 또는 previous()가 호출한 요소를 변경한다.

```kotlin
fun mutableListIteratorFunction() {
    val mutableListValues: MutableList<Int> = mutableListOf(2, 3, 6)
    var mutableListIterator: MutableListIterator<Int> =
mutableListValues.listIterator()

    println(mutableListValues)

    while (mutableListIterator.hasNext()) {
        if (mutableListIterator.next() == 3) {
```

```
            mutableListIterator.set(4)
        }
    }
    println(mutableListValues)
}
```

set 함수는 요소 3을 요소 4로 대체한다.

필터와 컬렉션 함수

코틀린은 풍부한 필터^{filter}와 컬렉션 함수^{collection functions} 라이브러리를 제공한다. 이
절에서는 컬렉션에서 원하는 결과를 필터링해 원치 않는 요소를 제거하는 필터를
살펴본다. 그런 다음 컬렉션을 위해 특별히 고안된 컬렉션 함수를 살펴본다.

filter 함수

filter 함수는 코틀린에서 가장 일반적으로 사용되는 함수다. filter 함수는 하나
의 변수를 입력으로 사용해 결과와 동일한 변수를 반환하는 람다식을 사용한다.
filter 함수는 람다식을 적용하고 결과로 목록을 반환한다. 정수 목록을 만들고
필터를 적용하자.

```
var numbers = listOf<Int>(1,2,3,4,5,6,7,8,9,10)
```

다음과 같이 5보다 큰 모든 요소를 필터링할 수 있다.

```
var newList = numbers.filter{ i -> i > 5 }
println("Filter out greater than 5")
```

```
    println(newList)
```

i는 목록의 요소를 나타내고 i > 5는 결과를 필터링하는 조건이다. 람다식은 요소를 필터링하고 filter 함수는 새 목록을 반환한다.

다음과 같이 5보다 작거나 같은 모든 요소를 필터링할 수 있다.

```
    newList = numbers.filter { i -> i <= 5 }
```

it 키워드

filter 함수는 하나의 변수 유형을 입력으로 사용해 결과를 반환하는 람다식을 사용한다. 람다식이 단일 변수를 다루는 경우 it 키워드로 표현할 수 있다. 다음과 같이 모든 짝수를 걸러낼 수 있는 필터를 작성할 수 있다.

```
    newList = numbers.filter { it % 2 == 0 }
    println("Filter out Even numbers")
    println(newList)
```

i-> i % 2 == 0을 쓰는 대신 직접 it % 2 == 0으로 쓸 수 있다. 모든 것을 자체적으로 처리할 수 있다.

filterNot 함수

filterNot은 filter 함수의 반대로 람다식을 사용하고 새 목록을 반환한다. 다음과 같이 홀수를 걸러낼 수 있는 필터를 작성할 수 있다.

306

```
newList = numbers.filterNot { it % 2 == 0 }
println("Filter out Odd numbers")
println(newList)
```

filterNotNull 함수

filterNotNull 함수는 모든 널 값을 무시하고 널 요소가 없는 새 목록을 반환한다.
널 값을 포함해 다른 데이터 유형의 목록을 만든 다음 filterNotNull() 함수를
적용해보자.

```
val list = listOf("One", 2, 3, null, "Four", null)
var newList = list.filterNotNull()
println(newList)
```

목록의 출력 결과는 다음과 같다.

```
[One, 2, 3, Four]
```

filterNotNull 함수는 널이 아닌 요소의 목록을 만드는 데 사용되는 listOfNotNull
함수 대신 사용할 수 있다.

```
var notNullList = listOfNotNull(1,2,null,"Three","Four")
println("Not null $notNullList")
```

여기서 추가되는 널 값은 무시된다.

filterIsInstance⟨dataType⟩ 함수

이 함수를 사용하면 특정 유형의 요소를 걸러낼 수 있다. 서로 다른 요소의 목록을 만들고 걸러낼 데이터 유형을 명시적으로 정의해 filterIsInstance⟨type⟩ 함수를 호출할 수 있다. 다음 예를 살펴보자.

```kotlin
val list = listOf("One", 2.0, 3, null, "Four", 5)

val stringList = list.filterIsInstance<String>()
println("Filter string elements")
println(stringList)

val intList = list.filterIsInstance<Int>()
println("Filter int elements")
println(intList)
```

filterIsInstance⟨String⟩ 함수는 문자열 요소 목록을 반환하지만 filterIsInstance ⟨Int⟩는 정수 요소 목록을 반환한다.

slice 함수

slice 함수는 목록이나 범위를 인수로 가지며 지정된 목록 색인에 있는 요소의 목록을 반환한다.

다음 예를 살펴보자.

```kotlin
var numbers = listOf<Int>(1,2,3,4,5,6,7,8,9,10)

var newList = numbers.slice(0..4)
println("Slice of first four elements")
println(newList)
```

```
newList = numbers.slice(listOf(1,4,8))
println("Slice of selected elements")
println(newList)
```

numbers.slice(0..4) 함수는 0에서 4까지의 범위를 갖고 숫자 목록에서 0부터 4까지의 요소를 가진 목록을 반환한다.

numbers.slice(listOf(1,4,8)) 함수는 다른 위치에서 요소를 선택할 수 있다. 이 예에서 slice 함수는 인덱스 1, 4, 8에서 요소 2, 5, 9를 가져온다. 다른 값을 제공해 slice 함수의 출력을 확인한다.

```
[1, 2, 3, 4, 5]
[2, 5, 9]
```

take 함수

take 함수는 매우 직관적인 함수다. 목록에서 여러 요소를 가져오는 인수를 허용한다.

```
var numbers = listOf<Int>(1,2,3,4,5,4,3,8,9,10)
var newList = numbers.take(5)
println("Take first 5 elements")
println(newList)
```

number.take(5) 함수는 처음 다섯 요소의 목록을 반환한다. take 함수에는 여러 가지 변형이 있다.

takeLast

takeLast 함수는 인수를 사용해 목록의 마지막 요소를 반환한다.

```
newList = numbers.takeLast(5)
println("Take last 5 elements")
println(newList)
```

number.takeLast(5) 함수는 마지막 5개 요소의 목록을 반환한다.

takeWhile

takeWhile 함수는 람다식을 허용한다. 이 함수는 조건이 충족되지 않을 때까지 요소를 계속 가져온다.

```
var numbers = listOf<Int>(1,2,3,4,5,4,3,8,9,10)
newList = numbers.takeWhile { it < 5 }
println("Take all elements from the beginning of the list, until the element is
5 or more").
println(newList)
```

여기서 출력은 [1, 2, 3, 4]이다. 숫자 목록에는 5개 미만인 총 6개의 요소가 있지만 takeWhile 함수는 조건이 false가 되면 즉시 실행을 중지한다.

takeLastWhile

takeLastWhile 함수는 람다식을 가진다. 이 함수는 조건이 충족되지 않을 때까지 목록의 끝에서 요소를 가져온다.

```
newList = numbers.takeLastWhile { it > 5 }
println("Take all elements from end of the list, which are greater than 5")
println(newList)
```

여기서 출력은 [8, 9, 10]이다. takeLastWhile 함수는 목록의 끝에서 실행을 시작하고 주어진 조건이 false가 되면 실행을 중지한다.

drop 함수

drop 함수는 또 다른 매우 직관적인 함수다. drop 함수는 인수를 받고 기본 목록에서 많은 수의 요소를 무시하며 결과로 새 목록을 반환한다. 다음 예를 살펴보자.

```
var numbers = listOf<Int>(1,2,3,4,5,4,3,8,9,10)
var newList = numbers.drop(5)
println("Drop first 5 elements")
println(newList)
```

drop 함수는 목록에서 처음 다섯 요소를 삭제하고 [4, 3, 8, 9, 10]을 결과로 반환한다. drop 함수에는 여러 가지 변형이 있다.

dropLast

dropLast 함수는 목록의 마지막 요소 수만큼을 무시한다.

```
newList = numbers.dropLast(5)
println("Drop last 5 elements")
println(newList)
```

dropWhile

dropWhile 함수는 람다식을 허용한다. 이 함수는 조건이 만족될 때까지 요소를 무시한 채로 새 목록을 결과로 반환한다.

```
newList = numbers.dropWhile { it < 5 }
println("Drop from beginning : while element is less than 5")
println(newList)
```

dropWhileLast

dropLastWhile 함수는 람다식을 허용한다. 이 함수는 조건이 충족될 때까지 목록의 끝에서 요소를 무시한다.

```
newList = numbers.dropLastWhile { it > 5 }
println("Drop from end : while element is greater than 5")
println(newList)
```

fold 함수

fold 함수는 목록의 모든 요소에 산술 연산을 수행하고 결과를 반환한다. fold 함수의 개념을 이해하고자 덧셈을 하는 연산을 사용해보자. 목록의 모든 요소를 추가하고 결과를 반환한다. fold 함수는 정수 매개변수와 람다식을 사용한다. 첫 번째 매개변수는 초깃값을 나타내고 두 번째 매개변수는 두 개의 값을 더하는 람다식을 사용한다.

```
var numbers = listOf<Int>(1,2,3,4,5)
var result = numbers.fold(0){i,j -> i + j}
```

```
println("From beginning : add all elements of the list, Initial value is 0: " +
result)
```

fold 함수는 초기화로 0을 사용하고 모든 요소를 추가한 다음 결과를 반환한다. 내부적으로 작동하는 방식을 이해하려면 정수 유형의 매개변수 2개를 사용해 결과를 반환하는 람다식의 서명과 일치하는 함수를 만든다.

```
fun foldHelper(i : Int, j : Int) : Int{
    println("$i , $j")
    return i + j
}
```

i와 j의 값을 출력할 수 있고 그것들을 더해 값을 반환할 수 있다.

여기에 표시된 것처럼 foldHelper를 fold 함수에 전달하고 프로그램을 실행한다.

```
var numbers = listOf<Int>(1,2,3,4,5)
var result = numbers.fold(0, ::foldHelper)
println("Answer = " + result)
```

이 함수의 출력 결과는 다음과 같다.

```
0 , 1
1 , 2
3 , 3
6 , 4
10 , 5
Answer = 15
```

각 반복에서 fold 함수는 목록에서 요소를 가져와 i에 할당하고 산술 연산 후 j에 저장한다. fold 함수에는 2가지 변형이 있다.

foldRight

foldRight 함수의 개념을 이해하고자 덧셈 연산을 사용해보자. foldRight 함수는 목록의 모든 요소를 추가하고 결과를 반환한다. fold 함수와 마찬가지로 정수 매개 변수와 람다식을 사용한다. 차이점은 foldRight 함수가 목록의 끝에서 실행되기 시작한다는 것이다.

```
result = numbers.foldRight(0){i,j -> i + j}
println("From End : add all elements of the list " + result)
```

reduce 함수

reduce 함수의 개념을 이해하고자 덧셈 연산을 사용해보자. reduce 함수는 목록의 모든 요소를 추가하고 결과를 반환한다. fold와 reduce 함수의 차이는 fold 함수가 초깃값 fold(0){i, j -> i + j}를 제공하지만 reduce 함수는 reduce {acc, i -> i + acc}로 초깃값이 없다.

reduce 함수는 다음과 같이 2개의 변수를 사용해 결과를 반환하는 람다식을 사용한다.

```
var numbers = listOf<Int>(1,2,3,4,5)
var result = numbers.reduce { acc, i -> i + acc }
println("From beginning : add all elements of the list $result")
```

reduce 함수에는 2가지 변형이 있다.

reduceRight

reduceRight 함수는 2개의 변수를 사용해 결과를 반환하는 람다식을 사용한다. reduce와 reduceRight의 차이는 reduce 함수가 인덱스 0에서 반복하기 시작하고 reduceRight가 목록의 끝에서부터 시작한다는 것이다.

```
result = numbers.reduceRight { i, acc -> i + acc}
println("From end : add all elements of the list $result")
```

reduceRightIndexed

reduceRightIndexed 함수는 reduceRight 함수와 동일하게 작동하지만 람다식은 3개의 변수를 사용해 결과를 반환한다.

```
result = numbers.reduceRightIndexed { index , i, acc -> i + acc }
println("From end : add all elements of the list $result")
```

몇 가지 중요한 함수

코틀린은 많은 양의 유용한 함수를 제공하지만 이 책에서 모두 다루지는 않을 것이다. 코틀린 SDK를 보고 구현하면서 해당 함수를 자세히 알아보는 것이 좋다. 이 절에서는 일상적인 프로그래밍에서 사용할 수 있는 몇 가지 중요한 함수를 살펴본다.

forEach

forEach 함수는 목록의 각 요소를 반환한다.

```
var numbers = listOf<Int>(1,2,3,4,5,6,7,8,9,10)
println("Print all elements of list")
numbers.forEach{ println(it)}
```

forEachIndexed

forEachIndex 함수는 목록의 각 요소와 색인을 반환한다.

```
println("Print elements with index")
numbers.forEachIndexed { index, element -> println("Element $element at index
$index") }
```

onEach

onEach 함수는 목록의 각 요소를 반환하고 이후에 원래 목록을 반환한다.

```
println("Get original list back and print square of each element")
var newNumbers = numbers.onEach{ println(it * it)}
```

max와 maxBy

max 함수는 목록의 최댓값을 반환한다. maxBy 함수는 하나의 값을 갖는 람다식을 가지며 다음과 같이 람다식에 음의 값을 전달해 목록에서 가장 작은 값을 얻을 수 있다.

```
println("Get max value ${numbers.max()}")
println("Get min value ${numbers.maxBy { -it }}")
```

min과 minBy

min 함수는 목록의 가장 작은 값을 반환한다. minBy 함수는 하나의 값을 갖는 람다식을 가지며 다음과 같이 람다식에 음의 값을 전달해 목록에서 가장 큰 값을 얻을 수 있다.

```
println("Get min value ${numbers.min()}")
println("Get max value ${numbers.minBy { -it }}")
```

⁙ 요약

5장에서는 컬렉션, 목록, 반복자의 여러 유형과 이들이 함께 동작하는 방법을 알아봤다. 가장 간단한 컬렉션, 범위, 배열을 살펴보면서 시작했다. 그런 다음 불변 및 가변 컬렉션과 내장 함수를 살펴봤다. 그 후 이러한 인터페이스와 다른 인터페이스와의 상속을 살펴봤다. 그런 다음 세트와 맵이 배열이나 목록과 다른 점을 살펴봤다. 나중에 가변, 불변 반복자를 알아봤고 컬렉션 필터와 컬렉션 함수를 자세하게 살펴봤다.

⁙ 질문

1. 범위란 무엇이며 배열은 무엇인가?

2. 불변 또는 가변 컬렉션은 무엇인가?

3. 컬렉션 반복자는 무엇인가?

4. 반복 가능 컬렉션 및 목록은 무엇인가?

5. 세트와 맵은 무엇이며 왜 독특한가?

6. 가변 반복자, 가변 컬렉션, 가변 목록은 무엇인가?

⠿ 참고 도서 목록

가스통 힐라^{Gastón C. Hillar}의 『Learning Object-Oriented Programming』(Packt, 2015):
https://www.packtpub.com/application-development/learning-object-oriented-
programming

06

코틀린을 사용한 객체지향 패턴

패턴^{pattern}은 소프트웨어 아키텍처와 관련된 개념이다. 아키텍처란 요소와 관계를 포함한 프로그래밍 코드의 구조를 의미한다. 일상적으로 문제를 해결하는 데 사용할 패턴을 바르게 고르는 것이 중요하다. 이는 패턴을 선택하고 구현하는 것이 비용이 많이 드는 일회성 절차이기 때문이다.

6장에서 다루는 내용은 다음과 같다.

- 설계 패턴은 무엇이며 어떻게 도움을 주는가?
- 설계 패턴의 유형
- 생성 패턴
- 구조 패턴
- 행동 패턴

∰ 기술적 요구 사항

6장의 코드를 실행하려면 인텔리제이 IDEA와 깃^{Git}이 설치돼 있어야 하지만 추가로 다시 설치할 것은 없다. 이 장의 예는 깃허브의 다음 링크에서 찾을 수 있다.

https://github.com/PacktPublishing/Hands-On-Object-Oriented-Programming-with-Kotlin/tree/master/src/main/kotlin/Chapter06

∰ 설계 패턴은 무엇이며 어떻게 도움을 주는가?

소프트웨어 개발 프로세스에는 새로운 클래스와 인터페이스를 생성하고 상속 계층 구조를 작성해 객체 간에 통신을 설정한다. 객체지향 프로그래밍은 캡슐화, 구성, 상속, 다형성 등과 같은 매우 강력한 개념을 사용해 엔티티와 프로세스의 추상화를 구축하는 데 도움이 된다. 개발자는 하나 또는 그 이상의 문제를 해결하는 코드를 작성한다는 것을 알아야 한다.

소프트웨어 설계는 객체지향 프로그램의 개념을 적용해 솔루션을 구현하는 과정이다. 공통적으로 발생하는 솔루션의 구현은 여러 상황에서 재사용할 수 있는 경우 소프트웨어 설계 패턴이라 한다. 설계 템플릿을 사용하는 가장 일반적인 이유는 다음과 같다.

- 개발 프로세스 가속화
- 코드 품질 향상
- 개발자 간의 의사소통 시간 단축

패턴을 재사용하면 흔히 발생하는 문제를 예방할 수 있으므로 코드 품질을 향상시킬 수 있다. 또한 패턴에 익숙한 개발자에게 의사소통과 코드 검토에 소요되는 시간을 줄이고 가독성과 이해력을 향상시킨다. 결과적으로 개발 프로세스의 속도를 높일 수 있다.

객체지향 프로그래밍의 소프트웨어 설계 패턴은 클래스와 객체 간의 관계와 통신을 보여준다. UML^{Unified Modeling Language}의 사용은 구조를 설명하고 템플릿을 소프트웨어 설계에 적용하는 일반적인 관행이다. 다음 다이어그램은 strategy 패턴을 나타낸다.

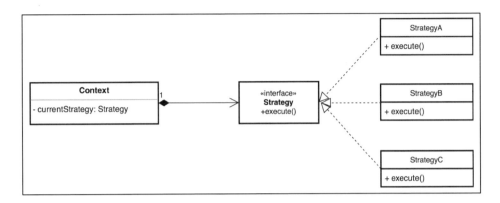

이 다이어그램은 전략^{strategy} 패턴에 따라 클래스와 인터페이스 간의 관계를 보여준다. 이 템플릿을 더 자세히 확인해보겠지만 먼저 패턴 유형을 살펴보자.

⋮⋮ 설계 패턴의 유형

소프트웨어 설계 패턴은 복잡한 초기화가 필요하거나 객체 간 통신을 설정해야 하는 객체 생성과 같은 문제에 대한 솔루션을 제공한다. 또한 패턴은 객체를 만들거나 새로운 기능을 얻고자 상속 계층을 구축하는 방법을 정의한다.

설계 패턴에는 3가지 유형이 있다.

* 생성
* 행동
* 구조

다음 다이어그램은 가장 일반적인 패턴을 그룹별로 나눈 것이다.

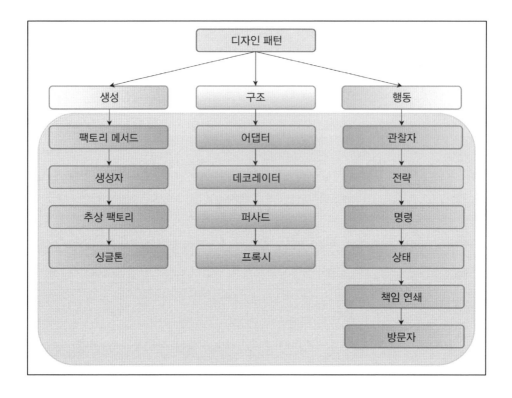

생성 패턴

복잡한 초기화가 필요한 객체 생성을 제어하기가 어려울 수 있다. 또한 때로는 클래스에서 런타임에 어떤 객체를 생성해야 하는지를 결정할 필요가 있다. 이는 런타임 시 특정 시점 직전에 알려진 상태나 외부 값(예, 서버나 파일에서 검색한 값)에 따라 달라질 수 있다.

생성^{Creational} 그룹에 속하는 가장 일반적인 패턴은 다음과 같다.

- 팩토리 메서드$^{Factory\ method}$
- 생성자^{Builder}
- 추상 팩토리$^{Abstract\ factory}$
- 싱글톤^{Singleton}

구조 패턴

이 패턴 그룹은 새로운 기능이나 단순한 인터페이스를 얻을 수 있도록 계층의 상속을 정리하는 데 도움을 준다. 또한 객체를 기본 인스턴스의 인터페이스에 대한 접근을 제한하는 또 다른 객체로 포장할 수도 있다. 다음 목록에는 가장 일반적인 구조^{Structual} 패턴이 나와 있다.

- 어댑터^{Adaptor}
- 데코레이터^{Decorator}
- 퍼사드^{Facade}
- 프록시^{Proxy}

행동 패턴

객체의 동작을 동적으로 변경해야 하는 경우 행동^{Behavioral} 패턴을 사용하는 것을 고려해야 한다. 이 그룹은 객체 간 통신을 담당하며 다음과 같은 패턴도 포함하고 있다.

- 관찰자^{Observer}
- 전략^{Strategy}
- 명령^{Command}
- 상태^{State}
- 책임 연쇄^{Chain of Resonsibility}
- 방문자^{Visitor}

이제 이 디자인 패턴들 각각을 더 자세히 알아본다.

⁝⁝· 생성 패턴

객체 생성 프로세스를 좀 더 추상적으로 만들거나 특정 유형의 객체를 동적으로 결정할 때 생성 패턴을 고려해야 한다. 또한 필드 초기화 순서를 지정하거나 객체 생성 프로세스를 좀 더 유연하게 만들 수도 있다. 코틀린은 자바와 비교해 더 많은 현대적 특징을 갖고 있기 때문에 특정 패턴의 구현이 크게 다를 수 있다는 점에 유의해야 한다. 예를 들어 이를 증명하는 것이 좋다.

이 절에서는 다음 패턴을 다룬다.

- 생성자
- 팩토리 메서드
- 추상 팩토리
- 싱글톤

생성자

생성자^{Builder} 패턴은 새로운 객체를 생성하는 동안 많은 필드를 초기화해야 할 때 유용하다. 이 패턴을 사용하면 많은 매개변수를 사용하는 생성자 대신 전달된 모든 인수를 수집하고 새 객체를 생성하는 오버레이 클래스를 만들 수 있다. 고전적인 자바 방식으로 이 패턴의 일반적인 구현을 살펴보겠다. 햄버거를 요리해야 한다고 상상해보자. 그러려면 재료 클래스를 정의해야 한다.

```
class Meat
class Cheese
class Ketchup
class Bun
```

또한 모든 재료를 캡슐화하는 Burger 클래스를 정의해야 한다.

```kotlin
class Burger {
    private val meat: Meat
    private val cheese: Cheese
    private val ketchup: Ketchup
    private val topBun: Bun
    private val bottomBun: Bun

    private constructor(meat: Meat, cheese: Cheese, ketchup: Ketchup, topBun:
Bun, bottomBun: Bun) {
        this.meat = meat
        this.cheese = cheese
        this.ketchup = ketchup
        this.topBun = topBun
        this.bottomBun = bottomBun
    }
}
```

생성자 패턴은 모든 인수를 얻고 새 인스턴스를 생성하는 중첩된 생성자 클래스를
사용한다고 가정한다. 이 클래스는 다음과 같이 작성할 수 있다.

```kotlin
class Builder {
    private var meat: Meat = Meat()
    private var cheese: Cheese = Cheese()
    private var ketchup: Ketchup = Ketchup()
    private var topBun: Bun = Bun()
    private var bottomBun: Bun = Bun()

    fun setMeat(meat: Meat): Builder {
        this.meat = meat
        return this
    }

    ///.............
    fun setBottomBun(bottomBun: Bun): Builder {
```

```
        this.bottomBun = bottomBun
        return this
    }

    fun build(): Burger {
        return Burger(meat, cheese, ketchup, topBun, bottomBun)
    }
```

이 구현은 다음과 같이 사용할 수 있다.

```
fun main(args: Array<String>) {
    val burger: Burger = Burger.Builder()
        .setMeat(Meat())
        .setKetchup(Ketchup())
        .build()
}
```

필드는 이미 기본값으로 초기화됐기 때문에 Builder 클래스의 모든 세터를 사용할
필요는 없다.

보다시피, 이 패턴의 고전적인 구현은 많은 상용구 코드를 필요로 하지만 코틀린에
서는 예를 들어 명명된 기본 인수 기능을 사용할 수 있다. Kotlinger 클래스를
만든다.

```
class Kotlinger(private val meat: Meat = Meat(),
                private val cheese: Cheese = Cheese(),
                private val ketchup: Ketchup = Ketchup(),
                private val topBun: Bun = Bun(),
                private val bottomBun: Bun = Bun())
```

다음과 같이 사용할 수 있다.

```
val kotlinger: Kotlinger = Kotlinger(
   meat = Meat(),
   ketchup = Ketchup()
)
```

명명된 기본 인수 기능을 사용하면 기존 구현 방식을 사용할 때와 동일한 이점을 얻을 수 있다.

좀 더 복잡한 경우에는 유형 안전Type-Safe 생성자를 사용할 수 있다. 이 개념은 코틀린의 수신자 객체 특징을 가진 함수를 기반으로 하며 도메인 특정 언어DSL, Domain-Specific Language의 기능을 생성자 패턴으로 가져온다. 다음과 같은 간단한 사용자 인터페이스 생성 예를 살펴보자.

```
class Window(init: Window.() -> Unit) {
   private var header: TextView? = null
   private var footer: TextView? = null

   init {
      init()
   }

   fun header(init: TextView.() -> Unit) {
      this.header = TextView().apply { init() }
   }

   fun footer(init: TextView.() -> Unit) {
      this.footer = TextView().apply { init() }
   }
}
```

Window 클래스는 TextView 클래스를 사용하며 다음과 같이 보인다.

```
class TextView {
    var text: String = ""
    var color: String = "#000000"
}
```

Window 클래스의 새 객체를 더 쉽게 이해할 수 있도록 다음과 같이 window 함수를 만들 수 있다.

```
fun window(init: Window.() -> Unit): Window {
    return Window(init)
}
```

마지막으로 다음과 같이 복잡한 초기화를 사용해 Window 클래스의 새 인스턴스를 만들 수 있다.

```
window {
    header {
        text = "Header"
        color = "#00FF00"
    }
    footer {
        text = "Footer"
    }
}
```

팩토리 메서드

팩토리 메서드^{Factory method} 패턴은 생성자 대신 특수 클래스의 일반 메서드를 사용해 객체 생성 프로세스를 좀 더 추상화하는 데 사용한다. 이 접근 방식은 런타임에

특정 하위 유형의 객체를 인스턴스화할 수 있게 해준다. 다음 UML 다이어그램은
이 패턴에 따른 클래스와 인터페이스 구성을 보여준다.

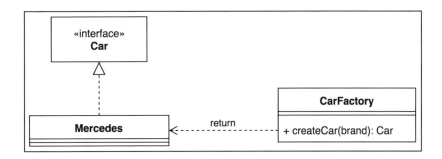

이 다이어그램에는 Car 인터페이스를 구현하는 Mercedes 클래스가 포함돼 있다.
CarFactory 클래스는 Car 유형의 새 인스턴스를 만드는 역할을 담당한다.

구현은 다음과 같다.

```
class CarFactory {
    fun createCar(brand: Brand): Car {
        return when(brand) {
            Brand.BMW -> BMW()
            Brand.MERCEDES -> Mercedes()
            Brand.HONDA -> Honda()
            Brand.MAZDA -> Mazda()
        }
    }
}
```

CarFactory 클래스는 Car 유형의 인스턴스를 반환하는 createCar 함수를 갖고 있다.

```
interface Car
class Mercedes: Car
class BMW: Car
```

```
class Honda: Car
class Mazda: Car
```

또한 createCar 메서드는 Brand 인스턴스의 예를 들 수 있다.

```
enum class Brand {
    BMW,
    MERCEDES,
    HONDA,
    MAZDA
}
```

이 구현은 다음과 같이 사용할 수 있다.

```
fun main(args: Array<String>) {
    val mercedes = CarFactory().createCar(Brand.MERCEDES)
}
```

추상 팩토리

추상 팩토리^{Abstract factory} 패턴은 팩토리 메서드와 비슷한 방식으로 작동하지만 좀 더 복잡한 경우에 사용된다. 이 패턴에 따르면 다른 팩토리를 생성하는 팩토리를 갖고 있다.

다음 다이어그램은 계층의 유형을 보여준다.

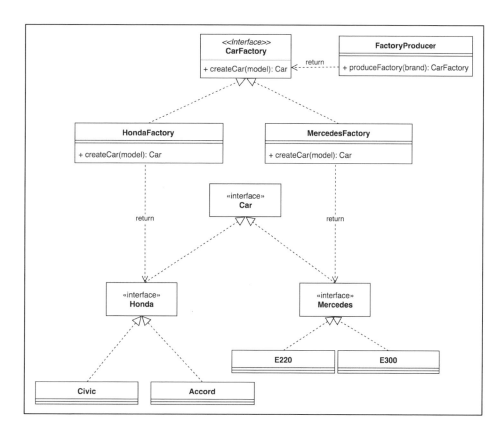

위의 UML 다이어그램에는 CarFactory 인터페이스를 구현하는 MercedesFactory
와 HondaFactory 클래스가 있다. FactoryProducer 클래스는 CarFactory 유형의
새 인스턴스를 반환하는 produceFactory 메서드를 갖고 있다. CarFactory 인터페
이스에는 Car 클래스의 인스턴스를 반환하는 createCar 메서드를 갖고 있다. Car
인터페이스는 Mercedes와 Honda 인터페이스에 의해 상속되며 Civic, Accord,
E220, E300과 같은 특정 클래스에 의해 구현된다.

앞의 다이어그램에 표시된 클래스와 인터페이스의 계층 구조는 다음과 같이 구현할
수 있다.

```
class FactoryProducer {
```

```
    fun produceFactory(brand: Brand): Factory = when (brand) {
        Brand.MERCEDES -> MercedesFactory()
        Brand.HONDA -> HondaFactory()
        Brand.MAZDA -> TODO()
        Brand.BMW -> TODO()
    }
}
```

Factory 인터페이스는 다음과 같다.

```
interface Factory {
    fun createCar(model: Model): Car
}
```

Factory 인터페이스를 구현하는 클래스는 다음과 같다.

```
class MercedesFactory : Factory {
    override fun createCar(model: Model): Car = when (model) {
        MercedesModel.E220 -> E220()
        MercedesModel.E300 -> E300()
        else -> TODO()
    }
}

class HondaFactory : Factory {
    override fun createCar(model: Model): Car = when (model) {
        HondaModel.ACCORD -> Accord()
        HondaModel.CIVIC -> Civic()
        else -> TODO()
    }
}
```

Model 인터페이스는 다음과 같다.

```
interface Model
```

다음과 같이 구현할 수 있다.

```
enum class MercedesModel : Model {
    E220,
    E300
}

enum class HondaModel : Model {
    ACCORD,
    CIVIC
}
```

다음과 같이 추상 팩토리 패턴 구현을 사용할 수 있다.

```
fun main(args: Array<String>) {
    val e220 = FactoryProducer().produceFactory(Brand.MERCEDES).
createCar(MercedesModel.E220)
}
```

싱글톤

싱글톤^{Singleton} 패턴은 특정 클래스의 인스턴스를 하나만 생성하려는 경우에 사용한다. 이 패턴에 따라 클래스는 기본 인스턴스에 대한 참조를 제공해야 할 책임이 있다. 다음 예는 자바에서 싱글톤 패턴을 구현하는 가장 쉬운 방법을 보여준다.

```java
public class Singleton {

   private Singleton() {}
   private static final Singleton INSTANCE = new Singleton();

   public static Singleton getInstance() {
      return INSTANCE;
   }
}
```

그러나 코틀린은 객체 선언의 개념을 지원한다. 예를 들어 현재 로그인한 사용자를 나타내는 객체를 생성해야 한다고 하자.

```kotlin
object User {
   var firstName: String? = null
   var lastName: String? = null
}
```

자바로 역컴파일된 버전은 다음과 같다.

```java
public final class User {
   @JvmField
   @Nullable
   public static String firstName;
   @JvmField
   @Nullable
   public static String lastName;
   public static final User INSTANCE;

   static {
      User var0 = new User();
      INSTANCE = var0;
   }
```

```
    }
```

보다시피 객체 선언은 자바가 쉬운 것처럼 보인다. 그러나 이 방법은 애플리케이션이 시작될 때 필요하지 않더라도 클래스의 인스턴스를 바로 생성하기 때문에 비효율적일 수 있다. 이 문제를 해결하고자 다음과 같이 지연 로드 싱글톤을 사용할 수 있다.

```java
public class Singleton {
   private Singleton() {}
   private static JavaSingleton INSTANCE;

   public static JavaSingleton getInstance() throws Throwable {
      if (INSTANCE == null) {
         INSTANCE = new JavaSingleton();
      }
      return INSTANCE;
   }
}
```

코틀린에서 프로퍼티를 선언할 수 있으므로 다음 예처럼 사용할 수 있다.

```kotlin
class User private constructor(
   var firstName: String? = null,
   var lastName: String? = null
) {
   companion object {
      private val user by lazy(LazyThreadSafetyMode.NONE) {User()}
      fun getInstance(): User = user
   }
}

fun main(args: Array<String>) {
```

```
    with(User.getInstance()) {
        firstName = "Ihor"
        lastName = "Kucherenko"
    }
}
```

앞의 예에서는 LazyThreadSafetyMode 열거형 인스턴스와 User 변수를 처음 참조할 때 한 번만 호출하는 람다를 사용하는 지연 위임자를 사용한다.

그러나 멀티스레드 환경에서 getInstance() 함수는 동기화에 의해 보호되지 않기 때문에 하나 이상의 싱글톤 인스턴스를 반환할 수 있다. 이런 문제를 해결하고자 이중 검사 잠금 동기화 방식^{double-checked locking synchronization}을 사용할 수 있다.

```
public class Singleton {
    private Singleton() {}
    private static JavaSingleton INSTANCE ;
    public static JavaSingleton getInstance() {
        if (INSTANCE == null){
            synchronized(JavaSingleton.class){
                if(INSTANCE == null){
                    INSTANCE = new JavaSingleton;
                }
            }
            return INSTANCE ;
        }
    }
}
```

코틀린에서는 다음 선언문을 사용할 수 있다.

```
private val user by lazy {User()}
```

이 경우 SynchronizedLazyImpl 클래스의 인스턴스는 이중 검사 잠금 기법을 갖고 있다.

```
public actual fun <T> lazy(initializer: () -> T): Lazy<T> =
SynchronizedLazyImpl(initializer)
```

싱글톤이 안티패턴이라는 것을 알고 있다. 이는 언제든지 변경될 수 있는 전역 변수이므로 캡슐화의 적이라는 것이다. 싱글톤에 의존하는 인스턴스의 상태와 행동을 정의하는 것은 어렵다. 또한 단일 클래스 패턴은 단일 책임 원칙을 위반한다. 하나의 클래스를 만들고 동시에 한 인스턴스만 유지해야 하기 때문이다.

⁝⁝ 구조 패턴

구조 패턴은 요구 사항과 일치하지 않는 인터페이스를 가진 인스턴스를 사용해야 할 때 사용할 수 있고, 각 하위 유형이 기능을 확장하거나 변경할 수 있다고 가정해 클래스 계층 구조를 작성해 코드 기반을 향상시킬 수 있다. 런타임 시 객체의 프록시 패턴을 사용해 객체에 대한 접근을 제한할 수도 있다.

이 절에서는 다음과 같은 패턴을 다룬다.

- 어댑터[Adaptor]
- 데코레이터[Decorator]
- 퍼사드[Facade]
- 프록시[Proxy]

어댑터

어댑터[Adaptor] 패턴을 사용하면 원본을 수정하지 않고도 기존의 인터페이스를 사용할 수 있게 해준다. 고양이에게 짖는 법을 가르치고 싶다고 상상해보자. 다음 다이어그램은 이를 구현하는 방법을 보여준다.

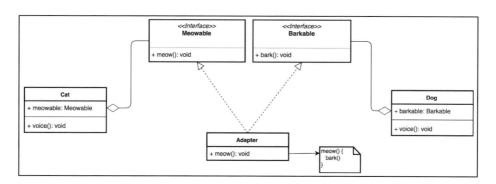

앞의 다이어그램에는 Meowable과 Barkable 인터페이스가 있다. Cat 클래스는 Meowable 인터페이스를 구현하고 Dog 클래스는 Barkable 인터페이스를 구현한다. 고양이에게 짖는 법을 가르치고자 Barkable 유형의 인스턴스를 Cat 클래스의 인스턴스에 전달해야 한다. 이를 위해 두 인터페이스를 모두 구현한 Adapter 클래스를 생성하고 meow로부터 bark 메서드를 호출할 수 있다.

Meowabled와 Barkable 인터페이스는 다음과 같다.

```
interface Barkable {
  fun bark() {
    println("bark")
  }
}

interface Meowable {
  fun meow() {
    println("meow")
  }
}
```

Cat과 Dog 클래스는 Barkable과 Meowable 유형의 인스턴스를 매개변수로 사용한다.

```kotlin
class Cat(private val meowable: Meowable) {
  fun voice() {
    meowable.meow()
  }
}

class Dog(private val barkable: Barkable) {
  fun voice() {
    barkable.bark()
  }
}
```

Adapter 클래스는 다음과 같다.

```kotlin
class Adapter: Barkable, Meowable {
  override fun meow() {
    bark()
  }
}
```

프로그램을 실행한다.

```kotlin
fun main(args: Array<String>) {
  Cat(Adapter()).voice()
}
```

다음은 출력 결과다.

```
bark
```

데코레이터

데코레이터[Decorator] 패턴은 동일한 클래스에 있는 다른 객체의 동작에 영향을 주지 않고 개별 객체의 동작을 동적으로 추가할 수 있게 해준다. 객체를 다른 인스턴스로 포장함으로써 이를 수행할 수 있다. 다음 다이어그램은 이와 같은 경우를 보여준다.

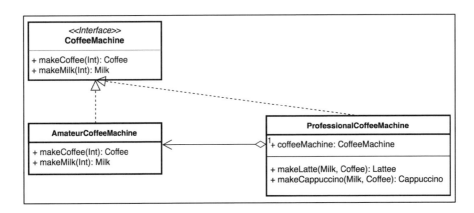

다이어그램에는 CoffeeMachine 인터페이스를 구현하는 AmateurCoffeeMachine과 ProfessionalCoffeeMachine 클래스가 있다.

다음 예에서는 이 패턴의 작동 방식을 보여준다.

```
interface CoffeeMachine {
    val leftCoffeeMilliliters: Int
    val leftMilkMilliliters: Int
    fun makeCoffee(milliliters: Int): Coffee {
        leftCoffeeMilliliters - milliliters
        return Coffee(milliliters)
    }
    fun makeMilk(milliliters: Int): Milk {
        leftMilkMilliliters - milliliters
        return Milk(milliliters)
    }
}
```

CoffeeMachine은 커피머신의 기본 기능을 정의하는 인터페이스다. 또한 Coffee와 Milk 클래스는 다음과 같다.

```
class Milk(milliliters: Int)
class Coffee(milliliters: Int)
```

AmateurCoffeeMachine은 CoffeeMachine 인터페이스를 구현하며 다음과 같다.

```
class AmateurCoffeeMachine(
    override val leftCoffeeMilliliters: Int,
    override val leftMilkMilliliters: Int
) : CoffeeMachine
```

ProfessionalCoffeeMachine 클래스는 CoffeeMachine을 구현하고 AmateurCoffee Machine 클래스의 인스턴스를 위임자^{delegate}로 사용한다.

```
class ProfessionalCoffeeMachine(coffeeMachine: CoffeeMachine): CoffeeMachine
by coffeeMachine {
    fun makeLatte() = Latte(makeMilk(150), makeCoffee(50))
    fun makeCappuccino() = Cappuccino(makeMilk(100), makeCoffee(70))
}
```

다음 예는 AmateurCoffeeMachine 클래스의 인스턴스를 만들고 런타임 시 해당 기능을 확장하는 방법을 보여준다.

```
fun main(args: Array<String>) {
    val coffeeMachine = AmateurCoffeeMachine(1000, 1000)
    //.........
    val professionalCoffeeMachine =
```

```
        ProfessionalCoffeeMachine(coffeeMachine)
    }
```

퍼사드

클래스가 복잡한 인터페이스를 갖고 있는 경우 퍼사드^{Facade} 패턴을 사용할 수 있다. 이 패턴에 따라 사용하고자 하는 클래스의 인스턴스를 포함하는 새로운 클래스를 만들어야 한다. 다음 다이어그램은 User 클래스의 상태를 유지하고자 Preferences API(https://docs.oracle.com/javas/8/docs/technotes/guides/preferences/overview.html)를 사용하는 것을 보여준다.

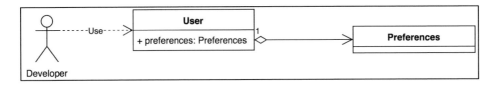

위 다이어그램에는 Preference 클래스의 공용 인터페이스를 단순화하는 User 클래스가 있다. 최종 사용자(User)는 기본 설정 대신 User 클래스의 인스턴스로 작업한다.

User 클래스는 다음과 같다.

```
data class User(
    private val preferences: Preferences =
    Preferences.userRoot().node(User::class.java.simpleName),
    val id: Int = preferences.getInt(User::id.name, 0),
    val firstName: String = preferences.get(User::firstName.name, ""),
    val lastName: String = preferences.get(User::lastName.name, "")
) {
    init {
        with(preferences) {
            putInt(User::id.name, id)
```

```
        put(User::firstName.name, firstName)
        put(User::lastName.name, lastName)
      }
    }
  }
```

코드에서 User 클래스는 퍼사드를 사용해 Preferences API로 작업을 단순화했다. 또한 다음과 같이 사용한다.

```
fun main(args: Array<String>) {
  User(id = 1, firstName = "Igor", lastName = "Kucherenko").apply {
    println(this)
  }
  println(User())
}
```

출력 결과는 다음과 같다.

```
User(preferences=User Preference Node: /User, id=1, firstName=Igor,
lastName=Kucherenko)
User(preferences=User Preference Node: /User, id=1, firstName=Igor,
lastName=Kucherenko)
```

User 클래스를 사용해 시스템에 현재 로그인한 사용자에 대한 정보를 유지할 수 있다.

프록시

프록시[Proxy] 패턴은 비싼 자원에 접근하기 위한 메커니즘을 제한하거나 개선하려는 경우에 유용하다. 미디어 파일에 접근하고 싶다고 가정해보자. 이는 비용이 많이드는 자원이며 여러 로딩을 피하고자 캐시를 사용하는 것이 좋다. 다음 다이어그램은 이런 경우를 어떻게 구현할 수 있는지 보여준다.

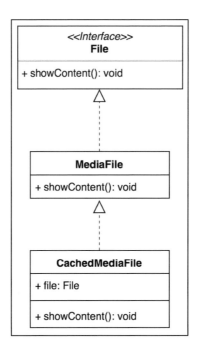

앞의 다이어그램에는 File 인터페이스를 구현하는 MediaFile 클래스를 상속하는 CachedMediaFile 클래스가 있다. CachedMediaFile은 메모리 자원을 절약할 수 있으므로 MediaFile보다 CachedMediFile을 사용하는 것이 더 바람직하다.

다음 예는 이 패턴이 어떻게 작동하는지 보여준다.

```kotlin
interface File {
    fun showContent()
}

class MediaFile: File {
    override fun showContent() = println("showContent")
}
```

```
class CachedMediaFile: File {
    private val file by lazy { MediaFile() }

    override fun showContenat() = file.showContent()
}
```

MediaFile 대신 CachedMediaFile 클래스를 사용해 자원을 절약할 수 있다.

⠿ 행동 패턴

행동^{Behavioral} 패턴은 객체에 따른 알고리듬을 동적으로 변경하거나 인스턴스 간에
특별한 유형의 통신을 구현해야 할 때 유용하다. 이러한 유형의 템플릿을 사용해
상태 변경을 관찰하거나 특정 객체에 특별한 명령을 보낼 수 있다.

이 절에서는 다음과 같은 패턴을 다룬다.

- 관찰자^{Observer}
- 전략^{Strategy}
- 명령^{Command}
- 상태^{State}
- 책임 연쇄^{Chain of Resonsibility}
- 방문자^{Visitor}

관찰자

관찰자^{Observer} 패턴은 객체가 다른 객체의 상태 변경을 결정할 수 있게 한다. 관심
있는 인스턴스를 구독할 수 있으며 특정 필드의 값이 변경되면 즉시 알림을 받을
수 있다. 다음 다이어그램은 이 경우를 나타낸다.

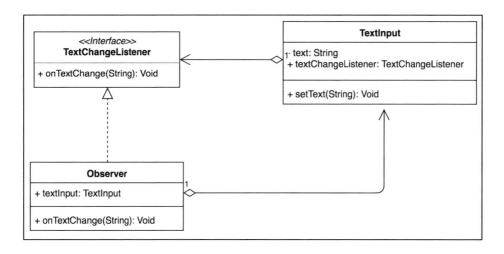

다이어그램에는 Observer 클래스에서 구현한 TextChangeListener 인터페이스가 있다. TextInput 클래스에서는 TextChangeListener를 참조한다. TextInput 클래스에서 인스턴스의 text 프로퍼티가 변경될 때마다 onTextChange 메서드가 호출된다.

다음 예는 이 패턴을 구현할 수 있는 방법을 보여준다.

```
typealias TextChangeListener = (text: String?) -> Unit

class TextInput {
    var text: String? = null
    set(value) {
        field = value
        textChangeListener?.invoke(value)
    }
    var textChangeListener: TextChangeListener? = null
}
```

다음과 같은 방법으로 text 프로퍼티가 변경되는 것을 볼 수 있다.

```kotlin
fun main(args: Array<String>) {
    val textInput = TextInput().apply {
        this.textChangeListener = {println(it)}
    }
    textInput.text = "Typing"
}
```

출력 결과는 다음과 같다.

Typing

코틀린 표준 라이브러리의 위임^{delegate}을 사용할 수도 있다.

```kotlin
class TextInput {
    var text by Delegates.observable<String?>(null) {
        _, _, newValue -> textChangeListener?.invoke(newValue)
    }
    var textChangeListener: TextChangeListener? = null
}
```

전략

전략^{Strategy} 패턴은 알고리듬을 동적으로 변경하는 데 사용한다. 이 패턴에 따라 공통 인터페이스와 각 알고리듬에 대한 특정 구현을 캡슐화하는 클래스를 정의해야 한다. 다음 다이어그램은 이 경우 클래스 계층을 구축하는 방법을 보여준다.

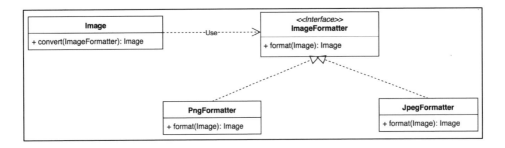

다이어그램에는 PngFormatter와 JpegFormatter 클래스에 의해 구현되는 Image
Formatter 인터페이스가 있다. Image 클래스는 ImageFormatter 유형의 인스턴스
를 사용하는 convert 메서드가 있다. 결과적으로 ImageFormatter의 모든 구현을
전달할 수 있고 런타임에 변환 알고리듬을 변경할 수 있다.

전략을 위한 공통 인터페이스는 다음과 같다.

```
interface ImageFormatter {
    fun format(image: Image): Image
}
```

알고리듬의 구현은 다음과 같다.

```
class PngFormatter: ImageFormatter {
    override fun format(image: Image) = Image()
}

class JpegFormatter: ImageFormatter {
    override fun format(image: Image) = Image()
}
```

또한 Image 클래스에는 convert 메서드가 있다.

```
class Image {
    fun convert(formatter: ImageFormatter): Image = formatter.format(this)
}
```

다음 예는 동일한 객체에 다른 알고리듬을 적용할 수 있음을 보여준다.

```
fun main() {
    val image = Image()
    val pngImage = image.convert(PngFormatter())
    val jpegImage = image.convert(JpegFormatter())
}
```

명령

명령[Command] 패턴은 작업을 수행하거나 프로세스를 시작하고자 필요한 정보를 캡슐화하는 데 사용한다. 따라서 데이터는 실행 프로그램에 전달되는 객체에 저장된다. 이것이 필요하다면 명령의 실행이 지연될 수 있다는 점을 유의할 필요가 있다. 다음 다이어그램은 이 패턴을 구현하는 방법을 보여준다.

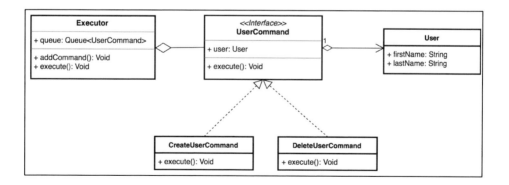

앞의 다이어그램에는 CreateUserCommand와 DeleteUserCommand 클래스로 구현되는 UserCommand 인터페이스가 포함돼 있다. UserCommand의 생성자는 User 클래스의 인스턴스와 UserCommand 인터페이스의 특정 구현을 가져와서 사용자와 작업을 캡슐화한다.

다음 예에서는 User 클래스를 사용해 작업을 수행한다.

```kotlin
data class User(val firstName: String, val lastName: String)
```

UserCommand는 사용자와 관련된 명령의 기본 인터페이스다.

```kotlin
interface UserCommand {
    val user: User
    fun execute()
}
```

이 인터페이스는 그것을 구현하는 클래스가 User 프로퍼티를 초기화하고 execute 메서드를 오버라이딩하게 한다. 특정 명령을 수행하는 클래스는 다음과 같다.

```kotlin
class CreateUserCommand(override val user: User) : UserCommand {
    override fun execute() {
        println("Creating...")
    }
}

class DeleteUserCommand(override val user: User) : UserCommand {
    override fun execute() {
        println("Deleting...")
    }
}
```

Executor 클래스는 다음과 같이 명령과 함께 큐^{queue}를 캡슐화하고 addCommand와 execute 메서드를 가진다.

```kotlin
class Executor {
  private val queue = LinkedList<UserCommand>()

  fun addCommand(command: UserCommand) {
    queue.add(command)
  }

  fun execute() {
    queue.forEach { it.execute() }
  }
}
```

Executor 패턴의 사용은 다음과 같다.

```kotlin
fun main(args: Array<String>) {
  val executor = Executor()
  val user = User("Igor", "Kucherenko")
  //..........
  executor.addCommand(CreateUserCommand(user))

  //..........
  executor.addCommand(DeleteUserCommand(user))

  executor.execute()
}
```

상태

상태^{State} 패턴에 따라 시스템의 각 상태를 파생 객체로 구현해야 한다. 또한 현재 상태를 나타내는 프로퍼티와 상태 간에 전환을 호출하는 메서드를 포함하는 클래스

를 선언해야 한다. 메서드가 상태에 따라 동작을 바꿀 수 있기 때문에 상태 패턴을
전략 패턴의 연장선으로 볼 수 있다는 점을 이야기할 필요가 있다. 다음 다이어그램
은 이 패턴의 구현을 보여준다.

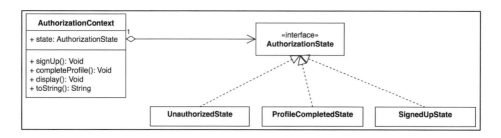

다이어그램에는 프로그램의 특정 상태를 나타내는 UnauthorizedState, Profile
CompletedState, SignedUpState와 같은 클래스가 있다. 이 클래스는 Authorization
Context 클래스의 캡슐화된 AuthorizationState 인터페이스를 구현한다.

AuthorizationState는 상태 계층을 제한하는 봉인 클래스다.

```
sealed class AuthorizationState
```

다음 클래스는 상태를 나타낸다.

```
class SignedUpState: AuthorizationState()

class ProfileCompletedState: AuthorizationState()

class UnauthorizedState: AuthorizationState()
```

AuthorizationContext 클래스는 현재 상태를 캡슐화하고 상태 간 전환을 수행하
는 메서드가 있다.

```kotlin
class AuthorizationContext {
    var state: AuthorizationState = UnauthorizedState()

    fun signUp() {
        state = SignedUpState()
    }

    fun completeProfile() {
        state = ProfileCompletedState()
    }

    fun display() = when (state) {
        is UnauthorizedState -> println("Display sign up screen")
        is SignedUpState -> println("Display complete profile screen")
        is ProfileCompletedState -> println("Display main screen")
    }

    override fun toString(): String {
        return "AuthorizationContext(state=$state)"
    }
}
```

이 코드의 사용법은 다음과 같다.

```kotlin
fun main(args: Array<String>) {
    val context = AuthorizationContext()
    context.display()
    context.signUp()
    println(context)
    context.display()
    context.completeProfile()
    println(context)
}
```

출력 결과는 다음과 같다.

```
Display sign up screen
AuthorizationContext(state=chapter6.patterns.behavioral.SignedUpState@2626b
418)
Display complete profile screen
AuthorizationContext(state=chapter6.patterns.behavioral.ProfileCompletedSta
te@5a07e868)
```

책임 연쇄

책임 연쇄^{Chain of responsibility} 패턴은 if {...} else if {...} else if {...} else 블록의
대체 버전이다. 이 패턴에 따르면 요청 객체의 원본과 처리 객체 체인이 있다. 요청을
처리할 수 없는 처리 객체는 다른 핸들러로 전달한다. 다음 다이어그램에서는 이를
보여준다.

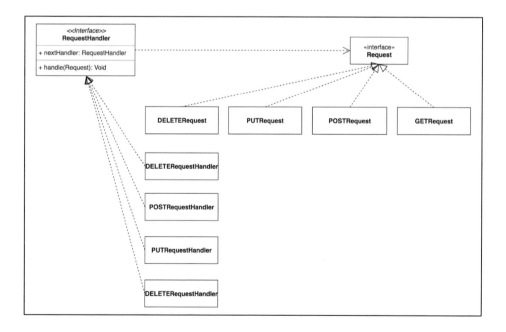

앞의 다이어그램에는 DELETERequest, PUTRequest, POSTRequest, GETRequest 클래스로 구현되는 Request 인터페이스가 들어있다. RequestHandler 인터페이스는 DELETERequestHandler, POSTRequestHandler, PUTRequestHandler, DELETERequest Handler 클래스에 의해 구현된다. RequestHandler 인터페이스를 구현하는 클래스는 Request 유형의 인스턴스로 캡슐화된 작업을 처리한다.

Request 인터페이스는 다음과 같다.

```
interface Request
```

이 인터페이스를 구현하는 클래스는 다음과 같다.

```
class GETRequest: Request

class POSTRequest: Request

class PUTRequest: Request

class DELETERequest: Request
```

RequestHandler 인터페이스에는 nextHandler 프로퍼티와 handle 메서드가 있다.

```
interface RequestHandler {
  val nextHandler: RequestHandler?
  fun handle(request: Request)
}
```

GETRequestHandler 클래스는 nextHandler 프로퍼티를 오버라이딩해 다음과 같이 POSTRequestHandler 클래스의 인스턴스로 초기화한다.

```
class GETRequestHandler: RequestHandler {

  override val nextHandler = POSTRequestHandler()

  override fun handle(request: Request) {
    if (request is GETRequest) {
      println("Handle GET request...")
    } else {
      nextHandler.handle(request)
    }
  }
}
```

handle 메서드는 들어오는 요청을 처리하거나 다음 POSTRequestHandler 핸들러로
전달한다.

```
class POSTRequestHandler: RequestHandler {

  override val nextHandler = PUTRequestHandler()

  override fun handle(request: Request) {
    if (request is POSTRequest) {
      println("Handle POST request...")
    } else {
      nextHandler.handle(request)
    }
  }
}
```

POSTRequestHandler 클래스는 nextHandler 프로퍼티를 오버라이딩하고 PUTRequest
Handler 클래스의 인스턴스로 초기화한다.

```
class PUTRequestHandler: RequestHandler {

   override val nextHandler = DELETERequestHandler()

   override fun handle(request: Request) {
      if (request is PUTRequest) {
         println("Handle PUT request...")
      } else {
         nextHandler.handle(request)
      }
   }
}
```

PUTRequestHandler 클래스는 nextHandler 프로퍼티를 DELETERequestHandler 클래스의 인스턴스로 오버라이딩한다. DELETERequestHandler는 체인의 마지막 링크다.

```
class DELETERequestHandler: RequestHandler {

   override val nextHandler: RequestHandler? = null

   override fun handle(request: Request) {
      if (request is DELETERequest) {
         println("Handle DELETE request...")
      }
   }
}
```

이 코드는 다음과 같이 사용할 수 있다.

```
fun main(args: Array<String>) {
   GETRequestHandler().apply {
```

```
        handle(GETRequest())
        handle(DELETERequest())
    }
}
```

출력 결과는 다음과 같다.

```
Handle GET request...
    Handle DELETE request...
```

방문자

방문자^{Visitor} 패턴을 사용하면 기존 객체를 수정하지 않고 새 객체를 기존 객체에
추가할 수 있다. 이 패턴은 기능을 확장하고 개방/폐쇄 원리를 따르는 방법이다.
특정 예를 사용해 이 패턴을 이해하도록 노력하는 것이 좋다.

다음 다이어그램은 앞으로 다룰 예를 나타낸다.

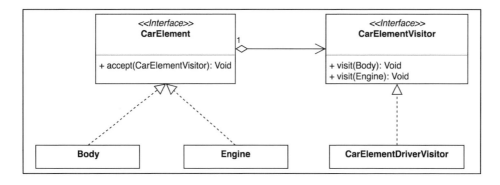

앞의 다이어그램에는 Body, Engine 클래스에서 구현되는 CarElement 인터페이스가
포함돼 있다. CarElementDriverVisitor 클래스는 CarElementVisitor 유형의 인
스턴스를 갖는 CarElementVisitor 인터페이스를 구현한다.

CarElement 인터페이스를 정의해보자.

```
interface CarElement {
    fun accept(visitor: CarElementVisitor)
}
```

이제 이 인터페이스의 방문자를 정의해보자.

```
interface CarElementVisitor {}
```

이 인터페이스에 메서드를 추가하고 CarElement 인터페이스를 구현하는 두 클래스를 정의한다.

```
class Body : CarElement {
    override fun accept(visitor: CarElementVisitor) = visitor.visit(this)
}

class Engine : CarElement {
    override fun accept(visitor: CarElementVisitor) = visitor.visit(this)
}
```

visit 메서드의 2가지 오버라이딩된 버전을 CarElementVisitor 클래스에 추가한다.

```
interface CarElementVisitor {
    fun visit(body: Body)
    fun visit(engine: Engine)
}
```

이제 car 요소를 사용하는 Car 클래스를 만들 수 있다.

```kotlin
class Car : CarElement {
  private val elements = arrayOf(Body(), Engine())
  override fun accept(visitor: CarElementVisitor) {
    elements.forEach { it.accept(visitor) }
  }
}
```

CarElementVisitor 인터페이스를 구현해보자.

```kotlin
class CarElementDriverVisitor: CarElementVisitor {
  override fun visit(body: Body) {
    println("Prepare body...")
  }

  override fun visit(engine: Engine) {
    println("Prepare engine...")
  }
}
```

앞의 코드는 다음과 같이 사용할 수 있다.

```kotlin
fun main(args: Array<String>) {
  val car = Car()
  car.accept(CarElementDriverVisitor())
}
```

출력 결과는 다음과 같다.

```
Prepare body...
Prepare engine...
```

🎲 요약

6장에서는 객체지향 프로그래밍에서 가장 일반적인 소프트웨어 설계 패턴을 제시했다. 코틀린은 전략^{Strategy}, 관찰자^{Observer}와 같은 패턴을 구현할 수 있는 함수형 프로그래밍 요소를 지원한다. 이 장에는 이 패턴을 어떻게 그리고 어떤 경우에 사용해야 하는지 보여주는 예와 다이어그램을 살펴봤다.

7장에서는 경량 스레드인 코루틴을 소개한다.

07

코루틴: 경량 스레드?

애플리케이션을 개발할 때 항상 네트워크나 파일 입출력과 같이 시간이 오래 걸리는 작업을 처리해야만 한다. 작업 완료 시점을 알고자 콜백^{callback}이라고 알려진 코드 블록을 사용하는 것이 전통적인 접근법이었다. 그러나 콜백 코드는 코드를 읽기에 자연스럽지 않으며 순차적으로 작성된 코드가 더 명확하다. 코틀린은 자바 가상머신에서 스레드 대신 사용할 수 있는 코루틴^{coroutine}을 제공한다.

7장에서는 다루는 내용은 다음과 같다.

- 코루틴이란?
- 코루틴과 스레드
- 코루틴 예제 코드

⠿ 기술적 요구 사항

7장의 코드를 실행하려면 **kotlinx-coroutines-core** 라이브러리를 설치해야 한다.

그래들^{Gradle} 빌드 도구를 사용하는 경우 build.gradle 파일의 **dependencies** 섹션에 다음 줄을 추가해야 한다.[1]

```
implementation 'org.jetbrains.kotlinx:kotlinx-coroutines-core:1.6.4'
```

이 장의 코드는 깃허브 링크에서 찾을 수 있다.

https://github.com/PacktPublishing/Hands-On-Object-Oriented-Programming-with-Kotlin/tree/master/src/main/kotlin/Chapter07

⫸ 코루틴이란?

코루틴은 경량 스레드라고 할 수 있는 컴퓨터 프로그램 구성 요소다. 코루틴을 사용하면 스레드를 차단하지 않고도 함수 호출을 일시 중지할 수 있다. 서버에서 요청을 수행하는 동안 앱이 응답을 수신할 때까지 진행 표시줄을 표시해야 하는 경우를 생각해보자. 이런 요청은 사용자 인터페이스의 응답성을 유지해야 하기 때문에 비동기적으로 오랫동안 수행해야 하는 작업이다. 이런 경우 콜백을 사용해 앱이 응답을 받을 때 알 수 있도록 새로운 스레드를 실행하는 것이 일반적인 방법이다. 그러나 코드에서 콜백을 함께 사용하는 것은 부자연스럽고 복잡해보이며 버그로 이어질 수 있다.

코루틴은 코드의 특정 부분을 새로운 스레드와 콜백으로 동작하게 만들어주는 라이브러리라고 생각할 수 있다. 이런 접근법을 사용하면 비동기 코드가 순차적으로 실행되는 것처럼 보이게 할 수 있다.

---

1. 코틀린 1.3 이후 experience로 제공하던 코루틴(coroutine)이 정식으로 코틀린에 포함됐다. 정식 출시되면서 원서에 있는 내용과 변경된 부분이 있다. Job, Launch 등의 변경 사항을 참고하기 바란다(코루틴 공식 문서: https://kotlinlang.org/docs/reference/coroutines/coroutines-guide.html). 이 장의 코드들은 원서에서는 0.23 버전을 기준으로 작성이 됐으나 최종 번역 시 1.6.4 버전을 기준으로 다시 작성했으므로 원서와 다른 점을 오해하지 않기 바란다. – 옮긴이

다음 코드는 이를 보여준다.

```
import kotlinx.coroutines.*

fun main(args: Array<String>) {
  GlobalScope.launch {
    delay(500L)
    println(Thread.currentThread().name)
  }
  println(Thread.currentThread().name)
  Thread.currentThread().join()
}
```

출력 결과는 다음과 같다.

```
main
DefaultDispatcher-worker-1
```

launch는 새로운 코루틴을 생성하고 실행하는 특별한 기능이다. 이 함수는 코틀린 표준 라이브러리에 포함돼 있지 않으므로 이를 사용하려면 kotlinx-coroutines-core 라이브러리를 포함해야 한다. 그래들 빌드 도구를 사용하는 경우 다음 줄을 build.gradle 파일의 dependencies 섹션에 추가해야 한다.

```
implementation 'org.jetbrains.kotlinx:kotlinx-coroutines-core:1.6.4'
```

좀 더 자세하게 launch 함수를 살펴보자. 코루틴을 지원하고자 코틀린에는 함수 또는 람다에 적용할 수 있는 suspend 키워드만 포함하고 있다.[2] 코틀린 표준 라이브러리에는 기본 클래스도 포함돼 있으며, 인터페이스는 Continuation과 CoroutineContext

---

2. 코루틴은 Continuation Passing Style(CPS, 연속 전달 방식)이라는 형태의 코드로 전환된다. — 옮긴이

07 코루틴: 경량 스레드? | **365**

같은 프로그래밍 코드로 코루틴을 기술한다. Continuation 인터페이스는 다음과 같다.

```
public interface Continuation<in T> {
    public val context: CoroutineContext
    public fun resumeWith(result: Result<T>)
}
```

이 인터페이스는 중단^{suspend}했다가 계속 호출할 것을 나타낸다. 결과 값이나 예외를 외부로 반환하는 데 사용하는 resume과 resumeWithException 함수가 있다.

NOTE

> 이 책을 쓰는 시점에서 코틀린의 버전은 1.2.60이다. 그러나 1.3.0 버전 이후에 Continuation 인터페이스는 단순화돼 하나의 resumeWith(result : Result<T>) 함수만 갖고 있다. resume과 resumeWithException은 확장 함수로 나와서 계속 사용할 수 있다.[3]

각 코루틴은 CoroutineContext 인터페이스로 표시되는 컨텍스트에서 실행된다. 단순화된 버전은 다음과 같다.

```
public interface CoroutineContext {
    public operator fun <E: Element> get(key: Key<E>): E?

    public fun <R> fold(initial: R, operation: (R, Element) -> R): R

    public operator fun plus(context: CoroutineContext): CoroutineContext =
      ///......
    }

    public fun minusKey(key: Key<*>): CoroutineContext
```

---

3. Continuation 인터페이스는 1.7.10을 기준으로 작성됐다. – 옮긴이

```
public interface Key<E : Element>
}
```

Element 인터페이스는 다음과 같다.

```
public interface Element: CoroutineContext {
    public val key: Key<*>

    public override operator fun <E : Element> get(key: Key<E>): E? =
    @Suppress("UNCHECKED_CAST")
        if (this.key === key) this as E else null

    public override fun <R> fold(initial: R, operation: (R, Element) -> R): R =
    operation(initial, this)

    public override fun minusKey(key: Key<*>): CoroutineContext =
        if (this.key === key) EmptyCoroutineContext else this
}
```

주요 요소는 Job 및 CoroutineDispatcher 클래스의 인스턴스다. 자세히 보면 코루틴은 일반적인 스레드를 사용하고 CoroutineDispatcher는 코루틴에서 어떤 스레드를 사용할지 선택한다. launch 함수는 Element 인터페이스를 구현하고 코루틴의 실행을 취소하는 데 사용할 수 있는 Job 클래스의 인스턴스를 반환한다. 이를 확인하고자 앞의 예를 다음과 같이 다시 작성한다.

```
fun main(args: Array<String>) = runBlocking{
    val job = launch {
        delay(500L)
        println(Thread.currentThread().name)
    }

    println(Thread.currentThread().name)
```

```
    job.cancel()
    job.join()
}
```

출력 결과는 다음과 같다.

```
main
```

Job 클래스에는 일시 중단된 또 다른 함수나 호출 수신자 함수를 일시 중단하는 코루틴에서 호출할 수 있는 join 함수도 갖고 있다. 메인 스레드를 작업이 완료될 때까지 기다리게 하고자 join 함수를 사용할 수 있다. 예를 다음과 같이 다시 작성한다.

```
fun main(args: Array<String>) = runBlocking {
    val job = launch {
        delay(500L)
        println("Coroutine!")
    }
    println("Hello,")
    job.join()
}
```

출력 결과는 다음과 같다.

```
Hello,
 Coroutine!
```

다음 스크린샷처럼 해당 줄에 중단점을 설정할 수 있다.

```
fun main(args: Array<String>) = runBlocking {
    val job = launch { this: CoroutineScope
        delay( time: 1000L)
        println("World!")
    }
    println("Hello,")
    job.join()
}
```

디버그 창에서 코루틴이 실행되는 동안 메인 스레드가 기다리는 것을 볼 수 있다.

```
Frames →"    Threads →"

Thread Group "system"@337
  Thread Group "main"@601
    "ForkJoinPool.commonPool-worker-1"@600 in group "main": RUNNING
    "kotlinx.coroutines.DefaultExecutor"@697 in group "main": WAIT
    "main"@1 in group "main": WAIT
```

⠿ 코루틴과 스레드

Thread 클래스의 인스턴스는 프로그램이 실행될 때 운영체제의 네이티브 스레드를 나타낸다. 즉, 스레드의 각 인스턴스는 해당 스택에 대한 메모리를 사용하고 초기화 하기 위한 시간이 필요하다. 멀티스레드 프로그래밍에 익숙하다면 스레드의 컨텍스 트 간 전환이 꽤 비싼 작업이라는 것을 알고 있을 것이다. 따라서 별도의 스레드에 서 짧은 작업을 호출하는 것은 이치에 맞지 않는다.

코틀린에서 코루틴은 순수한 언어 추상화다. 코루틴은 힙 메모리의 객체를 의미하 며 코루틴 간의 전환은 운영체제 커널 작업이 아니다. 코루틴은 스레드와 같은 방식으로 사용할 수 있다. 이는 코루틴에 콜 스택 함수가 포함돼 있고 로컬 변수를 저장한다는 것을 의미한다.[4]

병렬로 실행할 수 있는 스레드의 수는 현재 사용할 수 있는 논리 코어의 수에 따라 달라진다. 병렬로 실행할 수 있는 코루틴의 수는 코루틴 컨텍스트에서 사용할 수 있는 실행 스레드의 수에 따라 달라진다. 다음 예를 살펴보자.

```kotlin
fun main(args: Array<String>) = runBlocking<Unit> {
    val parentJob = Job()
    (0..10_000).forEach {
        CoroutineScope(parentJob).launch {
            println("Thread name: ${Thread.currentThread().name}")
        }
    }
    parentJob.children.forEach { it.join() }
}
```

출력 결과는 다음과 같다.

```
Thread name : DefaultDispatcher-worker-12
Thread name : DefaultDispatcher-worker-16
Thread name : DefaultDispatcher-worker-6
Thread name : DefaultDispatcher-worker-7
Thread name : DefaultDispatcher-worker-5
Thread name : DefaultDispatcher-worker-8
Thread name : DefaultDispatcher-worker-3
Thread name : DefaultDispatcher-worker-10
Thread name : DefaultDispatcher-worker-15
```

---

4. 코루틴과 스레드의 가장 큰 차이는, 스레드는 스택이라는 독립된 메모리 영역을 할당받게 되는데, 코루틴은 스택을 할당받지 않고 프로세스에 할당된 힙 메모리 영역을 공유해서 사용한다는 점이다. 스레드의 경우 한 스레드에서 다른 스레드로 작업이 넘어갈 때 컨텍스트 스위칭이 발생하지만 코루틴은 힙 메모리를 공유하기 때문에 컨텍스트 스위칭이 필요하지 않다. - 옮긴이

```
Thread name : DefaultDispatcher-worker-4
```

다음 다이어그램은 스레드가 사용 가능한 CPU 시간을 공유하는 방법을 보여준다.

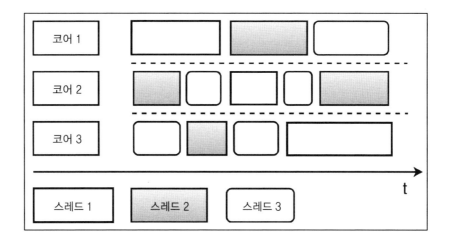

코루틴은 사용할 수 있는 스레드 시간을 교대로 공유한다.

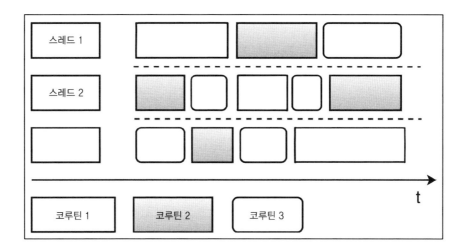

코루틴은 CoroutineScope라는 컨텍스트에서 코루틴 빌더를 통해 새로운 코루틴을
시작할 수 있다. runBlocking, async, launch와 같은 함수를 코루틴 빌더라고 하며,

CoroutineScope의 확장 함수다. GlobalScope.launch와 delay 함수는 스레드 함수(thread{})와 sleep 함수로 각각 대체될 수 있다고 생각하면 된다. launch, async는 현재 스레드를 블락하지 않고 새로운 코루틴을 실행하는 반면 runBlocking은 현재 스레드를 블락하고 새로운 코루틴을 실행한다. 앞의 예에서는 parentJob 변수를 전달해 join 메서드를 호출했다. 결과적으로 메인 스레드는 모든 코루틴이 완료될 때까지 대기한다.

스코프 내에 또 다른 스코프를 만들 수 있는 coroutineScope를 선언할 수 있다. 모든 자식 코루틴이 종료될 때까지 종료되지 않는 코루틴 스코프를 만들 수 있다. 이런 점에서 runBlocking과 coroutineScope는 비슷해보이지만 이 둘의 다른 점은 다른 작업이 진행되는 동안 runBlocking은 현재 스레드를 블락하지만 coroutineScope는 현재 스레드가 기다린다는 것이다. 이런 차이점 때문에 coroutineScope는 suspend 함수이고 runBlocking은 일반 함수다.

다음 예는 실제 사용법을 보여준다.

```
fun main() = runBlocking {  // this: CoroutineScope
    launch {
        delay(200L)
        println("Task from runBlocking")
    }

    coroutineScope { // Creates a coroutine scope
        launch {
            delay(500L)
            println("Task from nested launch")
        }

        delay(100L)
        println("Task from coroutine scope") // This line will be printed before the
nested launch
    }
```

```
    println("Coroutine scope is over") // This line is not printed until the nested
launch completes
}
```

출력 결과는 다음과 같다.

```
Task from coroutine scope
Task from runBlocking
Task from nested launch
Coroutine scope is over
```

⁝⁝ 코루틴 예제 코드

이 절에서는 코루틴 사용의 가장 일반적인 예를 다룬다. 여기에서는 예외 처리, 리소스 닫기, 채널 작업 등을 살펴본다. 실제로 코루틴을 사용하는 방법을 아는 것이 중요하다.

이 절에서는 다음 주제를 다룬다.

- 예외Exception 처리
- 자원Resource 해제
- 병렬Parallel 실행
- 지연Lazy 실행
- 채널Channels

예외 처리

코루틴을 사용하면 비동기 코드를 순차적으로 작성할 수 있다. 여기에는 예외 처리가 포함되며 일반적인 try {...} catch {...} 블록을 사용해 예외를 캐치[catch]할 수 있다.

다음 예는 실제 사용법을 보여준다.

```
fun main(args: Array<String>) = runBlocking<Unit> {
  launch {
    val result = try {
      calculateValue()
    } catch (exception: Exception) {
      defaultValue
    }
    println(result)
  }
}

val defaultValue = 1

suspend fun calculateValue(): Int = withContext(DefaultDispatcher) {
  throw Exception()
}
```

자원 해제

자원의 누수는 애플리케이션의 성능에 큰 영향을 미칠 수 있다. 따라서 자원을 사용한 후에 자원을 해제하는 것이 중요하다. 코루틴으로 작업할 때 try {...} finally {...} 블록은 장기간의 입출력 작업에도 사용할 수 있다.

다음 예는 이 블록의 사용법을 보여준다.

```
fun main(args: Array<String>) {
  launch {
```

```
    val fileReader = FileReader("path")
    try {
        delay(10000)
        fileReader.read()
    } finally {
        fileReader.close()
    }
  }
}
```

취소 불가능 블록

launch 함수는 Job 클래스의 인스턴스를 반환한다. 즉, 코루틴은 언제든지 취소될 수 있다. 이 경우 finally 블록에서 장기 작업을 수행하면 JobCancellationException이 발생한다.

다음 예는 이와 같은 경우를 보여준다.

```
fun main(args: Array<String>) = runBlocking<Unit> {
  val job = launch {
    try {
      delay(1000000)
    } finally {
      try {
        println("start")
        delay(1000)
        println("end")
      } catch (exception: Exception) {
        exception.printStackTrace()
      }
    }
  }
}
```

```
    delay(500)
    job.cancel()
    job.join()
}
```

출력 결과는 다음과 같다.

```
kotlinx.coroutines.experimental.JobCancellationException: Job was cancelled
normally; job=StandaloneCoroutine{Cancelling}@7f77b211
 start
```

보다시피 취소된 코루틴에서 finally 블록을 실행할 수 없으며 자원을 해제할 수 없다. 이 문제는 withContext 함수를 사용해 해결할 수 있다.

```
withContext(NonCancellable) {
    try {
        println("start")
        delay(1000)
        println("end")
    } catch (exception: Exception) {
        exception.printStackTrace()
    }
}
```

출력 결과는 다음과 같다.

```
start
end
```

withContext 함수는 주어진 코루틴 컨텍스트와 함께 전달된 일시 중단 블록을 호출한다.

병렬 실행

이 장의 앞 부분에서 코루틴의 동기 실행을 살펴봤다. 동기식^{Synchronous}이란 작업이 순차적으로 실행되는 것을 의미한다. 그러나 두 장의 사진을 다운로드해 표시해야 한다고 해보자. 이 두 작업을 동시에 실행해서 이미지를 표시하는 프로세스의 속도를 빠르게 할 수 있다.

Image 클래스와 downloadImage 함수를 다음과 같이 정의해보자.

```
class Image

suspend fun downloadImage(): Image {
    delay(Random().nextInt(10) * 1000)
    return Image()
}
```

displayImage 함수는 다음과 같다.

```
fun displayImages(image1: Image, image2: Image) {
    println("$image1 ${LocalDateTime.now()}")
    println("$image2 ${LocalDateTime.now()}")
}
```

displayImage 함수는 객체와 현재 시간을 콘솔에 출력한다.

다음과 같이 앞의 코드를 사용할 수 있다.

```
fun main(args: Array<String>) = runBlocking<Unit> {
    Job().also {
        parentJob-> val deferred1 = async(parentJob) { downloadImage() }.apply {
        invokeOnCompletion { println("Image 1 downloaded ${LocalDateTime.now()}")}
        }
        val deferred2 = async(parentJob) { downloadImage() }.apply {
        invokeOnCompletion { println("Image 2 downloaded ${LocalDateTime.now()}")}
        }
        displayImages(deferred1.await(), deferred2.await())
    }.joinChildren()
}
```

이전 코드에서는 async 함수를 사용했다. 이는 Deferred 클래스의 인스턴스를 반환하는 코루틴 빌더다. Deferred 클래스는 앞으로 계산될 값을 가질 Job 클래스로 확장한다. 이 클래스의 인스턴스를 사용하는 가장 일반적인 방법은 결과를 반환할 때까지 실행을 일시 중단하는 await 메서드를 호출하는 것이다.

async-await 방식을 사용하는 자바스크립트와 같은 언어가 있다.

```
async function asyncFunction() {

    let result = await new Promise((resolve, reject) => {
        setTimeout(() => resolve("done!"), 1000)
    });
    alert(result); // "done!"
}
```

자바스크립트에서 async-await는 언어 수준의 구조다. 그러나 코틀린에서는 단순히 라이브러리 함수일 뿐이다. 코틀린은 사용자 지정 스레드 풀과 컨텍스트가 있는 사용자 정의 코루틴 빌더를 만들 수 있으므로 매우 유연한 방식으로 코루틴을 지원한다.

출력 결과는 다음과 같다.

```
Image 1 downloaded 2018-08-16T11:11:05.296
Image 2 downloaded 2018-08-16T11:11:11.225
chapter8.Image@4b9af9a9 2018-08-16T11:11:11.226
chapter8.Image@5387f9e0 2018-08-16T11:11:11.226
```

보시다시피 두 번째 이미지는 첫 번째 이미지가 다운로드된 후 6초 후에 다운로드됐
다. 그 후 displayImages 함수가 즉시 호출된다.

다음 스크린샷처럼 중단점을 설정할 수 있다.

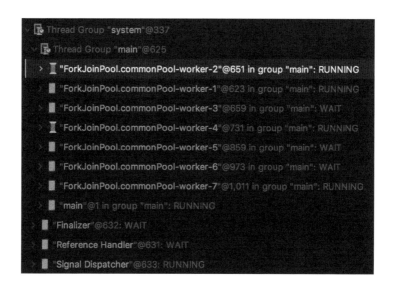

디버그 창은 다음과 같다.

앞의 스크린샷에서 볼 수 있듯이 동시에 실행되는 풀에 2개의 스레드가 있다.

지연 실행

지연^{Lazy} 실행 또는 call-by-need는 소프트웨어 개발에서 흔히 볼 수 있는 접근 방식이다. 이 전략은 표현에 대한 평가를 지연시킬 수 있다. 코틀린에서는 코루틴을 사용해 이 접근 방식을 사용할 수도 있다. launch, withContext, async와 같은 코루틴 빌더에는 start:CoroutineStart 매개변수(기본 인수를 사용하는 CoroutineStart.DEFAULT)를 가진다.

다음 예는 이 매개변수를 사용해 코루틴을 느리게 시작하는 방법을 보여준다.

```
fun main(args: Array<String>) = runBlocking<Unit> {
   Job().also { parentJob-> val job = launch(parent = parentJob, start =
CoroutineStart.LAZY) { downloadImage() }
      //.......
      job.start()
   }.joinChildren()
}
```

작업은 start 메서드를 호출할 때만 시작된다.

채널

'병렬 실행' 절에서 살펴본 Deferred 클래스를 사용해 단일 값을 계산할 수 있다. 일련의 값을 처리해야 하는 경우 채널^{Channels}을 사용할 수 있다. Channel 클래스에는 다음과 같은 방식으로 사용할 수 있는 send와 receive 메서드를 갖고 있다.

```
fun main(args: Array<String>) = runBlocking<Unit> {
```

```
    val channel = Channel<Int>()
    launch {
      for (x in 1..50) channel.send(x * x)
    }
    repeat(50) {
      delay(500)
      println(channel.receive())
    }
    println("Done!")
  }
```

또한 다중 스레드 환경에서는 채널을 사용해 한 코루틴에서 다른 코루틴으로 값을 안전하게 전송할 수 있다.

⁝⁝▶ 요약

7장에서는 코루틴을 살펴보고 코루틴이 어떻게 동작하는지 살펴본 후 가장 일반적인 사용 예를 제시했다. 코틀린에서 코루틴은 매우 유연한 방식으로 구현되므로 코루틴 빌더와 컨텍스트를 만들 수 있다. 또한 스레드와 코루틴의 차이점을 살펴보고 왜 코루틴을 사용해야 하는지 알아봤다.

8장에서는 코틀린과 자바 코드의 상호운용성을 살펴본다.

08

상호운용성

8장에서는 자바와 코틀린의 상호운용성에 중점을 둔다. 상호운용성이란 단일 프로젝트에서 자바와 코틀린 언어를 모두 사용할 수 있는 기능을 말한다. 코틀린 코드에서 자바 메서드와 변수뿐만 아니라 자바에서 코틀린 함수를 호출할 수 있다. 이는 코드 재사용이라는 이점을 제공한다. 예를 들어 클래스와 함수가 포함된 기존 자바 프로젝트가 있는 경우 모든 내용을 코틀린으로 처음부터 다시 만들 필요가 없다. 대신 코틀린에서 자바 코드의 모든 라인을 사용하고 여기에 새로운 기능을 만들수 있다. 비슷하게 자바에서 코틀린 코드를 호출할 수 있다.

8장에서 다루는 내용은 다음과 같다.

- 코틀린에서 자바 정적 변수 호출
- 코틀린에서 자바 정적 함수 호출
- 코틀린에서 자바 컬렉션 호출
- 코틀린에서 자바 클래스 호출
- 코틀린 예약어 처리
- 자바에서 코틀린 클래스 호출

- 자바에서 코틀린 함수 호출
- 자바에서 코틀린 확장 함수 호출
- 코틀린에서 JVM 어노테이션 사용

기술적 요구 사항

8장에서는 인텔리제이 IDEA 이외에 다른 것이 필요 없다.

이 장의 코드는 깃허브 저장소에서 다운로드할 수 있다.

https://github.com/PacktPublishing/Hands-On-Object-Oriented-Programming-with-Kotlin/tree/master/src/main/kotlin/Chapter08

코틀린에서 자바 코드 호출

이 절에서는 코틀린에서 자바 코드를 사용하는 방법을 알아본다. 간단하게 설명해서 코틀린이 하나의 프로젝트에 자바, 코틀린 파일을 모두 보관할 수 있다는 것을 알고 있으므로 패키지를 만들고 자바와 코틀린 파일을 한곳에 추가하는 것부터 시작하겠다. 따라서 CallJava와 Shape라는 2개의 자바 클래스가 있고 같은 폴더에 FromKotlin이라는 코틀린 파일이 있다.

자바 정적 변수와 함수를 사용하는 것부터 시작해보자.

정적 변수와 함수 호출

CallJava 파일을 열고 정적 변수인 **message**를 추가한다.

```
public static String message = "Hello from 자바";
```

이외에도 2개의 변수를 추가하고 화면에 메시지를 표시하는 정적 메서드 **add**를 추가한다.

```
public static void add(int i, int j){
    System.out.println(i + " + " + j + "=" + (i + j));
}
```

자바에서 코틀린의 정적 함수나 변수를 호출하는 것은 매우 간단하다. 자바 파일 이름을 참조로 사용하고 필요한 함수나 변수를 호출한다.

다음 코틀린 예를 참조해 자바 정적 변수를 호출하자.

```
fun callStaticFromJava() {
    var message = CallJava.message
    println("Java Message : ${message}")
    CallJava.add(4,5)
}
```

정적 변수를 호출하려면 자바 클래스 이름을 참조해 CallJava.message 변수 이름으로 사용한다. 이 값을 지역 변수에 할당해 일반 코틀린 변수처럼 사용할 수 있다. 마찬가지로 클래스 이름을 함수 이름과 함께 참조로 사용해 자바 정적 함수를 호출할 수 있다. CallJava.add(4,5)를 사용해 자바에서 add 메서드를 호출하고 2개의 정수 변수를 매개변수로 전달한다.

코틀린에서 자바 컬렉션 호출

정수 arrayList를 반환하는 자바 메서드를 생성한다.

```java
public static ArrayList<Integer> getIntList(){

    ArrayList<Integer> integers = new ArrayList<>();
    integers.add(1);integers.add(2);integers.add(3);

    return integers;
}
```

getIntList는 3개의 요소가 포함된 배열을 반환한다. 코틀린에서 이 함수를 호출해 목록에 접근하고 요소를 추가할 수 있다.

```kotlin
var list = CallJava.getIntList()
//var list: ArrayList<Int> = CallJava.getIntList()

list.add(4)
for (element in list) {
    println("Element $element")
}
```

CallJava.getIntList()는 목록 유형의 변수에 할당할 수 있는 ArrayList를 반환한다. 목록의 유형을 명시적으로 선언하고자 ArrayList<Int> 이름을 사용한다.

```kotlin
var list: ArrayList<Int> = CallJava.getIntList()
```

또는 변수에 직접 목록을 할당할 수 있으며, 이때 코틀린은 자체적으로 목록 유형을 파악할 수 있다.

```
var list = CallJava.getIntList()
```

이것을 일반적인 불변 목록으로 취급할 수 있고 요소를 추가하거나 삭제할 수 있다.

코틀린의 예약어

코틀린이 내부 용도로 사용하는 키워드가 많고 이런 키워드는 변수 이름과 함수 선언으로 사용할 수 없다. 예약어 중 일부는 다음과 같다.

```
in, is, as, object, val, var, for, fun, interface, when
```

코틀린에서 자체적으로 사용하는 예약어가 있지만 자바의 경우 코틀린의 예약어는 대부분 자바의 일반 변수다. 다음 코드를 참조하자.

```
public static void is(){
    System.out.println("is is a reserved keyword in Kotlin :-) ");
}

public static void var(){
    System.out.println("var is a reserved keyword in Kotlin :-) ");
}
```

var와 is는 자바의 일반 키워드지만 코틀린에서는 아니다.[1] 코틀린에서 예약어로 된 함수를 호출해야 한다면 역따옴표 backtick 연산자를 사용해야 한다. 다음의 코틀린 예를 보자.

---

1. 코틀린의 예약어로 코틀린에서는 변수나 함수 이름으로 사용할 수 없다. - 옮긴이

```
CallJava.`is`()
CallJava.`var`()
```

역따옴표(`` ` ``) 연산자를 사용해 코틀린 예약어로 된 자바 함수를 호출한다. 더 많은 예를 살펴보고 이름에 코틀린의 예약어가 포함된 자바 함수를 사용하는 방법을 알아보겠다.

코틀린에서 사용자로부터 입력을 받아 화면에 메시지를 표시하는 함수를 만든다. 코틀린은 다음과 같이 자바에서 제공한 Scanner 클래스를 사용해 키보드에서 입력을 받는다.

```
fun inputFromKeyboard() {
    println("Enter Your name .... ")
    val scanner = Scanner(System.`in`)
    println("My name is ${scanner.nextLine()}")
}
```

Scanner 클래스는 입력을 검색하고자 System.in을 입력 스트림으로 받는다. 보다시피 in은 예약어지만 역따옴표 연산자를 사용해 이를 사용할 수 있다. 비슷하게 다음과 같이 모든 예약어를 함수나 변수 이름으로 사용할 수 있다.

```
fun `in`(){
    println("I am in function")
}

fun `as`(){
    println("I am as function")
}

fun `object`(){
    println("I am object function")
```

```
    }

    var `var` = "Reserved keyword var"
    var `object` = "Reserved keyword object"
```

코틀린에서 자바 클래스

코틀린에서 자바 클래스 객체를 만드는 방법을 알아보자. `height`, `width`, name이라는 프로퍼티와 게터, 세터를 가진 Shape.java 파일을 만든다.

```java
public class Shape {

    private int width;
    private int height;
    public static final double PI = 3.1415;
    private final String name;

    public Shape(int width, int height, String name) {
        this.width = width;
        this.height = height;
        this.name = name;
    }

    public final int getHeight() {
        return this.height;
    }

    public final void setHeight(int value) {
        this.height = value;
    }

    public final String getName() {
        return this.name;
    }
```

```
   public final void shapeMessage() {
      System.out.println("Hi i am " + this.name + ", how are you doing");
   }
}
```

코틀린에서 자바 클래스의 인스턴스를 생성하는 것은 코틀린 클래스의 인스턴스를 생성하는 것과 비슷하다. 다음 예를 참조하자.

```
val shape = Shape(5,10,"Square")
```

shape 변수는 Shape 클래스의 인스턴스며 함수에 접근하고 클래스 프로퍼티를 변경할 수 있다.

```
shape.shapeMessage()
shape.height = 10
println("name ${shape.name} height = ${shape.height}")
```

자바에서 코틀린 코드 호출

자바에서 코틀린 코드를 호출하는 것을 시작하기 전에 고려해야 할 몇 가지를 제외하고는 코틀린에서 자바 코드를 호출하는 것과 비슷하다. 함수 호출부터 시작하겠다. 먼저 새 폴더를 만들고 자바와 코틀린 파일을 한곳에 추가한다.

```
▸ ▣ CallJavaFromKotlin
▾ ▣ CallKotlinFromJava
     ▓ CallKotlin.kt
  ▸ ⓒ CallKotlinClass.java
     ▓ CallKotlinUtil.kt
     ⓒ FromJava
```

코틀린 함수 호출

이제 코틀린에서 add, addAndReturn이라는 함수를 만든다. add 함수는 2개의 정수 변수를 더하고 화면에 출력하며, addAndReturn은 2개의 값을 더하고 결과를 반환한다.

```kotlin
fun add(a : Int, b : Int) {
    println("Result of $a + $b is ${a+b}")
}

fun addAndReturn(i: Int, j: Int): Int {
    return i + j
}
```

파일 이름을 참조로 사용해 각 코틀린 함수를 호출할 수 있다. CallKotlin.kt는 코틀린 함수가 포함된 파일이다. 자바 파일에서 코틀린 함수를 호출할 때 원하는 함수를 호출하려면 코틀린 파일 이름에 kt 키워드를 추가해야 한다는 것을 기억하는 것이 중요하다. 예를 들어 CallKotlinKt.add를 사용해 add 함수를 호출할 수 있다. 자바 파일의 다음 예를 참조하자.

```java
public static void main(String args[]) {
    CallKotlinKt.add(5,5);
    int result = CallKotlinKt.addAndReturn(5,5);
    System.out.print("From Kotlin: result = " + result);
}
```

이 코드를 실행하면 다음과 같이 결과가 출력된다.

```
Result of 5 + 5 is 10
From Kotlin: result = 10
```

확장 함수

자바에서 코틀린 확장 함수를 호출할 수도 있다. 코틀린에서 하나의 매개변수를 받아 2를 곱한 결과를 반환하는 확장 함수를 만든다. 다음 코틀린 확장 함수를 참고하자.

```
fun Int.doubleTheValue() = this * 2
```

코틀린 클래스에서 이 확장 함수를 만들고 `CallKotlinKt.doubleTheValue` 함수를 자바의 `main` 함수에서 호출한다. 다음 예를 보자.

```java
public static void main(String args[]) {
    int i = 5;
    int result = CallKotlinKt.doubleTheValue(i);
    System.out.print("Kotlin's Extension function, Multiply "+ i +" with 2 = "+
result);
}
```

예상한 결과가 출력된다.

```
Kotlin's Extension function, Multiply 5 with 2 = 10
```

가변 컬렉션이 있는 함수

getMutableList 함수에 가변 목록을 만들고 다음과 같이 목록을 반환한다.

```kotlin
fun getMutableList() : MutableList<Int> {
    val list = mutableListOf(1,2,3,4,5)
    return list
```

```
    }
```

자바에서 listFromKotlin 변수를 만들고 코틀린의 CallKotlinKt.getMutableList 함수를 사용해 이 변수에 목록을 할당한다. 다음 예를 참고하자.

```java
public static void main(String args[]) {

    System.out.print("Kotlin mutable list");
    //List<int> listFromKotlin = KotlinToJavaKt.mutableList();

    List<Integer> listFromKotlin = CallKotlinKt.getMutableList();
    listFromKotlin.add(6);
    for (int i = 0; i < listFromKotlin.size(); i++) {
        System.out.println("Element " + listFromKotlin.get(i));
    }
}
```

코틀린은 원시 데이터 유형에 익숙하지 않다. 결과적으로 Integer 클래스 목록을 제공해야 한다.

```java
//List<int> listFromKotlin = KotlinToJavaKt.mutableList();          // int 목록
List<Integer> listFromKotlin = CallKotlinKt.getMutableList();       // 정수 목록
```

불변 컬렉션이 있는 함수

코틀린 함수에서 자바의 불변 목록을 가져오는 방법을 살펴보자. getImmutableList 함수에 불변 목록을 만들고 그 목록을 반환한다.

```kotlin
fun getImmutableList() : List<Int> {
```

```
    val list = listOf(1,2,3,4,5)
    return list
}
```

getImmutableList 함수를 호출하고 목록 요소를 표시해 코틀린 목록을 가져온다.
다음 예를 참고하자.

```
public static void main(String args[]) {
    System.out.println("Kotlin immutable list");

    List<Integer> listFromKotlin = CallKotlinKt.getImmutableList();

    for (int i = 0; i < listFromKotlin.size(); i++) {
        System.out.println("Element " + listFromKotlin.get(i));
    }
}
```

불변 목록은 변경할 수 없다는 것을 알기 때문에 목록을 읽을 수는 있지만 요소를
추가하거나 변경할 수는 없다. 자바에서 불변 목록을 호출하면 자바 컴파일러가
컴파일 시 에러를 포착할 수 없기 때문에 목록을 변경하기 전에 목록의 유형을 확인
하는 것은 프로그래머의 책임이다. 코틀린의 불변 목록에 요소를 추가하려고 하면
다음과 같은 결과가 표시된다.

```
List<Integer> listFromKotlin = KotlinToJavaKt.getImmutableList();
listFromKotlin.add(6);
```

자바 런타임에서 java.lang.UnsupportedOperationException 예외를 던지고 애
플리케이션이 충돌한다는 것을 보여준다.

JVM 어노테이션이 있는 함수

파일 이름을 참조로 자바에서 코틀린 함수를 호출할 수 있다. 또한 KotlinToJavakt 와 같이 파일 이름과 함께 kt 키워드를 추가해야만 한다. 그러나 코틀린은 파일과 함수 이름에 다른 이름을 지정할 수 있다. CallKotlinUtil.kt라는 이름의 새 클래스를 만들고 다음 코드를 추가한다.

```
@file:JvmName("KotlinUtil")
package Chapter08.CallKotlinFromJava

fun addition (a: Int, b : Int){
  println("Result of $a + $b is ${a+b}")
}
```

파일의 시작 부분에서 @file:JvmName("KotlinUtil") 어노테이션을 사용하면 CallKotlinUtilkt.addition 대신 KotlinUtil.addition을 사용해 addition 함수를 호출할 수 있다. 다음 예를 참조하자.

```
public static void main(String args[]) {
  KotlinUtil.addition(4,4);
}
```

이것은 훨씬 더 좋고 깔끔한 접근 방식이다. 이제 자바 클래스에서 참조로 사용할 코틀린 파일 이름을 지정할 수 있다. 또한 코틀린에서는 자바용 코틀린 함수의 이름을 지정할 수도 있다. 다음과 같이 코틀린 파일에 addition 함수를 만들고 새 함수 이름과 @JvmName 어노테이션을 추가한다.

```
@file:JvmName("KotlinUtil")
package CallKotlinFromJavaPackage
```

```
@JvmName ("addDouble")
fun addition (a: Double, b : Double){
    println("Result of $a + $b is ${a+b}")
}
```

이제 addDouble을 사용해 addition 함수를 호출할 수 있다. 다음 예를 참조하자.

```
public static void main(String args[]) {
    KotlinUtil.addDouble(5.0, 5.0);
}
```

코틀린 클래스 호출

이 절에서는 자바에서 코틀린 클래스를 호출하는 방법을 살펴본다. height, width, area라는 프로퍼티와 shapeMessage, draw라는 함수를 사용해 코틀린의 Shape 클래스를 만든다.

```
class Shape(var width : Int, var height : Int , val shape: String) {

    var area : Int = 0

    fun shapeMessage(){
        println("Hi i am $shape, how are you doing")
    }

    fun draw() {
        println("$shape is drawn")
    }

    fun calculateArea(): Int {
        area = width * height
```

```
        return area
    }
}
```

일반적인 자바 클래스의 인스턴스를 만드는 것과 같은 방법으로 코틀린 클래스의
인스턴스를 만들 수 있다. 다음 예를 참조하자.

```
class FromKotlinClass {

    public void callShpaeInstance() {
        Shape shape = new Shape(5,5,"Square");
        shape.shapeMessage();
        shape.setHeight(10);
        System.out.println(shape.getShape() + " width " +
shape.getWidth());
        System.out.println(shape.getShape() + " height " +
shape.getHeight());
        System.out.println(shape.getShape() + " area " +
shape.calculateArea());

        shape.draw();
    }
}
```

생성자 매개변수를 추가해 shape 인스턴스를 만든다. shape 인스턴스의 게터, 세터
메서드를 사용해 모든 클래스 프로퍼티에 접근할 수 있다. shape 인스턴스를 사용
해 shapeMessage를 호출하거나 Shape 클래스의 함수를 그릴 수도 있다.

코틀린 싱글톤 클래스 호출

자바에서 코틀린 싱글톤 클래스를 호출할 수도 있다. object 키워드를 사용해 코틀린에서 싱글톤 클래스를 만들어보자.

```
object Singleton {
  fun happy() {
    println("I am Happy")
  }
}
```

또한 INSTANCE 키워드를 사용해 자바에서 Singleton 클래스와 happy 함수를 호출할 수 있다.

```
public static void main(String args[]) {
  Singleton.INSTANCE.happy();
}
```

코틀린 파일 이름을 참조로 사용할 필요는 없지만 객체 클래스 이름인 Singleton만으로도 충분하다는 점에 유의하자. INSTANCE 키워드는 생략할 수 있다. 함수 서명의 시작 부분에 @JvmStatic 어노테이션을 추가한다.

```
object Singleton {
  fun happy() {
    println("I am Happy")
  }

  @JvmStatic fun excited() {
    println("I am very Excited")
  }
}
```

이렇게 하면 자바에서 INSTANCE 키워드를 사용하지 않고 excited 함수를 직접 호출할 수 있다.

```
public static void main(String args[]) {
    Singleton.INSTANCE.happy();
    Singleton.excited();
}
```

자바 프로그램을 실행하고 다음과 같은 출력을 확인하자.

```
I am Happy
I am very Excited
```

⠿ 요약

8장에서는 코틀린의 가장 흥미로운 기능 중 하나인 상호운용성을 알아봤다. 자바에서 코틀린 코드를 호출할 수 있으며 그 반대도 가능하다. 코틀린에서 자바 정적 변수와 함수를 호출해 이 장을 시작한 다음 자바 컬렉션으로 이동하고 코틀린에서 자바 클래스를 호출하는 몇 가지 예를 살펴봤다.

그런 다음 코틀린 예약어를 처리하는 방법과 변수, 함수, 확장 함수, 코틀린 클래스가 있는 자바에서 코틀린으로 작성된 코드를 사용하는 방법을 설명했다. 또한 코틀린의 JVM 어노테이션을 사용해 코틀린 파일 이름과 함수 이름을 대체하는 방법을 설명했다. 마지막으로 자바에서 코틀린의 객체 클래스를 호출하는 방법을 간략하게 살펴봤다. 9장에서는 코틀린의 정규 표현식과 직렬화를 살펴본다.

⁝⁝ 질문

1. 상호운용성이란 무엇인가?

2. JVM 어노테이션을 사용하는 이유는 무엇인가?

⁝⁝ 참고 도서 목록

가스통 힐라^{Gastón C. Hillar}의 『Learning Object-Oriented Programming』(Packt, 2015): https://www.packtpub.com/application-development/learning-object-oriented-programming

09

코틀린의 정규식과 직렬화

9장에서는 regex 또는 regexp라고도 하는 정규식^{regular expression}을 살펴본다. 그것은 텍스트에서 문자열의 유형을 찾는 데 사용할 수 있는 패턴을 정의하고자 고안된 접근 방식이다. 이는 많은 텍스트 편집기와 통합 개발 환경에서 지원하는 매우 유용한 기술이다.

이 장에서 다룰 또 다른 주제는 **직렬화**^{serialization}다. 이는 객체 상태를 JSON^{JavaScript Object Notation}이나 XML^{eXtensible Markup Language}에 저장할 수 있는 형식으로 변환하는 과정이다.

9장에서 다루는 내용은 다음과 같다.

- 정규식 소개
- 코틀린과 정규식
- 직렬화 소개
- 직렬화와 코틀린 지원

⁝⁝⁝ 기술적 요구 사항

9장의 코드를 실행하려면 인텔리제이 IDEA용 직렬화 플러그인을 설치해야 한다. 다음 링크에서 절차를 따라 최신 버전을 다운로드한다.

https://bintray.com/kotlin/kotlinx/kotlinx.serialization.plugin

1. 이 플러그인을 설치하려면 Preferences ﹥ Plugins ﹥ INSTALL PLUGIN FROM DISK...를 선택한다.

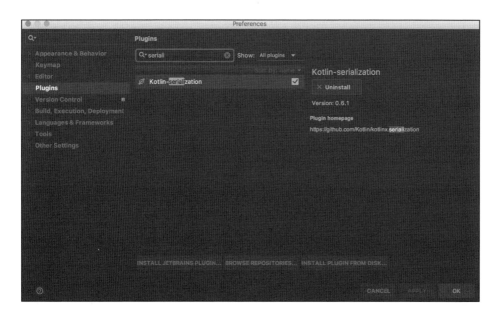

2. 다운로드한 .zip 아카이브를 선택하고 Apply를 누른다. 또한 build.gradle 파일의 저장소 영역에 다음 줄을 추가한다.

```
maven { url "https://kotlin.bintray.com/kotlinx" }
```

또한 다음 줄을 종속성 영역에 추가한다.

```
implementation "org.jetbrains.kotlinx:kotlinx-serialization-
runtime:0.6.1"
```

이 장의 코드는 깃허브의 다음 위치에서 찾을 수 있다.

https://github.com/PacktPublishing/Hands-On-Object-Oriented-Programming-with-Kotlin/tree/master/src/main/kotlin/Chapter09

정규식 소개

정규식의 사용은 검색 엔진과 텍스트 처리 유틸리티에서 사용되는 광범위한 접근 방법이다. 많은 프로그래밍 언어가 regexes를 기본으로 제공하거나 라이브러리를 사용한다. 이러한 사용법의 좋은 예는 코드 찾기에 사용할 수 있는 인텔리제이 IDEA의 Find in path action에서 Find를 들 수 있다. Find in path 창은 다음과 같다.

정규식을 사용해 일련의 문자를 찾으려면 특수 문자로 구성된 패턴을 제공해야 한다. 그것들은 다음 표와 같다.

하위 표현식	일치
^	문자의 검색 순서는 줄의 처음부터 시작한다.
$	문자의 검색 순서는 줄의 마지막에 있어야 한다.
.	검색 문자는 새 줄 이외의 문자일 수 있다. m 옵션을 사용하면 줄 바꿈 문자를 찾을 수 있다.
[...]	검색 문자는 대괄호 안에 있는 임의의 문자일 수 있다..
[^...]	검색 문자는 대괄호 안에 없는 임의의 문자일 수 있다.
\A	문자의 검색 순서는 전체 문자열의 시작 부분에 있어야 한다.
\z	문자의 검색 순서는 전체 문자열의 끝에 있어야 한다.
\Z	문자의 검색 순서는 줄 종결자를 제외하고 전체 문자열의 끝에 있어야 한다.
*	이전 표현식이 여러 번 발생할 수도 있고 전혀 표현되지 않을 수도 있음을 의미한다.
re+	이전 표현식이 적어도 한 번 이상 발생할 수 있음을 의미한다.
re?	이전 표현식이 여러 번 발생할 수도 있고 전혀 수행되지 않을 수도 있음을 의미한다.
re{ n}	이전 표현식이 n번 발생할 수 있음을 의미한다.
re{ n,}	이전 표현식이 n번 이상 발생할 수 있음을 의미한다.
re{ n, m}	이전 표현식이 적어도 n번에서 최대 m번 발생할 수 있음을 의미한다.
a|b	패턴이 a 또는 b 문자와 일치함을 의미한다.
(re)	r과 e 문자가 하나의 표현식으로 그룹화되고 일치하는 텍스트를 기억한다는 것을 의미한다.
(?: re)	r과 e 문자가 일치하는 텍스트를 기억하지 않고 하나의 표현식으로 그룹화된다는 것을 의미한다.
(?> re)	기억을 사용하지 않고 독립적인 패턴을 의미한다.

(이어짐)

하위 표현식	일치
\w	단어와 일치한다.
\W	텍스트에 단어가 포함돼 있지 않은 경우 일치한다.
\s	공백과 일치하고 [\t \n \r \f]와 같다.
\S	공백과 일치하지 않는다.
\d	숫자와 일치하고 [0-9]와 같다.
\D	숫자와 일치하지 않는다.
\G	마지막 일치가 끝나는 지점을 정의하는 데 사용할 수 있다.
\n	그룹 번호 n을 캡처하는 역참조를 나타낸다.
\b	대괄호 안에 있을 때 백스페이스와 일치한다.
\B	단어 경계와 일치하지 않는다.
\n,\t, 기타	개행, 캐리지 리턴, 탭과 같은 특수 기호와 일치한다.
\Q	모든 문자를 ₩E까지 제외한다.
\E	제외 종료를 의미한다.

^ 기호를 사용하면 문자열의 시작 부분에서 문자열을 찾을 수 있으며 $ 기호는 비슷한 방법으로 사용할 수 있지만 문자열의 끝 부분에 사용할 수 있다. 예를 들어 다음 정규식은 행의 시작 부분에서 The를 찾으라는 것을 의미한다.

^The

또한 줄의 끝에 대한 다음 예를 사용할 수 있다.

end$

하위 표현식을 결합해 좀 더 복잡한 패턴을 만들 수 있다.

```
^The end$
```

비슷한 방식으로 . 기호는 임의의 단일 문자와 일치하고 \d는 임의의 숫자와 일치한다.

⁘ 코틀린과 정규식

코틀린에서 정규식은 kotlin.text 패키지의 Regex 클래스로 표현한다. 이 클래스의 인스턴스는 불변이며 다음 생성자 중 하나를 사용해 새 인스턴스를 만들 수 있다.

```
public actual constructor(pattern: String) : this(Pattern.compile(pattern))

public actual constructor(pattern: String, option: RegexOption) :
this(Pattern.compile(pattern, ensureUnicodeCase(option.value)))

public actual constructor(pattern: String, options: Set<RegexOption>) :
this(Pattern.compile(pattern, ensureUnicodeCase(options.toInt())))
```

RegexOption은 추가 옵션을 지정하는 데 사용할 수 있는 열거형^{enum}이다. 이것은 다음 객체를 정의한다.

- IGNORE_CASE는 문자열을 무시해야 할 때 사용할 수 있다.

- MULTILINE는 줄의 종결자나 입력 열의 끝이고 ^, $ 하위 표현식 직후에 사용돼야 한다.

- LITERAL은 특수 기호와 메타문자를 모두 무시한다.

- UNIX_LINES는 \n만이 줄의 종결자라는 것을 의미한다.

- COMMENTS는 패턴에서 공백과 주석을 사용할 수 있다.

- DOT_MATCHES_ALL은 하위 표현식에서 임의의 문자와 일치할 수 있다.

- CANON_EQ는 정규 분해에 의한 특별한 동등성을 가능하게 한다.

toRegex() 확장 함수를 사용해 새 인스턴스를 만들 수도 있다.

```
"^The".toRegex()
```

정규식이 지정된 입력에서 적어도 하나의 일치 항목을 찾을 수 있으면 true를 반환하는 containsMatchIn 메서드를 사용할 수도 있다.

다음과 같은 함수를 사용할 수 있다.

```
fun main(args: Array<String>) {
    println("^The".toRegex().containsMatchIn("The"))
}
```

출력 결과는 다음과 같다.

```
true
```

또 다른 유용한 메서드는 split이며 입력을 하위 문자열 목록으로 분할할 수 있다.
이 방법을 다음과 같이 사용할 수 있다.

```
fun main(args: Array<String>) {
    println("""\d""".toRegex().split("abc2abc4abc"))
}
```

다음과 같이 출력된다.

```
[abc, abc, abc]
```

⁝⁞⸱ 직렬화 소개

객체의 상태를 저장하거나 전송하고 복원할 수 있는 형식으로 변환해야 할 때 직렬
화를 사용할 수 있다. 개발에 사용되는 가장 일반적인 접근법은 객체를 JSON 형식
으로 직렬화하는 것이다. JSON에 표시된 객체는 키-값 쌍의 집합인 반면 키는 문자
열로 표시되며 값은 다음 유형을 가질 수 있다.

- 문자열String
- 숫자Number
- 배열Array
- 객체Object
- 불리언Boolean

값은 null일 수도 있다. 키와 값은 콜론으로 구분되며 쌍은 쉼표로 구분된다. 다음
코드에서 JSON은 문자열 유형의 값을 포함하는 두 쌍을 가진다.

```
{
  "first_name": "Igor",
  "last_name": "Kucherenko"
}
```

다음 코드에서 객체 유형의 값에 따른 "user" 키를 갖고 있으며 그 값으로 phone
객체 배열을 가진다.

```
"user": {
  "101": {
    "id": 101,
    "first_name": "Igor",
    "last_name": "Kucherenko",
    "phones": [
      +3443432343,
      +4324233423,
      +6453454353
    ]
  }
}
```

:: 직렬화와 코틀린 지원

이 절에서는 kotlinx.serialization 라이브러리를 살펴본다. 이것은 세 부분으로 구성된다.

- 플러그인^{Plugin}
- 컴파일러^{Compiler}
- 라이브러리^{Library}

클래스를 직렬화할 수 있게 만들려면 @Serializable 어노테이션을 표시해야 한다.

```
@Serializable
data class Person(
    val id: Int = 0,
    val first_name: String,
    val last_name: String,
```

```
        val phones: List<String> = listOf()
)
```

다음 코드를 사용해 이 클래스의 인스턴스를 JSON으로 직렬화할 수 있다.

```
fun main(args: Array<String>) {
    println(JSON.stringify(Person(first_name = "Igor", last_name = "Kucherenko")))
}
```

출력 결과는 다음과 같다.

```
{"id":0,"first_name":"Igor","last_name":"Kucherenko","phones":[]}
```

다음 코드를 사용해 JSON을 역직렬화^{deserialize}할 수 있다.

```
val jsonPerson =
"""{"id":0,"first_name":"Igor","last_name":"Kucherenko","phones":[]}"""
println(JSON.parse<Person>(jsonPerson))
```

출력 결과는 다음과 같다.

```
Person(id=0, first_name=Igor, last_name=Kucherenko, phones=[])
```

다음 코드는 문제없이 목록으로 작업할 수 있음을 보여준다.

```
fun main(args: Array<String>) {
    val jsonPerson = JSON.stringify(Person(first_name = "Igor", last_name =
"Kucherenko", phones = listOf("+34434344343", "+33434344242")))
```

```
    println(jsonPerson)
    println(JSON.parse<Person>(jsonPerson))
}
```

출력 결과는 다음과 같다.

```
{"id":0,"first_name":"Igor","last_name":"Kucherenko","phones":["+3443434434
3","+33434344242"]}
 Person(id=0, first_name=Igor, last_name=Kucherenko, phones=[+34434344343,
+33434344242])
```

JSON을 클래식한 여러 줄 스타일로 출력하려면 다음 코드를 사용한다.

```
val jsonPerson = JSON.indented.stringify(Person(firstName = "Igor", lastName =
"Kucherenko", phones = listOf("+354445545454", "+433443343443")))
println(jsonPerson)
```

출력 결과는 다음과 같다.

```
{
    "id": 0,
    "firstName": "Igor",
    "lastName": "Kucherenko",
    "phones": [
        "+354445545454",
        "+433443343443"
    ]
}
```

@SerialName 어노테이션을 사용해 프로퍼티 이름을 오버라이딩할 수도 있다. 다음 코드를 살펴보자.

```
@Serializable
data class Person(
    val id: Int = 0,
    @SerialName("first_name") val firstName: String,
    @SerialName("last_name") val lastName: String,
    val phones: List<String> = listOf()
)
```

firstName, lastName 프로퍼티는 JSON에서 first_name, last_name처럼 보인다. 이 클래스의 인스턴스에서 직렬화와 역직렬화하려면 다음 코드를 사용한다.

```
fun main(args: Array<String>) {
    val jsonPerson = JSON.indented.stringify(Person(firstName = "Igor", lastName
= "Kucherenko", phones = listOf("+354445545454", "+433443343443")))
    println(jsonPerson)
    println(JSON.parse<Person>(jsonPerson))
}
```

출력 결과는 다음과 같다.

```
{
  "id": 0,
  "first_name": "Igor",
  "last_name": "Kucherenko",
  "phones": [
    "+354445545454",
    "+433443343443"
  ]
```

```
    }
    Person(id=0, firstName=Igor, lastName=Kucherenko, phones=[+354445545454,
    +433443343443])
    ......
```

또한 사용자 정의 직렬화와 역직렬화를 사용할 수 있다. first_name, last_name 대신 name 프로퍼티를 포함하는 JSON으로 Person 클래스의 인스턴스를 직렬화하려고 할 때 다음과 같이 보일 수 있는 맞춤형 saver 객체를 만들 수 있다.

```
val saver = object : KSerialSaver<Person> {
    override fun save(output: KOutput, obj: Person) {
        @Serializable
        data class JSONPerson(val id: Int, val name: String, val phones:
List<String>)
        output.write(JSONPerson(obj.id, "${obj.firstName} ${obj.lastName}",
obj.phones))
    }
}
```

이 객체를 다음과 같이 사용할 수도 있다.

```
val jsonPerson = JSON.indented.stringify(saver, Person( firstName = "Igor",
lastName = "Kucherenko", phones = listOf("+354445545454", "+433443343443")))
println(jsonPerson)
```

출력 결과는 다음과 같다.

```
{
    "id": 0,
    "name": "Igor Kucherenko",
```

```
   "phones": [
      "+354445545454",
      "+433443343443"
   ]
}
```

⁘ 요약

9장에서는 정규식과 직렬화를 살펴봤다. 정규식^{Regex}은 개발에서 널리 사용되는 매우 강력한 텍스트 처리법이며 직렬화를 통해 JSON이나 XML과 같은 형식으로 객체 상태를 저장할 수 있다. 가장 일반적인 예를 사용해 이러한 기술을 사용하는 방법을 살펴봤다.

10장에서는 예외 처리를 소개한다.

10

예외 처리

프로그램의 정상적인 흐름이 중단되면 예외 이벤트가 발생한다. 이는 사용자, 개발자 에러 또는 물리적 자원 부족으로 인해 발생할 수 있다. 다양한 유형의 예외 이벤트를 처리하도록 설계된 클래스의 특별한 계층 구조가 있으며 애플리케이션에서 특별한 경우를 처리하고자 사용자 정의 클래스를 만들 수도 있다.

10장에서 다루는 내용은 다음과 같다.

- 예외 처리란?
- 확인된[checked] 예외와 확인되지 않은[unchecked] 예외
- **try** 블록을 식으로 사용
- 사용자 정의 예외 작성

⫶ 기술적 요구 사항

10장의 코드를 실행하려면 인텔리제이 IDEA와 깃이 설치돼 있어야 한다. 이 장에서는 추가 설치가 필요 없다.

다음 깃허브의 링크에서 이 장의 예를 볼 수 있다.

https://github.com/PacktPublishing/Hands-On-Object-Oriented-Programming-with-Kotlin/tree/master/src/main/kotlin/Chapter10

⫶ 예외 처리란?

함수 실행을 완료할 수 없는 경우 예외가 발생할 수 있다. 가장 일반적인 원인은 다음과 같다.

- 잘못된 수신 데이터
- 파일을 찾을 수 없음
- 네트워크 연결 종료
- 자바 가상머신에서 사용 가능한 메모리 부족

throw 키워드는 현재 함수의 실행을 중단하고 호출자에게 예외 이벤트를 알리는 데 사용한다. FileInputStream 클래스의 생성자를 살펴보자.

```java
public FileInputStream(File file) throws FileNotFoundException {
    String name = (file != null ? file.getPath() : null);
    SecurityManager security = System.getSecurityManager();
    if (security != null) {
        security.checkRead(name);
    }
    if (name == null) {
```

```
        throw new NullPointerException();
    }
    if (file.isInvalid()) {
        throw new FileNotFoundException("Invalid file path");
    }
    fd = new FileDescriptor();
    fd.attach(this);
    path = name;
    open(name);
}
```

보다시피 파일 경로가 유효하지 않고 파일을 찾을 수 없으면 FileNotFound
Exception이 발생한다. 생성자 서명에는 throw 키워드와 이 함수가 던질 수 있는
예외가 표시돼 있다. 코틀린에서는 throw 키워드 대신 @Throws 어노테이션을 사용
한다.

```
@Target(AnnotationTarget.FUNCTION, AnnotationTarget.PROPERTY_GETTER,
AnnotationTarget.PROPERTY_SETTER, AnnotationTarget.CONSTRUCTOR)
@Retention(AnnotationRetention.SOURCE)
public annotation class Throws(vararg val exceptionClasses:
KClass<outThrowable>)
```

대부분의 경우 try {...} catch {...} 블록에서 예외를 던질 수 있는 함수를 호출해
야 한다. 다른 경우에는 다음 예와 같이 예외를 던질 수 있다.

```
@Throws(IOException::class)
fun main(args: Array<String>) {
    FileInputStream("invalid/path")
}
```

결과는 다음과 같다.

```
Exception in thread "main" java.io.FileNotFoundException: invalid/path (No such
file or directory)
  at java.io.FileInputStream.open0(Native Method)
  at java.io.FileInputStream.open(FileInputStream.java:195)
  at java.io.FileInputStream.<init>(FileInputStream.java:138)
  at java.io.FileInputStream.<init>(FileInputStream.java:93)
  at chapter10.Example1Kt.main(Example1.kt:6)
```

그러나 이 예외를 처리하려면 try {...} catch {...} 블록을 사용해야 한다.

```kotlin
fun main(args: Array<String>) {
    try {
        FileInputStream("invalid/path")
    } catch (exception: Exception) {
        println("${exception::class.java.name} was handled!")
    }
}
```

결과는 다음과 같다.

```
java.io.FileNotFoundException was handled!
```

함수가 여러 유형의 예외를 던지는 경우 여러 catch 블록을 정의할 수 있다.

```kotlin
try {
    FileInputStream("invalid/path")
} catch (exception: FileAlreadyExistsException) {
    println("${exception::class.java.name} was handled!")
} catch (exception: IOException) {
```

```
    println("${exception::class.java.name} was handled!")
  } catch (exception: Exception) {
    println("${exception::class.java.name} was handled!")
  }
```

try {...} catch {...} 블록에서 예외가 발생해도 함수 실행이 중단되지 않는다.
다음 예에서는 이를 보여준다.

```
fun main(args: Array<String>) {
  try {
    FileInputStream("invalid/path")
  } catch (exception: FileAlreadyExistsException) {
    println("${exception::class.java.name} was handled!")
  } catch (exception: IOException) {
    println("${exception::class.java.name} was handled!")
  } catch (exception: Exception) {
    println("${exception::class.java.name} was handled!")
  }
  println("Done!")
}
```

출력 결과는 다음과 같다.

```
java.io.FileNotFoundException was handled!
Done!
```

예외 유형의 인스턴스에는 발생한 에러에 대한 다양한 정보가 포함돼 있다. 예를
들어 다음과 같은 메시지를 받을 수 있다.

```
fun main(args: Array<String>) {
```

```
    try {
        FileInputStream("invalid/path")
    } catch (exception: IOException) {
        println(exception.message)
    }
}
```

출력 결과는 다음과 같다.

invalid/path (No such file or directory)

또는 printStackTrace() 메서드를 호출할 수 있다.

```
fun main(args: Array<String>) {
    try {
        FileInputStream("invalid/path")
    } catch (exception: IOException) {
        exception.printStackTrace()
    }
}
```

출력 결과는 다음과 같다.

```
java.io.FileNotFoundException: invalid/path (No such file or directory)
 at java.io.FileInputStream.open0(Native Method)
 at java.io.FileInputStream.open(FileInputStream.java:195)
 at java.io.FileInputStream.<init>(FileInputStream.java:138)
 at java.io.FileInputStream.<init>(FileInputStream.java:93)
 at Chapter10.Example1Kt.main(Example1.kt:9)
```

⚙️ 확인된 예외와 확인되지 않은 예외

예외는 특별한 처리가 필요한 프로그램의 비정상적인 상태다. 자원 누수, 프로그램 코드의 논리적 에러나 네트워크 연결 중단과 같은 예외가 발생하는 원인은 다양하다.

이 절에서는 다음과 같은 내용을 다룬다.

- 예외 계층 구조
- 자바에서 예외
- 코틀린에서 예외

예외 계층 구조

코틀린과 자바의 모든 예외 클래스는 Throwable 클래스에서 상속된다. Throwable 클래스는 Exception과 Error라는 2개의 직접 상속자가 있다. Exception 클래스는 IOException, RuntimeException 클래스와 같은 좀 더 구체적인 경우에 대한 상속자를 갖는다.

- IOException은 입출력 조작에 관련하는 예외적인 이벤트의 일반적인 클래스다.

- RuntimeException은 NullPointerException과 같은 예외에 대한 슈퍼클래스며 자바 가상머신 작업 중에 발생할 수 있다.

Error 클래스의 하위 클래스는 애플리케이션에서 발생할 수 있는 비정상적인 상태를 나타내는 데 사용한다. 널리 발생하는 Error의 상속자는 OutOfMemoryError 클래스다. 자바 가상머신이 새로운 객체에 메모리를 할당할 수 없는 경우 이 클래스의 인스턴스가 발생할 수 있다.

다음 다이어그램은 클래스 계층 구조를 보여준다.

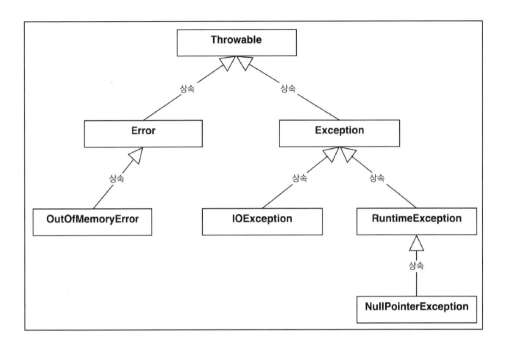

Exception 클래스의 모든 직접 상속자를 개괄적으로 보려면 이 클래스의 소스코드에서 Navigate ▸ Type Hierachy로 이동한다.

Class...	⌘O
File...	⇧⌘O
Symbol...	⌥⌘O
Custom Folding...	⌥⌘.
Line/Column...	⌘L
← Back	⌘[
→ Forward	⌘]
Last Edit Location	⇧⌘⌫
Next Edit Location	
Bookmarks	▶
Select In...	⌥F1
Jump to Navigation Bar	⌘↑
Declaration	⌘B
Implementation(s)	⌥⌘B
Type Declaration	⇧⌘B
Super Class	⌘U
Test	⇧⌘T
Related Symbol...	^⌘↑
File Structure	⌘F12
Type Hierarchy	^H
Method Hierarchy	⇧⌘H
Call Hierarchy	^⌥H
Next Highlighted Error	F2
Previous Highlighted Error	⇧F2
↑ Go to previous type	⌥⌘↑
↓ Go to next type	⌥⌘↓
Next Method	^↓
Previous Method	^↑

그러면 Exception 클래스의 모든 직접 하위 클래스를 보여주는 창이 표시된다.

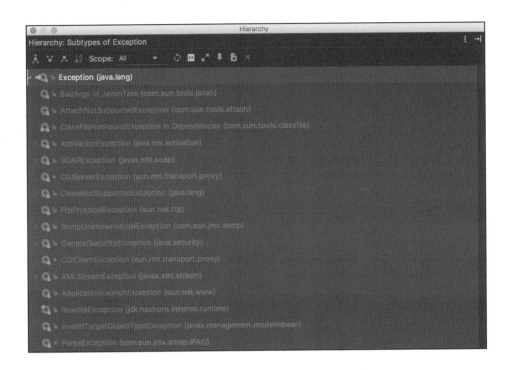

자바에서의 예외

자바에서는 모든 예외가 두 그룹으로 나뉜다.

- 확인된[checked] 예외
- 확인되지 않은[unchecked] 예외

클래스가 RuntimeException의 하위 유형이 아닌 경우 Exception 클래스를 상속하면 이 클래스는 확인된 예외에 속한다. 함수가 확인된 예외를 발생하면 호출을 try {...} catch {...} finally {...} 블록으로 둘러싼다. finally 블록은 생략할 수 있다.

다음 예에서는 main 함수에서 FileInputStream 클래스의 새 인스턴스를 만든다.

```java
public class Example2 {
  public static void main(String[] args) {
    new FileInputStream("invalid/path");
  }
}
```

FileInputStream의 생성자는 FileNotFoundException을 사용하므로 이 코드를 컴파일할 수 없다. 인텔리제이 IDEA는 다음 팁을 보여준다.

이 에러를 수정하려면 이 코드를 try {...} catch {...} finally {...} 블록으로 묶거나 메서드 서명에 예외를 추가하면 된다. try {...} catch {...} finally {...} 를 사용하면 다음과 같다.

```java
public static void main(String[] args) {
  try {
    new FileInputStream("invalid/path");
  } catch (FileNotFoundException e) {
    e.printStackTrace();
  }
}
```

두 번째 경우에 throws 키워드를 사용하면 다음과 같이 표시할 수 있다.

```java
public static void main(String[] args) throws FileNotFoundException {
  new FileInputStream("invalid/path");
}
```

다음 코드는 값 참조가 null이기 때문에 NullPointerException이 발생한다.

```java
public static void main(String[] args) {
    Integer value = null;
    value.hashCode();
}
```

그러나 확인되지 않았기^{unchecked} 때문에 이 예외를 처리할 필요가 없다.

코틀린에서의 예외

확인된 예외는 필요하지 않더라도 강제로 처리한다. 이는 많은 문제를 일으키는데, 코틀린에 확인된 예외가 없는 이유다. 로깅을 위해 java.lang 패키지의 Appendable 인터페이스를 자체 클래스로 구현하고자 한다고 가정해보자.

```java
class Logger implements Appendable {
    @Override
    public Appendable append(CharSequence csq) throws IOException {
        throw new NotImplementedException();
    }

    @Override
    public Appendable append(CharSequence csq, int start, int end) throws
IOException {
        throw new NotImplementedException();
    }

    @Override
    public Appendable append(char c) throws IOException {
        throw new NotImplementedException();
    }
}
```

이 클래스를 사용해 다음과 같이 로그를 출력할 수 있다.

```
public static void main(String[] args) {
  Logger logger = new Logger();
  logger.append("Start...");
  //....
  logger.append("Done...")
}
```

이 코드는 Appendable 인터페이스의 메서드가 확인된 예외를 발생시키기 때문에 컴파일되지 않는다. 따라서 이 코드를 try {...} catch {...} 블록으로 묶어야 한다. 람다식에서 append 메서드를 사용하는 경우 매우 짜증날 수 있다.

```
Arrays.asList(0, 1, 3, 4).forEach(integer -> {
  try {
    logger.append(integer.toString());
  } catch (IOException e) {
    e.printStackTrace();
  }
});
```

이 코드는 try {...} catch {...} 블록이 있는 람다식이 간결하게 보이지 않는다는 것을 보여준다.

상호운용성

코틀린은 자바 코드와 상호운용성을 유지하게 설계된 언어다. 다음 예는 자바 코드에서 코틀린 코드를 호출할 때 고려해야 할 뉘앙스를 보여준다. 예외를 던지는 간단한 코틀린 함수를 만들어보자.

```
fun testMethod() {
    throw IOException()
}
```

이 함수는 다음과 같이 자바 코드에서 호출할 수 있다.

```
public class Example5 {
    public static void main(String[] args) {
        Example5Kt.testMethod();
    }
}
```

그리고 이 코드는 컴파일할 수 있다. 이 동작은 확인된 예외를 처리하는 데 익숙한 자바 개발자에게는 예상치 못한 것일 수 있다. 이와 같은 코드를 만들면 어떻게 되는지 확인해보자.

```
public static void testMethod() {
    throw new IOException();
}
```

컴파일러에서 다음 에러를 표시한다.

```
Error:(11, 9) java: unreported exception java.io.IOException; must be caught or
declared to be thrown
```

이 에러를 수정하려면 다음과 같이 @Throws 어노테이션을 추가해야 한다.

```
@Throws(IOException::class)
```

```kotlin
fun testMethod() {
    throw IOException()
}
```

이제 자바 코드의 **testMethod** 함수가 발생할 수 있는 예외를 처리해야 한다.

```java
public static void main(String[] args) {
    try {
        Example5Kt.testMethod();
    } catch (IOException e) {
        e.printStackTrace();
    }
}
```

⁝▶ try 블록을 표현식으로 사용

프로그램 코드를 실행할 때 항상 **표현식**^{Expression}과 **구문**^{Statement}을 다룬다. 이들의 차이점을 이해하는 것은 매우 중요하다. 다음 코드를 살펴보자.

```kotlin
1 + 1
```

이 코드는 변수, 연산자를 포함하고 단일 결과를 반환하기 때문에 표현식이다. 독립 실행형 프로그램 코드 요소가 동작을 나타내는 경우 이는 구문이다.

```kotlin
println("Hello")
```

이 절에서 주요 포인트는 표현식이 무언가를 반환한다는 것이다.

코틀린에서 try {...} catch {...} finally {...} 블록은 표현식이며 다음과 같이 만들 수 있다.

```
fun loadValue(): Int = throw Exception()
fun main(args: Array<String>) {
  println(try { loadValue() } catch (exception: Exception) { 4 })
}
```

자세히 보면 이 코드는 자바로 작성하는 것과 같은 방식으로 작동한다. 이를 확인하려면 이 코드를 자바로 역컴파일하면 된다.

```
public final class Example6Kt {
  public static final int loadValue() {
    throw (Throwable)(new Exception());
  }

  public static final void main(@NotNull String[] args) {
    Intrinsics.checkParameterIsNotNull(args, "args");
    int var1;
    try {
      var1 = loadValue();
    } catch (Exception var3) {
      var1 = 4;
    }

    System.out.println(var1);
  }
}
```

보다시피 여기에는 마법이 없다. 자바와 달리 코틀린의 모든 제어 흐름 요소는 표현식으로, 일반적인 문제에 대해 좀 더 간결한 해결책을 제공한다.

사용자 정의 예외 작성

자바 표준 라이브러리에 애플리케이션의 비즈니스 요구 사항에 맞는 예외가 없으면 사용자 정의 예외를 구현할 수 있다. Error 클래스를 상속한 모든 예외는 자바 가상 머신에 의해 무조건 발생되므로 이 클래스를 확장해서는 안 된다. 사용자 정의 예외를 구현할 때 RuntimeException 유형으로 예외를 발생시키면 자바 코드에서 받아진다는 보장이 없기 때문에 확인된 예외만 작성하는 것이 좋다. 코틀린에서는 확인된 예외를 지원하지 않으므로 Exception 클래스의 하위 유형을 확장할 수 있다.

set 메서드를 포함하고 ToDoAlreadyExistException을 발생시키는 ToDoStorage 클래스가 포함된 ToDo 목록 애플리케이션을 개발한다고 해보자. ToDoStorage 클래스는 다음과 같다.

```
class ToDoStorage {
    private val todos = HashMap<String, ToDo>()
    operator fun get(name: String) = todos[name]
    operator fun set(name: String, todo: ToDo) {
        if (todos.contains(name)) {
            throw ToDoAlreadyExistException()
        }
        todos[name] = todo
    }
}
```

이 코드에는 ToDo 클래스의 인스턴스를 저장하는 todos 프로퍼티가 있다.

```
class ToDo(val name: String, val content: String)
```

ToDoStorage 클래스에는 todos 프로퍼티의 값에 접근하는 get, set 연산자 메서드가 있다. todos 프로퍼티에 의해 이미 키로 사용되는 이름을 가진 ToDo를 설정하려고 하면 ToDoAlreadyExistException이 발생한다.

```
class ToDoAlreadyExistException(
    message: String? = null,
    cause: Throwable? = null,
    enableSuppression: Boolean = true,
    writableStackTrace: Boolean = true
) : Exception(message, cause, enableSuppression, writableStackTrace)
```

다음 코드를 사용해 이를 확인할 수 있다.

```
fun main(args: Array<String>) {
    val storage = ToDoStorage()
    val todo = ToDo("name", "content")
    storage[todo.name] = todo
    storage[todo.name] = todo
}
```

출력 결과는 다음과 같다.

```
Exception in thread "main" Chapter10.ToDoAlreadyExistException
  at Chapter10.ToDoStorage.set(Example7.kt:20)
  at Chapter10.Example7Kt.main(Example7.kt:30)
```

⋮⋮⋮ 요약

10장에서는 예외와 예외 처리를 살펴봤다. 또한 사용자 정의 예외를 만드는 방법을 보여주는 예를 살펴보고 그것이 필요한 이유를 살펴봤다. '확인된 예외' 절은 자바와 코틀린의 예외 사항을 다뤘다. 이 외에도 구문과 표현식의 차이점을 살펴봤고 try

{...} catch {...} 블록을 표현식으로 사용하는 방법을 배웠다.

11장에서는 코틀린을 사용해 객체지향 프로그래밍을 테스트하는 방법을 살펴본다.

⫶ 질문

1. 예외란 무엇인가?

2. 표현식이란 무엇인가?

3. 예외 처리란 무엇인가?

4. 확인된 예외란 무엇인가?

⫶ 참고 도서 목록

이야누 아데칸Jyanu Adelekan의 『Kotlin Programming by Example』(Packt, 2018): https://www.packtpub.com/application-development/kotlin-programming-example

11

코틀린을 사용한 객체지향 프로그래밍 테스트

최종 사용자에게 애플리케이션을 전달하기 전에 애플리케이션을 테스트해야 한다. 소프트웨어 테스트 과정은 버그를 찾기 위한 목적으로 프로그램을 실행하는 방식으로 구성된다. 버그란 코드의 논리적 에러와 관련되거나 애플리케이션 흐름의 잘못된 실수를 의미한다. 테스트의 주목적은 제품이 최종 사용자의 기대와 소프트웨어 요구 사항을 충족시키는지 확인하는 것이다.

11장에서 다루는 내용은 다음과 같다.

- 테스트의 필요성
- 테스트의 유형
- 코틀린 테스트 라이브러리
- 테스트 예제 코드

⚙️ 기술적 요구 사항

11장의 코드를 실행하려면 인텔리제이 IDEA와 깃이 설치돼 있어야 한다. 또한 JUnit 테스트 엔진, Spek 프레임워크, 코틀린 테스트 라이브러리를 종속성에 추가하기만 하면 된다. build.gradle 파일에서 **buildscript** 블록의 **dependencies** 섹션에 다음 코드를 추가한다.

```
buildscript {
  dependencies {
    classpath 'org.junit.platform:junit-platform-gradle-plugin:1.0.0'
  }
}
```

또한 다음 줄을 사용해 junit.gradle 플러그인을 적용한다.

```
apply plugin: 'org.junit.platform.gradle.plugin'
junitPlatform {
  filters {
    engines {
      include 'spek'
    }
  }
}
```

그래들^{Gradle} 빌드 시스템에서 Spek 저장소를 찾을 수 있도록 다음 내용을 추가한다.

```
repositories {
  maven { url "http://dl.bintray.com/jetbrains/spek" }
}
```

dependencies 섹션에 다음 코드를 추가한다.

```
dependencies {
    testCompile 'org.jetbrains.spek:spek-api:1.1.5'
    testRuntime 'org.jetbrains.spek:spek-junit-platform-engine:1.1.5'
    testCompile 'org.junit.platform:junit-platform-runner:1.0.0'
    testCompile 'io.kotlintest:kotlintest-runner-junit5:3.1.7'
}
```

전체 코드는 다음 링크에서 찾을 수 있다.

https://github.com/PacktPublishing/Hands-On-Object-Oriented-Programming-with-Kotlin/blob/master/build.gradle

이 장의 코드는 다음 깃허브에서 찾을 수 있다.

https://github.com/PacktPublishing/Hands-On-Object-Oriented-Programming-with-Kotlin/tree/master/src/test/kotlin/Chapter11

∷ 테스트의 필요성

인간은 실수를 하기 때문에 테스트가 필요하다. 소프트웨어 개발 생명 주기에는 요구 사항 정의, 설계, 개발, 제공을 지정하는 것과 같은 여러 단계가 있다.

이러한 단계 중 하나에서 실수가 발생하면 다음 단계에도 실수가 발생할 수 있다.

다음 다이어그램은 여러 단계의 실수가 전체 프로세스에 미치는 영향을 보여준다.

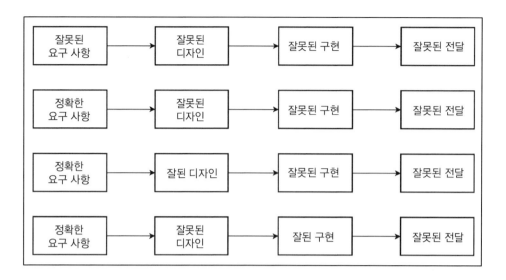

잘못된 요구 사항	→	잘못된 디자인	→	잘못된 구현	→	잘못된 전달
정확한 요구 사항	→	잘못된 디자인	→	잘못된 구현	→	잘못된 전달
정확한 요구 사항	→	잘된 디자인	→	잘못된 구현	→	잘못된 전달
정확한 요구 사항	→	잘못된 디자인	→	잘된 구현	→	잘못된 전달

보다시피 버그를 가능한 한 빨리 발견하는 것이 중요하다. 가능한 한 빨리 결함을 인식하고자 다양한 유형의 테스트를 적용할 수 있다.

⠿ 테스트 유형

애플리케이션이 예상대로 작동하는지 확인하고자 적용할 수 있는 다양한 유형의 테스트가 있다. 정확히 무엇을 테스트하기를 원하는 지에 따라 서로 다른 접근 방식으로 인해 다른 결과를 가져온다. 일반적으로 두 그룹으로 나눌 수 있다.

- 수동 테스트
- 자동 테스트

수동 테스트

수동 테스트는 Charles(https://www.charlesproxy.com/)와 같은 특수 도구를 사용해 애플리케이션 프로그래밍 인터페이스를 클릭하고 확인하는 방식으로 애플리케이션과 상호작용하는 사람에 의해 수행된다. 이 도구는 클라이언트 애플리케이션과 서버 간의 모든 HTTP, HTTPS 트래픽을 볼 수 있는 프록시다.

이 도구의 기본 창은 다음과 같다.

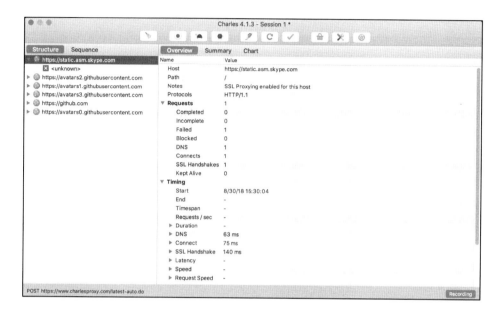

수동 테스트는 자격을 갖춘 사람과 구성된 환경이 필요하므로 비용이 많이 든다. 테스터가 몇 가지 단계와 조건을 생략할 수 있기 때문에 사람의 실수도 고려해야 한다.

자동 테스트

자동화된 테스트는 시스템에서 수행하는 테스트 스크립트로 구성된다. 일반적으로 이러한 스크립트는 자격을 갖춘 개발자나 테스터가 작성한다. 그들은 복잡성에서 매우 다를 수 있고 다른 기계 자원을 필요로 한다.

다음 코드와 같이 두 값을 비교하는 간단한 방법을 예로 들 수 있다.

```
class Tests {
  @Test
  fun testMethod() {
    assertEquals(3, 1 + 2)
  }
}
```

앞의 코드는 자바 개발자가 단위 테스트에 사용하는 프레임워크인 JUnit(https://
junit.org/junit5/)을 사용했다.

단위 테스트

단위 테스트에서는 프로그램의 논리적으로 테스트 가능한 가장 작은 부분(단위)으로
구분된다고 가정한다. 여기서 주목적은 애플리케이션의 각 단위가 설계대로 작동하
는지 확인하는 것이다. 객체지향 프로그래밍에서 단위는 클래스의 공용 인터페이스
에 속하는 메서드일 수 있다.

이 접근법은 코드베이스가 바뀌는 동안 코드가 올바르게 작동한다는 점에서 개발자
의 신뢰를 높인다. 단위 테스트를 올바르게 만들고 코드가 변경될 때마다 단위 테스
트를 실행하면 결함을 발견할 수 있다. 단위 테스팅은 모듈화될 수 있기 때문에
재사용 가능한 코드를 만들 수 있다. 이 접근 방식의 또 다른 이점은 코드를 테스트
하고자 테스터가 필요하지 않다는 것이다.

다음 예에서는 Calculator 클래스의 additionOfThreeAndTwoShouldReturnFive
메서드를 테스트하는 방법을 보여준다.

```
class Tests {
  @Test
  fun additionOfThreeAndTwoShouldReturnFive() {
    val calculator = Calculator()
```

```
        assertEquals(5, calculator.addition(3, 2))
    }
}
```

코틀린 테스트 라이브러리

이 절에서는 코틀린의 Spek 테스트 프레임워크(https://spekframework.github.io/spek/docs/ latest/#_whatever_spek)를 살펴본다. Spek은 JUnit과 같은 프레임워크와 달리 테스트 스크립트와 함께 요구 사항을 설명하는 방법을 제공한다. 테스트가 성공적으로 통과됐다고 해서 코드가 예상대로 작동하고 요구 사항을 충족한다는 것을 의미하지는 않는다.

앞의 예에서 봤듯이 클래스와 메서드 이름을 사용해 테스트하려는 것을 설명해야 한다. Spek 프레임워크를 사용해 다음과 같이 다시 만들 수 있다.

```
object CalculatorSpec: Spek({
    given("a calculator") {
        val calculator = Calculator()
        on("addition") {
            val sum = calculator.addition(3, 2)
            it("adding 3 and 2 should return 5") {
                assertEquals(5, sum)
            }
        }
    }
})
```

Spek이 코틀린으로 만들어진 이유는 이 언어가 자바보다 도메인별 언어^{DSL, Domain-Specific Language}를 사용할 수 있는 등 많은 장점을 제공하기 때문이다. 사양 또한 코틀린으로 작성해야 하지만 자바와 상호운용되도록 설계됐기 때문에 코틀린과 마찬가지로 자바 코드를 테스트할 수 있다. Spek은 사양서처럼 생겼고 선언식으로 작성돼 있기 때문에 클래스 테스트를 통해 참조한다.

설치

이 절에서는 Spek 프레임워크를 통합하는 방법을 설명한다. 이 지침에서는 다음과 같은 기본 제공 도구 시스템을 다룬다.

- 그루비[Groovy] 스크립트를 사용하는 그레들
- 코틀린 스크립트를 사용하는 그레들
- 메이븐

그루비 스크립트를 사용하는 그레들

junit-platform-gradle-plugin의 경로를 클래스 경로에 추가하고 build.gradle 파일의 해당 섹션에 테스트 종속성을 추가한다. 결과적으로 build.gradle 파일은 다음과 같다.

```
buildscript {
  dependencies {
    classpath 'org.junit.platform:junit-platform-gradle-plugin:1.0.0'
  }
}

apply plugin: 'org.junit.platform.gradle.plugin'

junitPlatform {
  filters {
    engines {
      include 'spek'
```

```
      }
    }
  }

  repositories {
    maven { url "http://dl.bintray.com/jetbrains/spek" }
  }

  dependencies {
    testCompile 'org.jetbrains.spek:spek-api:1.1.5'
    testRuntime 'org.jetbrains.spek:spek-junit-platform-engine:1.1.5'
  }
```

코틀린 스크립트를 사용하는 그레들

코틀린 스크립트를 사용해 동일한 종속성을 추가한다. build.gradle.kts 파일은 다음과 같다.

```
import org.gradle.api.plugins.ExtensionAware
import org.junit.platform.gradle.plugin.FiltersExtension
import org.junit.platform.gradle.plugin.EnginesExtension
import org.junit.platform.gradle.plugin.JUnitPlatformExtension

buildscript {
  dependencies {
    classpath("org.junit.platform:junit-platform-gradle-plugin:1.0.0")
  }
}

apply {
  plugin("org.junit.platform.gradle.plugin")
}

configure {
```

```
    filters {
      engines {
        include("spek")
      }
    }
  }

  dependencies {
    testCompile("org.jetbrains.spek:spek-api:1.1.5")
    testRuntime("org.jetbrains.spek:spek-junit-platform-engine:1.1.5")
  }

  fun JUnitPlatformExtension.filters(setup: FiltersExtension.() -> Unit) {
    when (this) {
      is ExtensionAware ->
  extensions.getByType(FiltersExtension::class.java).setup()
      else -> throw Exception("${this::class} must be an instance of
  ExtensionAware")
    }
  }

  fun FiltersExtension.engines(setup: EnginesExtension.() -> Unit) {
    when (this) {
      is ExtensionAware ->
  extensions.getByType(EnginesExtension::class.java).setup()
      else -> throw Exception("${this::class} must be an instance of
  ExtensionAware")
    }
  }
```

메이븐

junit-platform을 통합하려면 pom.xml 파일에 다음 코드를 추가한다.

```
<build>
  <plugins>
    ...
    <plugin>
      <artifactId>maven-surefire-plugin</artifactId>
      <version>2.21.0</version>
      <dependencies>
        <dependency>
          <groupId>org.junit.platform</groupId>
          <artifactId>junit-platform-surefireprovider</artifactId>
          <version>1.2.0</version>
        </dependency>
      </dependencies>
    </plugin>
  </plugins>
</build>
```

Spek 프레임워크를 통합하려면 다음 코드를 추가한다.

```
<dependency>
  <groupId>org.jetbrains.spek</groupId>
  <artifactId>spek-api</artifactId>
  <version>1.1.5</version>
  <type>pom</type>
</dependency>
```

테스팅 예제 코드

이 절에서는 Spek 프레임워크를 사용해 테스트 작성을 연습한다. 앞 절에서 이 프레임워크와 자동화된 테스트의 장점을 설명했으므로 10장에서 ToDoStorage 클래스의 기능을 테스트할 준비가 됐다. 다음과 같이 build.gradle 파일을 수정해 Spek 프레임워크와 JUnit 엔진을 통합해보자.

```
  buildscript {
    //.......
    dependencies {
+       classpath 'org.junit.platform:junit-platform-gradle-plugin:1.0.0'
    }
  }
  //.........
+ apply plugin: 'org.junit.platform.gradle.plugin'

+ junitPlatform {
+   filters {
+     engines {
+       include 'spek'
+     }
+   }
+ }

  repositories {
    //.........
+   maven { url "http://dl.bintray.com/jetbrains/spek" }
  }
  dependencies {
    //.........
+   testCompile 'org.jetbrains.spek:spek-api:1.1.5'
+   testRuntime 'org.jetbrains.spek:spek-junit-platform-engine:1.1.5'
+   testCompile 'org.junit.platform:junit-platform-runner:1.0.0'
  }
```

프로젝트의 모든 소스코드는 기본 폴더에 있고 모든 테스트 코드는 테스트 폴더에 있다. ToDoStorage 클래스를 테스트하고자 chapter11 패키지에 ToDoSpek 클래스를 만든다. 다음 스크린샷은 새로운 프로젝트 구조가 어떻게 생겼는지 보여준다.

446

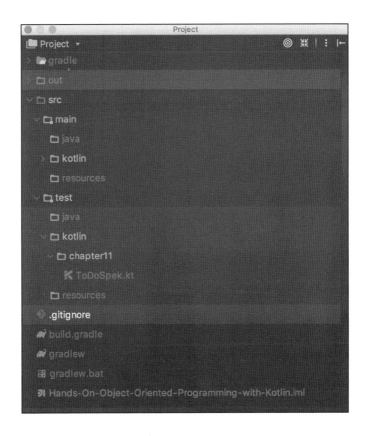

다음과 같이 ToDoSpek 클래스를 정의한다.

```
import chapter11.ToDoStorage
import org.jetbrains.spek.api.*
import org.junit.platform.runner.JUnitPlatform
import org.junit.runner.RunWith

@RunWith(JUnitPlatform::class)
object ToDoSpek: Spek({
    //.....
})
```

사양^{Specification}을 설명하려면 Spek 클래스를 확장해야 한다. 이 클래스는 수신자가 있는 생성자를 포함하며 다음과 같이 보인다.

```
abstract class Spek(val spec: Spec.() -> Unit) {
    companion object {
        fun wrap(spec: Spec.() -> Unit) = object: Spek(spec) {}
    }
}
```

6장에서 객체지향 패턴으로 수신자를 살펴봤다. 테스트를 실행하려면 ToDoSpek 클래스에 RunWith 어노테이션을 표시하고 클래스 참조를 전달해야 한다.

클래스 참조

클래스 참조는 KClass 클래스의 인스턴스로 표현된다. 클래스에 대한 참조를 얻으려면 다음과 같이 :: 연산자를 사용할 수 있다.

```
JUnitPlatform::class
```

KClass의 인스턴스가 자바 클래스의 인스턴스와 같지 않다는 점을 고려해야 한다. 자바 클래스 참조를 얻으려면 KClass 클래스 프로퍼티의 java 프로퍼티를 사용할 수 있다.

사양 작성

테스트가 성공적으로 통과됐다고 해서 애플리케이션이 예상대로 작동하는 것은 아니다. Spek 클래스에서 상속된 클래스에는 사양과 함께 테스트를 작성할 수 있는 특수 DSL 블록이 있다. 사양은 기능 요구 사항, 사용 사례, 사용자 상호작용을 설명한다.

Spek은 2가지 테스트 사양을 제공하며, 이는 사용되는 함수에 따라 다르다.

- given, on, it
- describe, it

given, on, it 블록

이 스타일은 다음과 같은 DSL 블록의 사용을 생각해보자.

- given 블록은 테스트의 컨텍스트를 정의한다. 그것은 테스트하기를 원하는 클래스가 될 수 있다.

- on 블록은 테스트할 함수나 동작을 정의한다.

- it 블록은 실제 테스트를 정의한다. 함수의 입력이나 출력이 될 수 있다.

ToDoStorage 클래스의 set 메서드를 테스트해보자. 이 테스트는 다음과 같다.

```
@RunWith(JUnitPlatform::class)
object ToDoSpek : Spek({
  given("A storage") {
    val storage = ToDoStorage()
    on("set a todo with with args: name and context") {
      val todo = ToDo("name", "content")
      val result = storage.set("name", todo)
      it("returns true") {
        assert(result)
      }
    }
  }
})
```

Run 버튼을 누르면 다음 창이 나타난다.

```
Run                                                    
Run:   ToDoSpek (2) × 

▶  ⊘ ☺ ⬇ ⬆ ⬈ ⬊ ↑ ↓ 🗎 ⟳ ⋯
   ⊘ ToDoSpek (chapter11)                              7 ms ↑
     > ⊘ Spek                                               ↓
       ⊘ KotlinTest                                    7 ms
     > ⊘ on set a todo with with args: name and context 0 ms
```

보다시피 결과는 테스트가 성공적으로 통과됐음을 보여줄 뿐만 아니라 테스트 케이스에 대한 설명도 포함하고 있다. 블록에 테스트 케이스를 더 추가해 **get** 메서드를 테스트할 수 있다. 이 테스트는 다음과 같다.

```
on("""get a todo by "name" key""") {
    val todo = storage["name"]
    it("""returns a todo with "content" """) {
        assertEquals("content", todo?.content)
    }
}
```

실행 창이 다음과 같이 표시된다.

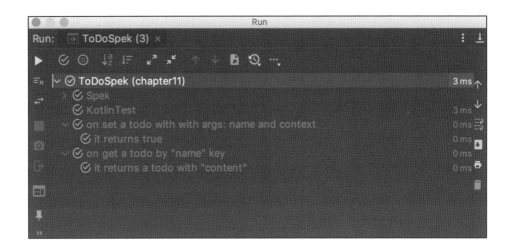

블록을 원하는 만큼 추가할 수 있다. 동일한 Spek 클래스에서 다른 context 블록을 만들 수도 있다.

예외 테스트

ToDoStorage 클래스의 set 메서드는 ToDoAlreadyExistException 예외를 던질 수 있다.

```
operator fun set(name: String, todo: ToDo): Boolean {
    if (todos.contains(name)) {
        throw ToDoAlreadyExistException()
    }
    todos[name] = todo
    return true
}
```

이 예외가 필요할 때 발생한다는 것을 확인하는 것도 중요하다. 이를 위해 사용자가 이미 존재하는 키로 할 일을 저장하려고 할 때 ToDoAlreadyException이 발생하는지 여부를 검사하는 또 하나의 테스트를 작성할 수 있다.

shouldThrow 함수를 사용하려면 kotlintest 라이브러리(https://github.com/kotlintest/kotlintest)에 종속성을 추가해야 한다. 이 라이브러리를 통합하면 build.gradle 파일의 dependencies 섹션은 다음과 같다.

```
dependencies {
    implementation "org.jetbrains.kotlin:kotlin-stdlibjdk8:$kotlin_version"
    implementation 'org.jetbrains.kotlinx:kotlinx-coroutines-core:0.23.0'
    implementation "org.jetbrains.kotlinx:kotlinx-serializationruntime:0.6.1"
    testCompile 'org.jetbrains.spek:spek-api:1.1.5'
    testRuntime 'org.jetbrains.spek:spek-junit-platform-engine:1.1.5'
    testCompile 'org.junit.platform:junit-platform-runner:1.0.0'
    testCompile 'io.kotlintest:kotlintest-runner-junit5:3.1.7'
}
```

ToDoAlreadyException이 발생할지 여부를 확인하는 테스트를 추가해보자.

```
on("set a todo with a key that already stored") {
    it ("should throw ToDoAlreadyExistException") {
        shouldThrow<ToDoAlreadyExistException> {
            val todo = ToDo("name", "content")
            storage.set("name", todo)
        }
    }
}
```

이 작업을 실행하면 다음 창이 표시된다.

describe, it 블록

describe 블록을 사용하는 스타일은 이전 스타일과 다르다. describe 블록은 컨텍스트를 정의하는 데도 사용하지만 하나의 describe 블록을 다른 블록으로 중첩해 좀 더 자세한 컨텍스트를 제공할 수도 있다. 이것을 설명하고자 DescribeStyleToDoSpek 객체를 만든다. 처음에는 다음과 같다.

```kotlin
@RunWith(JUnitPlatform::class)
object DescribeStyleToDoSpek : Spek({
    describe("a storage") {
        val storage = ToDoStorage()
        on("set a todo with with args: name and context") {
            val todo = ToDo("name", "content")
            val result = storage.set("name", todo)
            it("returns true") {
                assert(result)
            }
        }
        on("""get a todo by "name" key""") {
            val todo = storage["name"]
```

```
        it("""returns a todo with "content" """) {
          assertEquals("content", todo?.content)
        }
      }
    }
  })
```

이 객체에는 describe 블록에 의해 정의된 단일 컨텍스트가 있는 사양이 들어 있다.
이 테스트를 실행하면 다음 창이 표시된다.

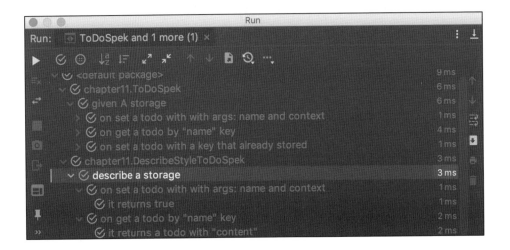

비어 있지 않은 저장소에서 ToDoAlreadyException이 발생하는지 확인하려면 새로
운 describe 블록을 추가한다. 사용자가 기존 키를 사용해 todo를 변경하려고 시도
하면 이는 다음과 같다.

```
describe("a non-empty storage") {
  on("""set a todo with a key that already stored""") {
    it ("should throw ToDoAlreadyExistException") {
      shouldThrow<ToDoAlreadyExistException> {
        val todo = ToDo("name", "content")
```

```
        storage.set("name", todo)
      }
    }
  }
}
```

실행 창이 다음과 같이 표시된다.

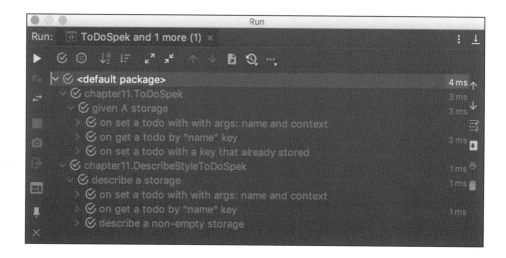

보다시피 중첩된 describe 블록은 테스트 유형의 좀 더 구체적인 컨텍스트를 정의할 때 유용하다.

⠿ 요약

11장에서는 테스트 및 다양한 테스트 유형과 테스트가 필요한 이유와 Spek도 살펴봤다. Spek은 애플리케이션의 기능을 검사할 뿐만 아니라 애플리케이션의 사양을 정의할 수 있는 놀라운 테스트 프레임워크다. Spek 프레임워크를 사용해 자동화된 테스트를 만드는 방법을 보여주는 예를 살펴봤다.

시간을 내서 이 책을 읽어줘서 고맙고 앞으로 행운이 있길 바란다.

⫶ 질문

1. 테스트 과정은 무엇으로 구성되는가?

2. 자동화된 테스트란 무엇인가?

3. Spek은 무엇인가?

4. 왜 테스트가 필요한가?

⫶ 참고 도서 목록

랑가 카라남^{Ranga Karanam}의 『Learn Java Unit Testing with JUnit 5 in 20 Steps』(Packt, 2018):
https://www.packtpub.com/application-development/learn-java-unit-testingjunit-
5-20-steps-video

각 장 질문의 답

⠿ 1장

1. 코틀린의 인기는 배우기 쉽고 간단하고 간결한 언어이며 객체지향과 함수 프로그래밍을 지원한다는 사실 때문에 최근 몇 달 동안 급격히 증가했다. 코틀린은 자바의 상위 집합으로서 장황하고 안전하지 않으며 구식인 구문과 자바의 원치 않는 모든 기능을 제거하고 다른 언어의 강력한 기능을 갖고 있다. 이러한 기능에는 보안, 단순성, 상호운용성이 포함된다.

2. 유형 추론 type inference 은 코틀린 컴파일러가 변수의 유형을 설정하는 역할을 하는 메커니즘이다. 코틀린은 할당된 값을 이해해 데이터 유형을 결정한다. 값에 따라 유형을 지능적으로 유추한 다음 데이터 유형을 각각 변수로 만든다.

3. 널 기능은 대부분의 애플리케이션이 충돌하는 이유 중 하나다. 코틀린은 안전에 있어서는 매우 엄격하다. 애플리케이션과 관련해 사용자, 특히 모바일 사용자는 멋지고 간단하며 부드러운 사용자 경험을 원한다. 코틀린에서 변수는 기본적으로 널 가능이 아니며 널 값을 할당할 수 없다.

4. 코틀린은 함수 호출에서 매개변수의 이름을 지정할 수 있게 한다. 이 접근법은 함수 호출을 더 읽기 쉽게 만들어주며, 특히 모든 변수가 동일한 데이터 유형을 가질 때 잘못된 값을 변수에 전달할 가능성을 줄인다.

5. 패키지 수준 함수는 코틀린 클래스에서 선언되며 패키지 이름을 참조로 직접 액세스할 수 있다.

6. 코틀린은 이름을 반복문에 지정해 반복문의 종료가 필요할 때 **break**문으로 레이블이 지정된 반복문을 호출해 종료할 수 있게 한다.

⁝⁝➤ 2장

1. 클래스는 엔티티^{entity}의 존재를 설명하는 좋은 아이디어다. 클래스는 속성^{attribute}과 행위^{behavior}의 2가지 목록을 포함하는 템플릿이다. 객체는 클래스의 인스턴스며 클래스가 설명하는 모든 속성과 행위를 포함하는 엔티타다.

2. 모든 클래스에는 많은 속성과 행위가 포함된다. 속성은 다른 사람들과 구별하는 데 도움이 되는 클래스의 특성이다. 행위는 객체가 수행해야 하는 작업이다.

3. 생성자는 클래스의 프로퍼티를 초기화하는 데 사용하는 특수한 유형의 함수다. 코틀린은 기본 생성자^{default constructor}, 주 생성자^{primary constructor}, 보조 생성자^{secondary constructor}의 3가지 생성자를 제공한다.

4. 함수 오버로딩^{Function overloading}은 클래스가 비슷한 이름을 가진 둘 이상의 함수를 가질 수 있는 기능이다. 각 기능은 매개변수로 고유하게 식별된다.

5. 데이터 클래스는 프로그래머를 위한 추가 기능을 생성해주는 특수한 유형의 클래스다. 이 함수는 tostring(), hashCode(), equals(), copy()다.

⁝⁝➤ 3장

1. 상속^{inheritance}은 객체지향 프로그래밍의 핵심 개념 중 하나로, 특히 클래스에 공통적인 특징이 있고 모든 클래스가 동일한 유형에 속하는 경우 코드 반복을 방지하는 데 도움이 된다.

2. 캡슐화^{encapsulation}는 데이터와 함수를 클래스로 불리는 하나의 단위로 바인딩하

는 객체지향 프로그래밍 기술이다. 클래스의 모든 프로퍼티와 함수는 한곳에서 밀접하게 결합된다.

3. 접근 제한자^{a visibility modifier}는 캡슐화를 위해 함수 및 프로퍼티의 접근을 설정하는 데 도움이 된다. 캡슐화의 법칙은 외부에서 액세스할 수 있는 프로퍼티를 제한하고 간접적으로 액세스할 수 있는 몇 가지 기능을 구현하는 것이다. public, private, protected, internal은 코틀린에서 제공하는 4가지 접근 제한자다.

4. 코틀린은 4가지 유형의 상속을 제공한다.

   * 단일 상속
   * 다중 상속
   * 계층적 상속
   * 계층적 다중 상속

5. 다형성^{polimorphism}은 함수를 호출하는 객체의 유형에 따라 함수가 다르게 동작하는 개념이다. 후기 런타임 바인딩 또는 동적 바인딩이라고도 하는 런타임 다형성은 런타임에 호출할 메서드를 결정하는 데 사용한다.

6. 추상 클래스^{abstract class}는 일반적인 개념이고 구체적인 아이디어에 속하지 않는다. 추상 클래스의 인스턴스를 만들지 않았는데, 이는 다른 클래스의 생성을 촉진하는 것이다. 추상 클래스는 클래스의 구현 방법 대신 클래스가 가져야 할 동작을 정의하는 데 사용한다.

⁝⁝ 4장

1. object 키워드는 코틀린에서 싱글톤^{singleton} 클래스를 만드는 데 사용하며, 컴패니언^{companion} 객체는 멤버가 정적 객체처럼 동작할 수 있게 하는 특수한 클래스 유형이다.

2. 코틀린은 제한된 클래스로 제한된 봉인 클래스^{sealed class}를 제공하며 이는 더 이상 상속될 수 없다. 봉인된 클래스는 제한된 기능 집합이 필요하고 다른 클래스가 이 집합의 일부가 될 수 없는 상황을 위해 설계됐다.

3. 코틀린에서 enum 클래스는 봉인된 클래스와 유사하지만 enum 클래스의 모든 값이 같은 유형이라는 점만 다르다. enum 클래스는 예상되는 결과가 작은 범위(예, 작은 범위의 색상) 또는 요일과 같은 작은 집합 내에 있을 때 유용하다.

4. 객체가 함수 내에 다른 객체를 포함할 때 객체 사이의 관계를 집합^{aggregation}이라고 한다. 이는 하나의 객체가 다른 객체에 완전히 의존하지 않는 두 객체 간의 느슨하게 결합된 관계다. 구성^{composition}은 두 객체가 서로에 크게 의존하는 집합의 고급 형태다. 집합에서는 하나의 객체가 다른 객체를 포함하는 반면 구성에서 하나의 객체는 다른 객체를 소유한다. 다른 객체를 소유한 객체가 파괴되면 소유된 객체도 파괴된다.[1]

5. 위임^{delegation}이란 다른 객체에게 책임을 전가하는 상황을 말한다. 코틀린에서 프로퍼티는 직접 액세스하거나 백킹^{backing} 필드와 함께 get, set 함수를 사용해 액세스할 수 있다. 프로퍼티가 자체 클래스에서 지원되지 않지만 다른 클래스를 통해 접근할 때 이러한 프로퍼티를 위임 프로퍼티라고 한다.[2]

⁙ 5장

1. 코틀린은 시작점과 끝점을 가진 요소 컬렉션을 제공한다. 이 컬렉션을 범위^{range}라고 한다. 범위는 시퀀스 컬렉션을 만드는 가장 빠른 방법이다. 1..100 또는 'a' to 'z'는 1부터 100까지 숫자 범위 또는 알파벳이다.

---

1. aggregation은 일반적으로 A use B, composition은 A owns B라고 한다. - 옮긴이
2. 일반적으로 by 키워드를 통해 위임을 표시한다. - 옮긴이

2. 내용을 갱신할 수 없고 읽기 전용 기능만 제공하는 목록은 불변 목록이라고 한다. 새로운 요소를 추가하고 기존 요소를 갱신할 수 있는 목록을 가변 목록이라고 한다. 코틀린은 가변 목록과 불변 목록 모두에 많은 인터페이스와 메서드를 제공한다.

3. 반복자^{iterator}는 컬렉션과 함께 작동하는 특수한 유형의 자료 구조다. 반복자의 주된 책임은 컬렉션을 반복해 필요에 따라 목록에서 다음의 객체를 만드는 것이다.

4. `Iterable`, `collection`, `list`는 인터페이스의 이름이고 이 모든 인터페이스는 불변 컬렉션에 속한다.

5. 세트^{set}는 중복을 지원하지 않으며 고윳값 목록을 포함하는 특별한 유형의 컬렉션이다. 맵^{Map}은 키-값 쌍의 컬렉션을 갖는 데이터 구조다. `set`과 비슷하게 `map`은 중복 값을 지원하지 않는다.

6. 가변^{mutable} 반복자, 가변 컬렉션, 가변 목록은 가변 컬렉션에 속하는 인터페이스다. 이러한 인터페이스를 통해 새 항목을 목록에 추가하고 기존 항목을 업데이트할 수 있다.

⠿ 6장

1. 상호운용성^{interoperability}이란 단일 프로젝트에서 자바와 코틀린 언어를 모두 사용할 수 있는 기능을 말한다. 코틀린 코드에서 자바 메서드와 변수뿐만 아니라 자바에서 코틀린 함수를 호출할 수 있다. 이는 코드 재사용의 장점을 제공한다.

2. 자바에서 코틀린 함수를 호출할 때 `kt` 키워드와 함께 파일 이름을 참조로 사용해야 한다(예, 코틀린 `ToJavakt.functionName()`). 그러나 코틀린은 JVM 어노테이션을 사용해 파일과 함수에 다른 이름을 지정할 수 있다. JVM 어노테이션을 사용하면 프로그래머는 코딩 규칙에 따라 파일과 함수에 새로운 이름을 지정할 수 있다.

⸬ 8장

1. 상호운용성이란 단일 프로젝트에서 자바와 코틀린 언어를 모두 사용할 수 있는 기능을 말한다. 자바에서 코틀린 함수를 호출할 수 있을 뿐만 아니라 코틀린 코드에서 자바 메서드와 변수를 호출할 수 있다. 이는 코드 재사용의 장점을 제공한다. 예를 들어 클래스와 함수가 있는 기존 자바 프로젝트가 있는 경우 코틀린의 모든 내용을 처음부터 다시 작성할 필요가 없다. 대신 코틀린에서 자바 코드의 모든 줄을 사용할 수 있다.

2. JVM 어노테이션은 자바 개발자를 위해 코틀린 코드를 간단하고 깨끗하게 만드는 데 사용한다. @file:JvmName은 다른 코틀린 파일 이름을 사용하는 데 도움이 된다. jvmName(functionName)은 기존 함수에 새 이름을 지정하는 데 사용하며 @JvmStatic은 코틀린에서 정적 함수를 호출하는 데 도움이 된다.

⸬ 10장

1. 예외exception는 프로그램에서 예외 이벤트를 나타내는 Throwable 유형의 인스턴스다. 예외적인 이벤트가 발생하면 프로그램의 정상적인 흐름을 완료할 수 없으며 이 경우에는 특별한 처리가 필요하다.

2. 표현식expression은 새로운 값을 반환하는 변수와 연산자의 조합이다.

3. 예외 처리는 예외 이벤트가 발생할 때 실행돼야 하는 특수 코드 블록으로 구성된다.

4. 검증된 예외는 개발자가 발생한 에러를 처리하게 하는 자바의 예외 유형이다.

11장

1. 소프트웨어 테스트 프로세스는 버그를 발견할 목적으로 실행되는 프로그램으로 구성된다. 버그란 코드의 논리적 에러 또는 애플리케이션 흐름의 잘못된 이해와 관련된 실수를 말한다.

2. 자동화된 테스트는 기계가 수행하는 테스트 스크립트를 가져야 한다. 일반적으로 이 스크립트는 개발자 또는 적절한 자격을 갖춘 테스터가 작성한다.

3. Spek은 테스트 스크립트와 관련된 요구 사항을 설명하는 방법을 제공하는 테스트 프레임워크다.

4. 테스트의 주된 이유는 제품이 최종 사용자의 기대를 충족시키고 소프트웨어 요구 사항을 준수하는지 확인하는 것이다.

| 찾아보기 |

코틀린 객체지향 프로그래밍

OOP를 위한 다양한 디자인 패턴

발　행 | 2023년 4월 28일

옮긴이 | 황 주 필
지은이 | 아비드 칸 · 이고르 쿠체렌코

펴낸이 | 권 성 준
편집장 | 황 영 주
편　집 | 김 진 아
　　　　임 지 원
디자인 | 윤 서 빈

에이콘출판주식회사
서울특별시 양천구 국회대로 287 (목동)
전화 02-2653-7600, 팩스 02-2653-0433
www.acornpub.co.kr / editor@acornpub.co.kr

책값은 뒤표지에 있습니다.